同等学力人员申请硕士学位全国统一考试辅导丛书

— 全国同等学力统考命题研究组 组编 —

工商管理

学科综合水平
考试精要及重点题库汇编

（第三版考试大纲配套用书）

北京理工大学出版社
BEIJING INSTITUTE OF TECHNOLOGY PRESS

版权专有 侵权必究

图书在版编目（CIP）数据

工商管理学科综合水平考试精要及重点题库汇编 / 全国同等学力统考命题研究组组编. —北京：北京理工大学出版社，2018.9

ISBN 978-7-5682-6340-5

Ⅰ. ①工⋯ Ⅱ. ①全⋯ Ⅲ. ①工商行政管理 – 硕士 – 水平考试 – 自学参考资料 Ⅳ. ①F203.9

中国版本图书馆 CIP 数据核字（2018）第 211351 号

出版发行 / 北京理工大学出版社有限责任公司	
社　　址 / 北京市海淀区中关村南大街 5 号	
邮　　编 / 100081	
电　　话 /（010）68914775（总编室）	
（010）82562903（教材售后服务热线）	
（010）68948351（其他图书服务热线）	
网　　址 / http://www.bitpress.com.cn	
经　　销 / 全国各地新华书店	
印　　刷 / 天津市蓟县宏图印务有限公司	
开　　本 / 787 毫米 × 1092 毫米　1/16	责任编辑 / 王俊洁
印　　张 / 18	文案编辑 / 王俊洁
字　　数 / 449 千字	责任校对 / 周瑞红
版　　次 / 2018 年 9 月第 1 版　2018 年 9 月第 1 次印刷	责任印制 / 边心超
定　　价 / 49.80 元	

图书出现印装质量问题，请拨打售后服务热线，本社负责调换

《百分百系列》编委会成员

(按姓氏拼音排序)

曹其军：北京大学英语教授、全国著名考试辅导专家。授课风趣生动，注重技巧，处处切中考试的重点、难点。对同等学力英语考试的命题思路、判分标准、应试技巧等核心问题了如指掌。

陈能军：中国人民大学经济学博士、深圳大学理论经济学博士后。广东省金融创新研究会副秘书长，广东省国际服务贸易学会理事，安徽大学创新管理研究中心研究员，中合博士后智库科研研究院研究员。主要从事文化金融、国际经济的研究。

褚建航：北京理工大学管理学硕士，学苑教育青年辅导教师。独立出版了《实用面试技巧》《新富滚钱术》等数本经济、管理类著作，具备咨询工程师、基金和证券从业资格。拥有多年工商管理同等学力申硕考试辅导经验，熟悉各学科知识框架与重点、难点。

高韫芳：中央民族大学管理学院公共管理教研室主任，法学博士，研究生导师。组织管理、组织行为学、地方政府学等为其主要研究领域，多年从事同等学力考试、研究生考试等的备考教学。

郭国庆：中国人民大学教授，经济学博士，博士生导师，中国市场营销研究中心主任。主要论著有《市场营销学通论》等，市场营销为其主要研究领域。

黄卫平：中国人民大学教授，博士生导师，中国世界经济学会理事，中国-欧盟研究会理事，中美经济学教育交流委员会执行主任。国际经济关系、国际经济学、发展经济学为其主要研究领域。

李晓光：中国人民大学副教授，经济学博士，日本一桥大学博士后。曾先后出版过《管理学原理》《质量管理学》《价值流创新》《学习型实验室》等多部论著。管理学原理为其主要研究领域。

李元起：中国人民大学法学院副教授，硕士生导师，法学博士，宪法学辅导专家。长期从事司法考试的辅导工作，对命题思路、命题要求有准确把握，预测命中率较高。

李自杰：对外经济贸易大学国际工商管理学院副教授，经济学博士，对外经济贸易大学海尔商学院执行副院长。企业理论、产权理论、管理经济学和管理理论为其主要研究领域。

刘刚：中国人民大学商学院副教授，商学院院长助理，MBA项目中心主任，管理学博士，中国企业管理研究会常务理事。企业战略与文化、市场营销、供应链管理与物流、危机管理、产业竞争、艺术市场为其主要研究领域。

吕随启：北京大学经济学院金融学系副主任，中国金融研究中心副主任，经济学博士，副教授，主要研究领域为金融学。

舒燕飞：中央民族大学经济学院副教授，经济学博士，中国宏观经济管理教育学会理事，经济增长、宏观调控和西方经济制度为其主要研究领域。对同等学力考试分析独特，具有丰富的教学经验。

宋华：中国人民大学教授，经济学博士，日本京都大学博士后，中国物流学会理事，南开大学现代物流研究中心兼职研究员。物流与供应链管理、企业战略管理为其主要研究领域。

宋莉莉：北京大学应用心理学硕士，学苑教育青年辅导教师，北京大学人格与社会心理学研究中心理事。曾参加多项国家自然科学基金项目的研究，成功参与并完成国家863计划项目子课题，现从事973计划项目课题研究，所在科研团队获得2016年度北京市科技进步一等奖。在学苑教育多年的教学中，积累了丰富的辅导经验，能精准把握考点，深谙答题技巧，学员通过率高，口碑极佳。

孙茂竹：中国人民大学教授，全国高校财务理论研究会理事。著有《管理会计》《企业会计学》《公司理财学》《审计学》等。财务管理、管理会计为其主要研究领域。

王蕙：中国青年政治学院杰出的青年教师，英语语言学硕士，京城著名在职英语"王牌组合"的"二王"之一。著有多部在职英语教科书及辅导用书。

王建华：中国人民大学外国语学院杰出的青年教师，语言测试认知学博士，著名英语辅导专家，京城著名在职英语"王牌组合"的"二王"之一。主编多部在职联考英语、同等学力英语及考研英语辅导用书。

王利平：中国人民大学商学院教授，管理学博士。先后出版《管理学原理》《经济管理基础》《商业企业经营学》《现代企业管理基础》等专著和教材。管理理论、企业理论、企业战略管理、连锁经营管理为其主要研究领域。

徐二明：中国人民大学教授，博士生导师，经济学博士，美国纽约州立大学客座教授，澳大利亚悉尼科技大学访问学者。企业战略管理、国际管理、组织理论、教育管理等为其主要研究领域。

闫相国：中国人民大学管理学硕士，北京大学心理学硕士，《广州日报·求学指南》专家顾问团成员，学苑教育教学研究中心主任，主要研究方向为企业战略管理和公司财务管理。

杨迎兵：中国青年政治学院优秀青年教师，考研英语阅卷组成员，学苑教育英语辅导名师。具有多年在职人员英语考试培训和辅导经验，并著有多部英语辅导用书。

姚志康：中央民族大学区域经济学硕士，学苑教育青年辅导教师。曾参加国务院扶贫办专项课题研究，参与出版译著《中国少数民族的差异性研究》。具有多年经济学同等学力申硕考试辅导经验，熟悉各学科教学重难点及考试题型解答技巧。所辅导学员通过率达到90%以上。

张琮军：中国政法大学博士、中国社科院法学研究所博士后，中国政法大学副教授。学术研究领域为法律史学，主攻传统刑事证据制度，代表著作有《秦汉刑事证据制度研究》。从事法律硕士教学辅导十余年，具有丰富的教学经验，能够准确把握法硕考试的命题思路，分析考点准确到位，教学作风严谨，授课逻辑清晰，富有激情和感染力。

前　言

工商管理学科综合水平考试是同等学力人员申请硕士学位的全国统一考试。考试内容涵盖管理学原理、企业战略管理、市场营销和财务管理四部分内容。

进行学科综合水平考试旨在加强国家对授予同等学力人员硕士学位的宏观质量控制、规范管理，是国家组织的对申请硕士学位的同等学力人员进行专业知识结构与水平认定的重要环节。国务院学位委员会办公室颁布的考试大纲也经历了两次修订，现在最新使用大纲为《同等学力人员申请硕士学位工商管理学科综合水平全国统一考试大纲及指南（第三版）》。

为了帮助广大考生更好地复习和备考，我们特邀相关方面的教授、专家第一时间根据新大纲的变化共同编写了此书。考生通过本书的使用可以一步到位地把握重点、难点，熟悉考试题型，掌握考试技巧。我们愿意把我们多年积累的培训辅导经验奉献给志在攻读工商管理硕士的学子们，以实现我们"智力服务于中国，提高企业与个人整体竞争力"目标！

本书在编写上具有如下特点：

（1）**标准严谨**：严格按照最新版（第三版）大纲编写。

（2）**专业权威**：由北京大学、中国人民大学等知名学府的教授、专家主持编写。

（3）**准确指导**：按大纲考试要求对各学科考点进行精编，对大纲中的习题进行精解，有效突出考试重点和难点，可帮助考生充分理解和把握各学科的考试要求，达到事半功倍的效果。

（4）**体例新颖**：本书设计新颖，重点突出，条理清楚，可帮助考生在最短的时间内快速提高考试成绩。

本书在编写过程中，得到了学苑教育（www.xycentre.com）的大力支持，在此我们表示感谢，同时对参与本书编写的老师及编辑人员表示由衷的感谢。

我们衷心希望广大考生通过对本书的学习，在考试中取得优异的成绩。由于编写时间有限，书中难免会有一些缺点或纰漏，希望广大考生和相关领域的专家及老师给予批评和指正，以帮助我们不断地改进和提高。

编　者

学苑教育简介

学苑教育自 1997 年建立以来，作为全国最早的在职研究生考试辅导培训机构，以其优异的师资团队和完善的教学服务，20 余年来帮助数万名考生通过了在职研究生考试，顺利获得硕士、博士学位。教研中心拥有自己的专职教师队伍、专业教学研发团队和自行研发出版的学员用书，同时与数百位国内外管理专家以及多家国内外知名的管理培训机构建立了紧密的合作关系，共同推出了各个系列的培训课程及图书教材，并在此基础上打造了学苑教育（www.xycentre.com）、学苑教育在线（www.xycentre.org）等多个服务性培训网络平台。学员和社会的认可，愈发证明学苑已成为在职培训领域中的领跑者。

我们将始终以"智力服务于中国，提高企业与个人整体竞争力"为目标，用我们恒久不变的真诚与努力，与您共同"启迪广袤思维，追求卓越表现，迈向成功之路"。

目 录

同等学力工商管理学科报考指南及考试形式、试卷结构 ………… 1
同等学力人员申请硕士学位工商管理学科综合水平全国统一考试样卷及参考答案 … 3

第一部分 管理学原理 ……………………………………………… 8
 第一章 管理的历史发展 ………………………………………… 8
 第二章 组织管理原理 …………………………………………… 12
 第三章 企业和企业制度 ………………………………………… 20
 第四章 决策 ……………………………………………………… 24
 第五章 计划与控制 ……………………………………………… 27
 第六章 组织 ……………………………………………………… 30
 第七章 人员配置 ………………………………………………… 41
 第八章 激励 ……………………………………………………… 45
 第九章 领导 ……………………………………………………… 51
 第十章 组织文化 ………………………………………………… 60
 第十一章 变革与发展过程管理 ………………………………… 63

第二部分 企业战略管理 …………………………………………… 68
 第一章 战略管理理论 …………………………………………… 68
 第二章 企业战略态势分析——外部环境分析 ………………… 76
 第三章 企业内部环境与资源均衡分析 ………………………… 82
 第四章 企业业务层竞争战略 …………………………………… 90
 第五章 企业公司层战略与管理 ………………………………… 101
 第六章 全球市场竞争战略 ……………………………………… 113
 第七章 战略控制与组织结构 …………………………………… 117

第三部分 市场营销 ………………………………………………… 132
 第一章 市场营销导论 …………………………………………… 132
 第二章 企业战略计划过程与市场营销管理过程 ……………… 143
 第三章 市场营销环境分析 ……………………………………… 158
 第四章 市场购买行为分析 ……………………………………… 164
 第五章 市场竞争战略 …………………………………………… 174
 第六章 产品策略 ………………………………………………… 180

第七章　定价策略 ………………………………………………… 194
　　第八章　分销策略 ………………………………………………… 204
　　第九章　促销策略 ………………………………………………… 211
第四部分　财务管理 …………………………………………………… 220
　　第一章　财务管理的基本理论 …………………………………… 220
　　第二章　财务管理的价值观念 …………………………………… 225
　　第三章　财务分析 ………………………………………………… 232
　　第四章　企业筹资方式 …………………………………………… 239
　　第五章　企业筹资决策 …………………………………………… 249
　　第六章　企业投资决策 …………………………………………… 256
　　第七章　股利分配决策 …………………………………………… 263
　　第八章　企业并购财务管理 ……………………………………… 268
　　第九章　国际财务管理 …………………………………………… 273

同等学力工商管理学科报考指南及考试形式、试卷结构

考试介绍

同等学力人员申请硕士学位是我国目前开展的非全日制培养研究生的主要方式之一。同等学力人员申请硕士学位全国统一考试，是国务院学位委员会为保证我国学位授予的总体质量、规范同等学力人员申请硕士学位工作而设立的国家水平考试。

根据《中华人民共和国学位条例》的规定，具有研究生毕业同等学力的人员，都可以按照《国务院学位委员会关于授予具有研究生毕业同等学力人员硕士、博士学位的规定》的要求与办法，向学位授予单位提出申请。授予同等学力人员硕士学位是国家为同等学力人员开辟的获得学位的渠道。这对于在职人员业务素质的提高和干部队伍建设都能起到积极的作用。申请人通过了学位授予单位及国家组织的全部考试，并通过了学位论文答辩后，经审查达到了硕士学位学术水平者，可以获得硕士学位。

报名条件

报名参加外国语水平考试和学科综合水平考试的考生，必须是已通过学位授予单位资格审查的硕士学位申请人，即考生应具备以下资格：

（1）已获得学士学位，并在获得学士学位后工作三年以上；

（2）本人在教学、科研、专门技术、管理等方面做出成绩的有关材料已提交学位授予单位，并经学位授予单位审查被确定具有申请硕士学位资格；

（3）已通过学位授予单位按全日制在校硕士研究生培养方案规定的课程考试（包括外国语考试）。

报名时间

各地报名时间详见学苑教育（www.xycentre.com）网站的考试动态栏目。

考试报名采用网上报名与现场确认相结合的办法。报考者在网上规定的报名时间内，登录有关省级主管部门指定的网站，填写、提交报名信息；然后，在规定的现场确认时间内，持经学位授予单位审查通过的《同等学力人员申请硕士学位全国统一考试资格审查表》（简称《考试资格审查表》，见附件）到指定地点现场照相、缴费、确认报名信息。

网上报名时间为每年的3月中下旬。各省级主管部门确定所辖考区网上报名具体时间和网址后，于3月6日之前传送材料至"教育部学位与研究生教育发展中心"（以下简称"中心"），由"中心"汇总后于3月9日在"中心"网站（www.cdgdc.edu.cn）向社会公布。

现场确认时间原则上在每年的3月底，各省级主管部门根据本地区情况确定具体现场确认时间，并在网上报名阶段告知考生。

考生一般应在其申请硕士学位的学位授予单位所在省（自治区、直辖市）参加报名和考试。如有特殊情况，需申请在工作单位所在地参加报名考试，必须经接受其硕士学位申请的学位授予单位和其工作单位所在省级主管部门同意，方可报名和考试。

考试时间

全国水平考试时间为每年的5月底或6月初（周六、日），上午9:00—11:30为外国语水平考试，考试时长为150分钟；下午14:30—17:30为学科综合水平考试，考试时长为180分钟。

考试科目

同等学力人员申请硕士学位考试为全国统考，包括外国语水平考试和学科综合水平考试两部分。工商管理学科综合水平考试内容包括管理学原理、企业战略管理、市场营销和财务管理四个科目的知识点。

考试内容

1. 试卷满分及考试时长

试卷满分为100分，考试时长为180分钟。

2. 答题方式

闭卷、笔试。

3. 试卷题型结构

（1）选择题：

单项选择题：10小题，每小题1分，共10分。

多项选择题：4小题，每小题2分，共8分。

（2）名词解释：4小题，每小题3分，共12分。

（3）简答题：4小题，每小题7分，共28分。

（4）论述题：2小题，每小题11分，共22分。

（5）案例分析题：2小题，每小题10分，共20分。

4. 内容比例

管理学原理，约25%；

企业战略管理，约25%；

市场营销，约25%；

财务管理，约25%。

5. 试题难易比例

容易题，30%；

中等难度题，40%；

难题，30%。

6. 考试大纲

《同等学力人员申请硕士学位工商管理学科综合水平全国统一考试大纲及指南（第三版）》，国务院学位委员会办公室，高等教育出版社，2010年12月出版。

同等学力人员申请硕士学位工商管理学科综合水平全国统一考试样卷及参考答案

一、单项选择题（每题1分，共10分。请从A、B、C、D中选择一个正确答案写在答题纸上）

1. 理想的行政组织建立在下述哪种权威基础上？
   A. 传统的权威　　B. 神授的权威　　C. 法理的权威　　D. 领导的权威
   答案：C

2. 下列哪项不是战略控制的制约因素？
   A. 人员　　　　　B. 组织　　　　　C. 财力　　　　　D. 企业文化
   答案：C

3. 下列哪个不属于战略联盟动机的类型？
   A. 防御　　　　　B. 合资　　　　　C. 重组　　　　　D. 追赶
   答案：B

4. 下列哪项不属于象限Ⅳ的企业总体战略？
   A. 相关多种经营　　　　　　　　　B. 单一的集中经营
   C. 与竞争对手合并以加强竞争地位　D. 通过合资经营进入新的经营领域
   答案：B

5. 吉列公司在男用剃须刀架上定价较低，但与之配套的刀片定价较高，这被称为：
   A. 撇脂定价　　B. 分部定价　　C. 补充品定价　　D. 选择品定价
   答案：C

6. 现金折扣是指：
   A. 对大量购买者或购买数量超过某一标准的购买者给予的价格优惠或折扣
   B. 对履行某种额外或特殊功能的中间商给予的折扣
   C. 对当场付款或在规定时间内付款的购买者给予的折扣
   D. 制造商越过中间商，直接给最终消费者的折扣
   答案：C

7. 产品包装属于：
   A. 核心产品　　B. 形式产品　　C. 附加产品　　D. 期望产品
   答案：B

8. 每期期末等额收付款项的年金，称为：
   A. 普通年金　　B. 即付年金　　C. 延期年金　　D. 永续年金
   答案：A

9. 应收账款周转率的计算公式为：
   A. 赊销收入净额/应收账款平均占用额
   B. 赊销收入/期初应收账款
   C. 销售收入/应收账款平均占用额
   D. 现销收入/期末应收账款

   答案：A

10. 甲投资方案每年的 NCF 不相等，计算其内部报酬率时，先按 10% 的贴现率测算，其净现值大于零。那么，在第二次测算时，采用的贴现率应：
    A. 不变　　　　B. 调高　　　　C. 降低　　　　D. 无法确定

    答案：B

二、**多项选择题**（每题 2 分，共 8 分。请从 A、B、C、D、E 中选择所有你认为正确的答案写在答题纸上）

1. 计划与控制系统是指：
   A. 专业计划控制部门的管理系统
   B. 从事计划控制工作的组织系统
   C. 实施计划和控制过程而形成的管理体系或框架
   D. 计划职能
   E. 计划和控制的方法

   答案：BC

2. 组织的战略类型有：
   A. 防御型战略组织　　　　　　B. 开拓型战略组织
   C. 维持型战略组织　　　　　　D. 分析型战略组织
   E. 反应型战略组织

   答案：ABDE

3. 下列说法哪些是正确的？
   A. 随行就市定价法属于需求导向定价法
   B. 是否对所销售的商品拥有所有权是区分经销商和代理商的主要标志
   C. 生产企业通过收购或兼并为其提供原材料的企业，以实现扩张或增长，这被称为前向一体化
   D. 人员推销具有双向沟通的特征
   E. 品牌和商标是两个不同的概念

   答案：BDE

4. 我国股份制企业可采用的股利分配方式包括：
   A. 纯现金股利　　B. 纯股票股利　　C. 财产股利　　D. 负债股利
   E. 部分股票部分现金

   答案：ABE

三、名词解释（每题3分，共12分）

1. 正式组织

正式组织是两个或两个以上的人有意识地加以协调的行为或力的系统。

2. 价值链

企业每项生产经营活动都是其创造价值的经济活动，那么所有的互不相同但又相互关联的生产经营活动便构成了创造价值的一个动态过程，即价值链。

3. 推式策略

推式策略指利用推销人员与中间商促销将产品推入渠道，即生产者将产品积极推到批发商手上，批发商又积极将产品推给零售商，零售商再将产品推向最终消费者。

4. 剩余股利政策

在采用剩余股利政策时，企业盈余首先满足按资金结构和投资额所确定的对权益资金的要求，在满足了这一要求以后，如果还有剩余，则将剩余部分用于发放股利。

四、简答题（每题7分，共28分）

1. 试用关联程度分类法划分多种经营战略的类型。

答案要点 企业可以根据现有经营业务领域和未来的经营业务领域之间的关联程度，把多种经营战略分为：

（1）横向多种经营战略。这是指企业以现有的产品市场为中心，向水平方向拓展经营业务领域的多种经营战略。

（2）纵向多种经营战略。这是指企业以现有的产品、市场为基础，纵向扩大经营业务领域的多种经营战略。

（3）多向多种经营战略。这是指企业以开发与现有的产品、市场领域有关，但完全不同的产品、市场来扩大经营业务领域的多种经营。

（4）复合式多种经营战略。这是指企业在与现有的经营业务领域没有明显关系的产品、市场中寻求成长机会的多种经营战略。

2. 简述判断财务指标优劣的标准。

答案要点 判断财务指标优劣的标准有以下几种：

（1）以经验数据为标准。经验数据是在长期的财务管理实践中总结出来的，被实践证明是比较合理的数据。

（2）以历史数据为标准。历史数据是企业在过去的财务管理工作中实际发生过的一系列数据。

（3）以同行业数据为标准。同行业数据是指同行业有关企业在财务管理中产生的一系列数据。

（4）以本企业预定数据为标准。预定数据是企业以前确定的力争达到的一系列数据。

五、论述题（每题11分，共22分）

1. 论述组织内部平衡。

答案要点 组织内部平衡指组织整体与个体之间的平衡。组织内部平衡是诱因与贡献的平衡，即组织提供给个人的可用来满足个人需求、影响个人动机的诱因必须等于或大于个人对组织的贡献。

从个体角度来看，个人对组织的协作愿望取决于个人对组织的贡献与个人从组织获得的诱因之比。从组织侧面看，指组织能否提供足以维持协作过程的有效而充分的诱因数量的能力，即以诱因与贡献的平衡来维持成员个人的协作意愿，谋求组织生存发展的能力。

组织内部平衡与下述几种因素直接相关：

（1）个人的需求、动机及其标准。

（2）诱因的分配过程。

（3）组织的效率。

2. 试论价格变动的原因与后果。

答案要点 （1）价格变动包括降价和提价。

（2）产品提价的原因：物价上涨，企业成本费用提高；产品供不应求。

（3）产品降价的原因：企业生产能力过剩；在强大的竞争压力下，产品市场占有率下降；企业成本费用比竞争者低，通过降价可以打击竞争者，提高市场份额。

（4）降价时顾客可能的反应：产品过时了，即将被新型产品所替代；产品有缺点；企业财务和经营状况出现困难；产品价格还要进一步下跌；产品质量下降了。

（5）提价时顾客可能的反应：产品很畅销；产品很有价值；卖主很贪心。

（6）价格变动时竞争者的反应：取决于竞争者的目标、利益、财务状况和反应模式等。例如，如果竞争者的目标是提高市场占有率，它可能随本企业产品价格而调整价格；如果其目标是维持产品或品牌的高品质形象，它可能采取提供更多服务、启用新的品牌等策略。

六、案例分析题（每题10分，共20分）

案例一：

格兰仕集团从一家生产羽绒服装的乡镇企业成长为全球知名的微波炉生产企业集团，其成长历程令人赞叹。

1979年，格兰仕前身广东顺德佳洲羽绒厂成立，十年后产值达百亿元。1991年，格兰仕最高决策层普遍认为，羽绒服装及其他制品的出口前景不佳，并达成共识，从现行业转移到一个成长性更好的行业。1992年9月，中外合资的格兰仕电器有限公司开始试产，第一台以"格兰仕"为品牌的微波炉正式诞生。1995年，格兰仕销售量达25万台，市场占有率为25%，在中国市场占据第一位。1996年8月和1997年2月，格兰仕的两次价格战实现了在中国市场的垄断地位。

格兰仕集团于1998年开始实施新的战略，通过国际化与多元化实现全球市场小家电多项冠军的宏伟目标。当年微波炉产销量达450万台，成为全球最大规模化、专业化制造商；豪华电饭煲产销规模达到250万台，成为全球最大的制造商。

1999年1月，格兰仕结束最后一个轻纺产业毛纺厂，全面转型为家电集团。2000年，格兰仕微波炉生产能力达到 1 200 万台,全球第一,电饭煲生产规模扩至 800 万台,正式进入电风扇市场,计划在两年内达到 2 000 万台。2000 年 9 月 23 日,格兰仕集团宣布投资 20 亿元进入空调制造业,这是格兰仕集团一次重大的战略决策。

问题:
(1) 一般而言,多元化的动因和国际化的目的各是什么?
(2) 你认为格兰仕多元化的动因和国际化的目的各是什么?

答案要点 (1) 一般而言,企业采用多种经营的动因分为外部原因和内在动机。

外部原因:①产品需求趋向停滞。②市场的集中程度越高,就越能诱发企业从事多种经营。③需求不确定性,企业经营单一产品或服务会面临很大的风险。

内在动机:①纠正企业目标差距,当企业实际完成情况低于原定(如增长率、收益率)目标时,往往不得不从事多种经营来弥补。②通过多种经营来充分利用富余的资源,挖掘企业内部的资源潜力。③实现企业规模经济。④实现范围经济,企业希望在两个或多个经营单位中分享如制造设施、分销渠道、研发等资源,减少各经营单位的投资,降低成本。⑤转移竞争能力,把现有竞争能力转移到新的经营业务中去。⑥企业重建,购入一些无效率或经营不善的企业,并加以改善。

(2) 提示:参考第 (1) 问的分析方式,结合材料,具体分析格兰仕面临的外部原因和内在动机。

案例二:
当代公司准备购入一条矿泉水生产线用以扩充生产能力,该生产线需投资 100 万元,使用寿命 5 年,期满无残值。经预测,5 年中每年销售收入为 60 万元,每年的付现成本为 20 万元。购入生产线的资金来源通过发行长期债券筹集,债券按面值发行,票面利率为 12%,筹资费率为 1%,企业所得税税率为 34%。

利率	5%	6%	7%	8%	9%
年金现值系数(5 年)	4.329	4.212	4.100	3.993	3.890

要求:计算当代公司投资该生产线的净现值,并分析该方案是否可行。

答案要点 债券资本成本 = [12% × (1 − 34%)/(1 − 1%)] = 8%

年折旧额 = 100 ÷ 5 = 20(万元)

年现金流量 = (60 − 20 − 20) × (1 − 34%) + 20 = 33.2(万元)

净现值 = 33.2 × 3.993 − 100 = 32.57(万元)

因为净现值大于零,所以该方案可行。

(考生可能会列表答题,如果计算和分析正确,也可得满分。)

第一部分 管理学原理

第一章 管理的历史发展

 大纲重点、难点提示

1. 史前的积累

①历史上管理实践的主要领域。②史前的管理实践和管理思想为工业革命以来的管理发展奠定了基础。

2. 泰罗——科学管理理论

①泰罗的简历及其个人特征。②泰罗制的要点。③泰罗最根本的贡献。

3. 法约尔——管理职能及一般管理

①法约尔的简历及其贡献。②六种经营活动和五大管理职能。③管理的一般性。

4. 马克斯·韦伯——理想的行政组织理论

（1）马克斯·韦伯的理想的行政组织理论：①权威的基础——传统的权威、"神授"的超凡权威和法理的权威。②官僚制的特征。

（2）官僚制的优越性：①个人与权力相分离。②体现理性精神和合理化精神。③适合工业革命以来大型企业组织的需要。

（3）古典管理时期为管理学奠定基础。

5. 巴纳德——一般组织管理原理

①巴纳德及其代表作。②组织论的管理论。③正式组织与非正式组织理论。④组织平衡理论。⑤管理人员的职能。⑥巴纳德的重要影响。

6. 梅奥——人际关系学说

①梅奥与罗特利斯伯格。②霍桑试验及其结论。③工人是社会人。④企业中的非正式组织。⑤行为科学研究的主要方面。

7. 管理理论中的主要流派

①当代管理理论的主要流派。②管理过程流派研究的重点和主要代表人物。③管理科学流派的主张。④运筹学和电子计算机技术的应用。⑤组织管理流派关心的主要问题。⑥巴纳德之后的丰富和发展。⑦行为科学流派研究的角度和重点。⑧经验管理流派。

8. 管理发展的新趋势

①企业文化理论的兴起。②企业文化的影响作用。③企业文化研究热潮。④企业文化理论的意义。⑤信息技术对管理的影响。

9. 管理思想演进的主要线索

①管理思想发展总体上的特点。②科学化和理性化趋势。③效率、效用、科学、理性的推动作用。④几条显著线索：科学化、理性化线索，人道主义线索，管理过程线索，实证分析线索。

10. 管理涉及的层次和侧面

管理涉及社会、技术、经济、政治、文化等几个侧面，分化为高层管理、中层管理和基层管理。

大纲习题解答

一、单项选择题

1. 科学管理的中心问题是（　　）。
   A. 泰罗的提高劳动生产率　　　B. 法约尔的五大管理职能
   C. 马克斯·韦伯的理想行政组织　D. 巴纳德的组织平衡理论

2. 一般管理理论的提出人是（　　）。
   A. 泰罗　　　B. 法约尔　　　C. 马克斯·韦伯　　D. 巴纳德

3. 被誉为"组织理论之父"的是（　　）。
   A. 法约尔　　B. 泰罗　　　C. 巴纳德　　D. 马克斯·韦伯

4. 最早提出人际关系学说的管理学家是（　　）。
   A. 法尔　　　B. 泰罗　　　C. 梅奥　　　D. 马克斯·韦伯

5. 奠定了管理过程思想基础的是（　　）。
   A. 泰罗的科学管理理论
   B. 法约尔的一般管理理论
   C. 马克斯·韦伯的理想的行政组织理论
   D. 西蒙的管理决策理论

6. 在管理过程中采用科学方法和数量方法解决问题的主张，侧重分析和说明管理中科学、理性的成分和可数量化的侧面，是指（　　）。
   A. 行为科学流派　B. 组织管理流派　C. 管理科学流派　D. 经验管理流派

7. 主要致力于组织过程的研究，通过揭示组织的形成、生存和发展的内在必然性探讨管理原理和管理方法的流派是（　　）。
   A. 行为科学流派　　　　　　B. 组织管理流派
   C. 管理科学流派　　　　　　D. 经验管理流派

参考答案 1. A 2. B 3. D 4. C 5. B 6. C 7. B

二、多项选择题

1. 法约尔的管理职能包括（   ）。
   A. 计划　　　　B. 组织　　　　C. 指挥　　　　D. 控制
   E. 协调

2. 巴纳德在管理理论上的主要思想是（   ）。
   A. 组织论的管理理论　　　　B. 正式组织与非正式组织
   C. 制度化管理　　　　　　　D. 组织平衡
   E. 管理人员职能

3. 当代管理过程流派把管理的职能概括为（   ）。
   A. 计划职能　　B. 组织职能　　C. 人员配备职能　　D. 领导职能
   E. 控制职能

4. 管理发展的新趋势是（   ）。
   A. 组织管理　　　　　　　　B. 企业文化理论
   C. 人际关系理论　　　　　　D. 信息技术对管理的影响
   E. 科学管理

5. 管理过程学派致力于说明（   ）。
   A. 管理的职能　　B. 管理做什么　　C. 管理的方法论　　D. 管理的过程
   E. 管理经验

6. 管理思想演进的主要线索有（   ）。
   A. 科学化、理性化线索　　　B. 人道主义线索
   C. 管理过程线索　　　　　　D. 组织管理线索
   E. 实证分析线索

参考答案 1. ABCDE 2. ABDE 3. ABCDE 4. BD 5. AB 6. ABCE

三、简答题

1. 简述官僚制的主要特征。

答案要点 官僚制的主要特征有：

（1）在劳动分工的基础上，规定每个岗位的权力和责任，把这些权力和责任作为明确规范而制度化。

（2）按照不同职位权力的大小，确定其在组织中的地位，形成有序的等级系统，以制度形式巩固下来。

（3）明确规定职位特性以及该职位对人应有能力的要求。根据技术资格挑选组织成员。

（4）管理人员根据法律制度赋予的权力处于拥有权力的地位，原则上所有人都服从制度规定，不是服从于某个人。

（5）在实施管理时，每个管理人员只负责特定的工作；拥有执行自己职能所必要的权力；权力要受到严格的限制，服从有关章程和制度的规定。

（6）管理者的职务是他的职业，他有固定报酬，有按才干晋升的机会，应忠于职守而不是忠于某个人。

2. 简述官僚制的优越性。

答案要点 官僚制是指通过职权或职能来实现管理的一种手段。其优越性主要表现在：

（1）个人与权力相分离。官僚制摆脱了传统组织的随机、易变、主观、偏见的影响，具有比传统组织优越得多的精确性、连续性、可靠性和稳定性。

（2）是理性精神合理化精神的体现。

（3）适合工业革命以来大型企业组织的需要。

3. 简述管理思想演进的主要线索。

答案要点 总体看来，管理实践和管理思想发展的历程，是组织生活、管理过程中发现相关因素越来越多，内容日益丰富、完善的过程。管理脱胎于一种类型的传统文化，伴随着近代工业文明发展成为一套独立的知识体系。到目前为止，管理学发展有几条较为显著的线索：

（1）科学化、理性化线索。

（2）人道主义线索。

（3）管理过程线索。

（4）实证分析线索。

4. 简述管理理论的流派。

答案要点 （1）管理过程流派一直致力于研究和说明"管理人员做些什么和如何做好这些工作"，侧重说明管理工作实务。管理过程流派的开山鼻祖为古典管理时期的法约尔，当代最著名的代表人物是孔茨。

（2）管理科学流派主张在管理过程中采用科学方法和数量方法去解决问题，侧重分析和说明管理中科学、理性的成分和可数量化的侧面。管理科学的研究可以追溯到泰罗所从事的科学管理运动。

（3）组织管理流派是通过揭示组织形成、生存和发展的内在必然性探讨管理原理和管理方法的流派，主要致力于组织过程的研究。巴纳德是组织管理流派的奠基人，西蒙、马奇、赛尔特进一步发展和丰富了这方面的研究。

（4）行为科学流派是从心理学、社会学角度侧重研究个体需求、行为，团体行为，组织行为和激励、领导方式的流派。继梅奥的开创性研究之后，行为科学方面的研究长盛不衰，构成了管理学的一个重要方面。

（5）经验管理流派以大企业管理经验为主要研究对象，通过研究各种各样成功和失败的管理案例，了解和研究管理问题。

（6）其他学说和主张。

第二章 组织管理原理

 大纲重点、难点提示

1. 个体假设的意义

①个体假设是管理学的出发点和最终归宿,是由独立的个体到集体化协作行为的过程,是组织管理的基础。

②传统的看法:经济人假设、社会人假设、管理人假设、复杂人假设。

③明确选择个体的有关特征,是适当的选择。

④必须予以回答的问题。

⑤对人认识的基本规定性。

⑥行为、需求、理性能力和学习过程,构成管理学中个体层次的基本范畴。

2. 行为与学习

(1) 个体行为和学习。个体行为和学习对组织的重要意义。

(2) 行为的方向和强度。

①方向取决于决策,强度取决于个人的心理力量。②制约个人的决策和努力程度的因素:个人抱有的目的、个人的知识、思维方式和个人的情感。

3. 学习过程

(1) 个体和组织两个层次的学习。①学习的个人性。②个人在组织中学习的特点,在行为过程中的学习。③学习的模仿性质。④稳定化、定型化的倾向。

(2) 两类不同学习的区别。①在无重大环境变化的前提下,因循既定方式的、渐进的、累积的、连续的学习。②组织面临变革时,与组织变革相伴随的、非连续性的、飞跃的、革新性的学习。

(3) 组织层次的学习。①从组织层次衡量学习的现实意义。②组织中的知识构成。③组织中知识情报的变动性质。④个人层次的学习过程。⑤组织层次上知识获得的过程。

(4) 连续性的学习和变革性的学习之间的平衡问题。

4. 心理能量

(1) 组织整体能量的构成,可还原为个人能量的和无法还原为个人能量的部分。①A、B、C、D四种情况。②协调和调节的过程和机制。

(2) 学习与心理能量。学习与心理能量的相互作用,学习与心理能量的相互促进关系。

(3) 组织中学习与心理能量相互作用的两条轨迹:学习—情报蓄积—成功—能量改变;学习—情报共有—相互激励—集团能量。

5. 正式组织及其要素

（1）正式组织；正式组织概念的基本点。

（2）正式组织三要素：①协作意愿。个人在组织中的协作意愿的意义；协作意愿的强度；组织提供给个人的诱因和赋予个人的工作之间的对比关系。②共同目标。组织共同目标与个人目标的一致与不同；个人对组织目标的协作性理解和主观性理解。③信息沟通。信息沟通的限度；信息沟通手段。

6. 非正式组织

①非正式组织。②非正式组织的特征。③非正式组织对正式组织的作用。④正式组织对非正式组织的作用。

7. 组织的正式侧面与非正式侧面

①组织是正式组织与非正式组织的统一。②组织的正式侧面与非正式侧面。③正式组织与非正式组织理论的重要认识意义。

8. 组织内部平衡

（1）组织内部平衡：①组织整体与个体之间的平衡。②诱因与贡献的平衡。

（2）组织内部平衡取决于：①个人的需求、动机及其标准。②诱因的分配过程。③组织的效率。

9. 组织与环境的平衡

①组织与环境关系的基本方面。②组织是否在环境系统中承担必要职能及实现职能的状况。③组织与环境的平衡，组织目标与环境状况的适应性。④目标实现程度。⑤组织平衡是内外平衡的统一。⑥组织平衡是正式组织与组织内外全部制约、影响因素的平衡。

10. 组织动态平衡

①组织内外所有相关因素都处在变化之中。②组织平衡不是一次性的。③组织本身存在打破平衡的力量。④实现组织动态平衡，处理稳定和变革的矛盾。⑤用全面的、发展的、变化的观点看待和处理企业组织发展中的问题。⑥组织内外平衡、动态平衡构成管理的基础。

11. 管理是组织中维持集体协作行为延续发展的有意识的协调行为

①管理概念建立在组织理论基础之上。②管理概念的基本点。

12. 组织三要素理论和组织平衡理论基础上的管理职能

①组织目标的设定和转化。②确立和维持信息沟通系统。③确保必要的活动。④领导。

13. 管理职能学派丰富和发展了管理职能的内容

计划、组织、人员配备、领导、控制五大职能。

大纲习题解答

一、单项选择题

1. 以完全追求私人利益为目的而进行经济活动的主体假设，被称为（　　）。
   A. 复杂人假设　　B. 社会人假设　　C. 经济人假设　　D. 管理人假设

2. 时而按经济人方式行事，时而表现为一种社会的存在，时而按满意准则行事。这样的个体可以称为（　　）。
   A. 管理人假设　　B. 社会人假设　　C. 经济人假设　　D. 复杂人假设
3. 在个体层次的基本要素中，对个体的学习起决定因素的是（　　）。
   A. 决策　　B. 情感　　C. 心理力量　　D. 思维方式
4. 下列不属于正式组织基本要素的是（　　）。
   A. 协作意愿　　B. 群体相容　　C. 共同目标　　D. 信息沟通
5. 管理的实质是（　　）。
   A. 领导　　B. 沟通　　C. 协调　　D. 决策
6. 组织内部平衡是（　　）。
   A. 整体与个人的平衡　　B. 个人与个人的平衡
   C. 个人与环境的平衡　　D. 组织与环境的平衡
7. 企业组织中，一些有共同情感和共同兴趣爱好的人组成的小团体被称作（　　）。
   A. 非正式组织　　B. 正式组织　　C. 协作组织　　D. 合作组织
8. 组织动态平衡最关键的是解决（　　）矛盾。
   A. 企业发展与环境的矛盾　　B. 稳定与变革的矛盾
   C. 组织目标与个人目标之间的矛盾　　D. 科学、理性与人性之间的矛盾
9. 构成管理学中个体层次的基本要素的是（　　）。
   A. 需求　　B. 行为　　C. 理性能力　　D. 学习过程

✎ 参考答案　　1. C　2. D　3. C　4. B　5. C　6. A　7. A　8. B　9. B

二、多项选择题

1. 从组织管理的角度讲，（　　）构成了管理学中个体层次的基本环节。
   A. 需求　　B. 行为　　C. 理性能力　　D. 领导
   E. 学习过程
2. 下列属于正式组织基本要素的是（　　）。
   A. 协作意愿　　B. 群体相容　　C. 共同目标　　D. 信息沟通
   E. 制度化管理
3. 组织内部平衡与下列（　　）因素直接相关。
   A. 激励机制　　B. 个人的需求、动机及其标准
   C. 人员分配　　D. 诱因的分配过程
   E. 组织的效率
4. 按照组织三要素的理论和组织平衡理论，管理的主要职能是（　　）。
   A. 领导　　B. 组织目标的设定和转化
   C. 信息传递　　D. 确立和维持信息沟通系统
   E. 确保必要的活动

5. 管理学家对个体行为做出了几种不同的假设，传统的人性假设包括（　　）。
   A. 经济人假设　　B. 社会人假设　　C. 管理人假设　　D. 复杂人假设
   E. 自然人假设

6. 组织内部平衡与（　　）因素直接相关。
   A. 个人的需求　　　　　　　　B. 动机及其标准
   C. 诱因的分配过程　　　　　　D. 组织的效率
   E. 组织的原则

7. 组织与环境的平衡取决于（　　）。
   A. 组织目标与环境状况的适应性　B. 目标实现程度
   C. 环境的优劣　　　　　　　　D. 内部环境与外部环境的匹配
   E. 企业所处环境是否是完全竞争环境

8. 管理的基本点包括（　　）。
   A. 管理是组织的特殊器官　　　B. 管理的实质是协调
   C. 管理协调是有意识的协调　　D. 管理是维持集体协作延续发展的行为
   E. 管理就是决策

9. 制约个体层次基本要素行为的因素有（　　）。
   A. 决策　　B. 目标　　C. 知识　　D. 思维方式
   E. 情感

10. 以下属于个人在组织学习中的特点的是（　　）。
    A. 实践中学习　B. 学习的模仿性　C. 学习的稳定化
    D. 学习的定型化　E. 心理力量

参考答案　1. ABCE　2. ACD　3. BDE　4. ABDE　5. ABCD　6. ABCD　7. AB
8. ABCD　9. BCD　10. ABCD

三、名词解释

1. 心理能量：促使人意识到自己的需求和主体性，驱使人采取适当行为的心理力量。
2. 正式组织：两个或两个以上的人有意识地加以协调的行为或力的系统。
3. 非正式组织：所谓非正式组织，是两个或两个以上的个人无意识地体系化、类型化了的多种心理因素的系统。
4. 管理：组织中维持集体协作行为延续发展的有意识的协调行为。
5. 组织内部平衡：指由单独个体行为到集体化协作行为的环节，个体与组织整体之间的平衡。组织内部平衡是诱因与贡献的平衡，即组织提供给个人的可用来满足个人需求、影响个人动机的诱因必须等于或大于个人对组织的贡献。

四、简答（论述）题

1. 如何理解个体的行为和学习？

   答案要点　行为和学习，是组织生活中个体的两个最基本的特征。其中，行为关系到现阶段的企业状态，学习则更多地对将来的企业发展起影响作用。通过现时的行为，可以促进成员的学习，学习的结果又会提高未来的行为能力，二者是相互促进的。

2. 简述非正式组织的特征。

答案要点 所谓非正式组织，是两个或两个以上的个人无意识地体系化、类型化了的多种心理因素的系统。非正式组织的特征是：

（1）无明确结构、形态，可辨识性差。非正式组织没有明确的组织名称、结构，没有清楚的上下级单位，初步接触很难辨认出来。

（2）非正式组织的本质在于人与人之间的协调。非正式组织是以个人的心理特征为基础形成的，是自发形成的，个人之间协调程度高。

（3）非正式组织侧重于人们相互接触的心理侧面、非理性侧面。相对于正式组织侧重于人们社会关系的理性侧面、意识侧面、行为侧面，在非正式组织中起作用的更多的是非理性的、无意识的、心理的因素。

（4）非正式组织中通行的是通过感觉、情感、个性特征等因素的无形的潜移默化的影响，个人品格往往是导向因素。

3. 如何理解组织的正式侧面与非正式侧面？

答案要点 （1）组织是正式组织与非正式组织的统一。正式组织与非正式组织的理论不是对现实的描述，而是一种理论上的抽象。不能把二者割裂开来理解，现实的组织是正式组织与非正式组织的统一。①正式组织与非正式组织是同一组织的两个侧面，它们互为条件，共存于一个组织当中。离开其中任何一方，另一方都无法单独存在。②只有在二者统一的意义上，才能理解组织的本质。③正式组织与非正式组织的一体化程度反映组织实际状况。

（2）组织是正式侧面与非正式侧面的统一。正式组织与非正式组织两个范畴作为组织管理理论中的两个基本范畴，为我们认识组织管理过程，提供了基本工具和方法论，大大加深了对组织管理过程的认识。①正式组织与非正式组织理论把组织管理过程中科学化、理性化的部分和难以科学化的、非理性的部分区别开来，为具体区别把握不同管理问题提供了手段和方法。②组织的正式侧面和非正式侧面的思想揭示了组织管理中一个最基本的事实，找到了问题的核心所在，为理解和把握现实的组织管理过程提供了有力武器。

4. 论述组织内部平衡。

答案要点 组织平衡是有关组织生存、发展的原理。可以从组织内部平衡、组织与环境的平衡、组织动态平衡三个方面考察。

组织内部平衡，指由单独个体行为到集体化协作行为的环节，是个体与组织整体之间的平衡。组织内部平衡还是诱因与贡献的平衡，即组织提供给个人的可用来满足个人需求、影响个人动机的诱因必须等于或大于个人对组织的贡献。

从个体角度看，个人对组织的协作愿望取决于个人对组织的贡献与个人从组织获得的诱因之比。从组织侧面看，指组织能否提供足以维持协作过程的有效而充分的诱因数量的能力，即以诱因与贡献的平衡来维持成员个人的协作意愿，谋求组织生存发展的能力。

组织内部平衡与下述因素直接相关：①个人的需求、动机是制约组织内部平衡的关键因素。②经济有效地综合运用提供诱因的方法和采用说服教育、强制的方法。③组织的效率是组织目标实现的程度。

5. 简述组织动态平衡。

答案要点 组织平衡是有关组织生存、发展的原理。可以从组织内部平衡、组织与环境的平衡、组织动态平衡三个方面考察。

组织内外所有相关因素都处在变化中。组织平衡不是一次性的、可以一蹴而就的。当组织内外环境条件发生变化时，原有平衡即被打破，需要根据变化了的情况建立新的平衡。组织本身存在打破平衡的力量，组织中客观上存在的差异、矛盾、冲突本身，就是平衡的一种破坏性力量。

实现组织动态平衡，最关键的是处理稳定和变革的矛盾。在组织生存发展过程中，随着内外平衡实现程度提高，有一种趋于程序化、类型化、模式化、稳定化的倾向。有效地实现组织内部平衡、组织与环境的平衡、组织动态平衡，才能维持组织正常的生存，才谈得上组织发展。组织平衡构成组织管理的基础。

6. 试述正式组织与非正式组织的关系。

答案要点 （1）非正式组织对正式组织的作用。

①非正式组织创造正式组织产生的条件。人与人之间非正式接触形成的共同的心理基础、习惯、行为方式，有助于正式组织的沟通和理解顺利实现，为正式组织正常运转创造条件。

②非正式组织赋予组织以活力。离开非正式组织，正式组织仅仅是一堆干巴巴的职能、制度、程序和目标，仅仅是理性的、机械性的行为系统。

③促进信息沟通。组织中不可能事无巨细都通过正式的信息沟通来传递，事实上非正式组织承担了相当可观的信息沟通量。

④有助于维持正式组织的内聚力。非正式组织给个人提供了某种感情交流、心理认同、相互理解等方面的心理满足，甚至影响个人的价值偏好，因而有助于强化个人的协作意愿，维持正式组织的内聚力，培养个人对组织的忠诚。

⑤维护个人的完整人格。正式组织强调个人的社会化侧面，强调共同目标对个人的非人格性支配，一定程度上导致人格偏离。

（2）正式组织对非正式组织的作用。

①正式组织为非正式组织的形成创造条件。正式组织一旦形成，就为非正式组织的形成创造了条件。共同的场所、活动、一定的组织层次、结构，既为相互接触创造了条件，也提供了接触和交往的限度。

②正式组织为非正式组织长期存在和发展创造条件。有了正式组织，人与人之间

的接触和交往才具有持续、反复的特征，非正式组织的生长发育才有条件。

可见，正式组织与非正式组织互为基础、互为条件。

7. 论述正式组织的三要素。

答案要点 正式组织产生于具有协作意愿、能相互沟通的个体围绕共同目标努力之时。正式组织有三个基本要素：协作意愿、共同目标和信息沟通。

（1）协作意愿是个体为组织贡献力量的愿望。

从组织角度看，协作意愿是组织提供给个人的诱因和赋予个人的工作之间的对比关系。如何找到提供给个人的各种诱因和组织能够获得的成员努力之间的平衡，是维持组织生存发展的重要条件。

（2）共同目标是协作意愿的必要前提，组织要求个人提供的行为必须是有方向性的行为，否则不可能成为现实的行为。

组织的共同目标不仅要得到各组织成员的理解，而且必须被他们接受，否则无法对其行为起指导作用，无法成为激励的力量。

（3）协作意愿和共同目标只有通过信息沟通才能联结起来，信息沟通是组织成员理解共同目标、相互沟通、协同工作的条件，是组织的基础。

总结：正式组织来自有协作意愿、能相互进行信息沟通的个体围绕共同目标努力之时，因此，其三要素相互制约，缺一不可。

8. 什么是管理？如何把握管理的概念？

答案要点 管理是组织中维持集体协作行为延续发展的有意识的协调行为。管理概念建立在组织理论基础之上，管理的必要性来自组织生存和发展的需要。管理概念的基本点包括：①管理是组织的特殊器官；②管理的实质是协调；③管理协调是一种有意识的战略协调；④管理是维持集体协作延续发展的行为。

9. 简述个人在组织中学习的特点。

答案要点 个人在组织中学习的特点：

（1）个人的学习过程是在行为过程中的学习，即在干中学、在实践中学。组织中的学习过程不同于学校的学习，它是一种经历、经验、技能和见识的学习。

（2）学习的模仿性质。最初的个体学习往往是一种模仿过程。模仿学习的过程不一定总是明确的，组织生活中无形的潜移默化的影响，也制约和影响着个人的模仿学习过程。

（3）它有稳定化、定型化的倾向。通过一定时期学习过程的积累，个体会形成某种类型的知识结构、观点、思维方式。

10. 如何理解正式组织的含义？

答案要点 正式组织是两个或两个以上的人有意识地加以协调的行为或力的系统。正式组织的概念包含的基本点是：

（1）构成正式组织内容的是人的行为。它不是体现个体人格的行为，而是以组织人格为特征的行为。

(2) 个人所提供的行为或力的相互作用，是正式组织的本质特征。

(3) 正式组织是个人行为在方法、时间、质和量各方面都经过有意识的调整而体系化的系统。

(4) 正式组织有三个基本要素：协作意愿、共同目标和信息沟通。

第三章 企业和企业制度

大纲重点、难点提示

1. 简述企业的特征

①企业是一个经济组织。②财产支配关系是企业的根本特征之一。③企业的目的。④企业的职能。

2. 企业的多面性

①经济方面的性质或经济侧面是起决定性作用的侧面。②企业的多面性。③企业的社会的、政治的、文化的性质。

3. 所有权

①所有权的五个基本点。②产权是所有权的经济用语。

4. 产权及其功能

①产权的基本内容。②产权结构不同，效率也不同。③私有产权、共有产权和国有产权。

5. 区分企业制度和企业形态的标准

①私营企业。个人企业、合伙企业、两合公司、有限责任公司等基本形态的特征。

②股份有限公司的特征：资本证券化、有限责任制、所有权与经营管理权分离、公司账目公开。

大纲习题解答

一、单项选择题

1. 股份有限公司最根本的特征是（　　）。
   A. 有限责任制　　　　　　　B. 所有权与经营权分离
   C. 资本证券化　　　　　　　D. 公司账目公开

2. 由两个以上股东共同出资，每个股东以其所认缴的出资额对公司承担有限责任，公司以其全部资产对其债务负责任的企业法人是指（　　）。
   A. 合伙公司　　　　　　　　B. 两合公司
   C. 股份有限公司　　　　　　D. 有限责任公司

3. 私营企业不包括（　　）。
   A. 个人企业　　B. 合伙公司　　C. 有限责任公司　D. 股份有限公司

4. 既可以通过无限责任股东的存在保护债权人、取得外界信任，又可以通过有限责任股东吸引大量资金的企业形态是指（　　）。
   A. 个人企业　　　B. 两合公司　　　C. 合伙公司　　　D. 有限责任公司

◆ 参考答案 ◆　1. C　2. D　3. D　4. B

二、多项选择题

1. 以下属于私营企业的是（　　）。
   A. 个人企业　　B. 股份有限公司　　C. 两合公司　　D. 有限责任公司
   E. 合伙公司

2. 股份有限公司的特点有（　　）。
   A. 公司账目公开　　　　　　　　B. 所有权与经营权分离
   C. 有限责任制　　　　　　　　　D. 公司账目不公开
   E. 资本证券化

3. 有限责任公司的基本特征是（　　）。
   A. 公司不公开订购股份，不公开发行股票，不允许股份上市交易
   B. 股东凭公司签发的出资证明书，享有公司权益，参与公司经营管理
   C. 公司股份不能自由转让
   D. 公司账目不向社会公开
   E. 独立的经济组织

4. 所有权的基本特点包括（　　）。
   A. 所有权依照严格的法定方式取得
   B. 所有权具有占有、使用、处分和收益四项权能，所有者可以根据自己的意志行使其中任何一项权能
   C. 所有权具有排他性，在法律限定的范围之内排除他人对所有权行使过程的干预
   D. 所有权可部分地转让给他人，但处分权只能由所有者行使
   E. 所有者在所有权遭到侵害时，可以诉诸法律手段维护自己的权益

5. 企业的特征包括（　　）。
   A. 独立的经济组织
   B. 财产支配关系
   C. 企业的目的是获得并不断增加盈利
   D. 企业必须向社会提供适销商品和优质服务
   E. 资本证券化

6. 一项产权的基本内容包括（　　）。
   A. 行为主体对资源的使用权　　　B. 转让权
   C. 收入的享有权　　　　　　　　D. 具有排他性
   E. 处分权

◆ 参考答案 ◆　1. ACDE　2. ABCE　3. ABCD　4. ABCDE　5. ABCD　6. ABC

三、名词解释

1. **企业**：在一定财产关系支配下按照利润最大化原则行动的经济行为主体,是为了获取利润而从事生产经营活动、向社会提供商品或劳务的独立经济组织。企业是市场经济活动的主体。

2. **所有权**：指对主体拥有财富这一特定事实给予社会性的认可和保护。

3. **产权**：一个社会所强制实施的选择一种经济品使用的权利,是由人们对物的使用所引起的相互认可的一种行为关系。

4. **股份有限公司**：指注册资本由等额股份构成并通过发行股票(或股权证)筹集资本,股东以其所认购股份对公司承担有限责任,公司以其全部资产对公司债务承担责任的企业法人。

四、简答题

1. 简述企业的特征。

答案要点 （1）企业是一个经济组织,而且是独立的经济组织,区别于政治、社会组织和团体,也不是政府行政管理机构的附属物。

（2）财产支配关系是企业的根本特征之一。

（3）企业的目的是获得并不断增加盈利。自负盈亏,即以独立资产抵补经营亏损,承担经营责任,是企业得以不断发展的内在动力所在,也是形成自我约束机制的关键。自负盈亏是企业重要的特征。

（4）企业的职能是从事生产经营活动。企业不仅包括具有生产加工能力的厂商,也包括金融、保险、服务性企业。

总之,企业属于经济生活范畴,是现代经济活动的基本组织形式。

2. 试述产权及其功能。

答案要点 产权是一个社会所强制实施的选择一种经济品使用的权利,是由人们对物的使用所引起的相互认可的一种行为关系。产权一般用来界定人们在经济活动中如何受益、如何受损以及他们之间如何进行补偿的规则。

产权的基本内容包括行动团体对资源的使用权与转让权以及收入的享用权。他的权能是否完整,可以从所有者对该权能所具有的排他性和可转让性来衡量。如果权利所有者对他所拥有的权利有排他的使用权、收入的独享权和自由的转让权,他所拥有的产权就是完整的;如果这些方面的权能受到限制或禁止,就称为产权的残缺。

产权结构不同,效率也不同。确定和保护产权,有利于资源的有效利用。一种产权结构是否有效率,主要看它能否为在它支配下的人们提供有效的激励。产权制度最基本的功能是明确规定产权主体对客体的关系,以及不同产权主体相互之间的关系。

按行使权利的主体不同,产权主要分为私有产权、共有产权和国有产权,实质上是把上述权利界定给了不同的行动团体。

私有产权就是把资源的使用与转让以及收入的享用权界定给了一个特定的人,他可以把这些权利同其他附着了类似权利的物品相交换,可以通过契约将这些权利转让给其他人，对这些权利的使用不应受到限制。共有产权意味着共同体内每一成员都有权分享共同体拥有的权利，他排除了共同体外的成员和国家对共同体内的任何成员行使这些权利的干扰。国有产权在理论上指这些权利由国家拥有，国家按照可接受的政治程序来决定谁可以使用或不能使用这些权利。

3. 私营企业的形态有哪些？

答案要点 私营企业指个人企业和在个人企业基础上形成的合伙公司、两合公司和有限责任公司等企业形态。

（1）个人企业。个人企业是个人独资设立，个人所有、经营的企业。个人企业是企业最原始的形态。个人企业不具有法人资格，但个人拥有公司全部股份的股份公司，也可视同个人企业，这种情况在日本尤为普遍。

（2）合伙公司。合伙公司是个人企业直接结合而成的形态，是最原始的公司形态。在合伙公司中，各所有者共同对结合而成的公司财产负责，出资者对公司承担无限连带责任。

（3）两合公司。两合公司是指由一个以上无限责任股东和一个以上有限责任股东共同出资组成的公司。其中无限责任所有者掌握公司的控制权。无限责任股东和有限责任股东均为公司自有资本的出资者，有权分享利润，也需承担风险。二者的区别只是在于无限责任股东对公司债务应负无限连带清偿责任，有限责任股东仅以出资额对公司债务负责。两合公司是介于无限公司和有限公司之间的一种公司形式，公司中有限责任部分的资本不分成等额股份。

（4）有限责任公司。有限责任公司是指由两个以上股东共同出资，每个股东以其所认缴的出资额对公司承担有限责任，公司以其全部资产对其债务承担责任的企业法人。我国政策规定，有限责任公司由两个以上五十个以下的股东共同出资设立。

有限责任公司的基本特征是：

①公司不公开订购股份，不公开发行股票，不允许股份上市交易。

②股东凭公司签发的出资证书，享有公司权益。股东有权直接参与公司经营管理。

③公司股份不能自由转让。股东之间可以相互转让其全部出资或者部分出资。

④公司账目不向社会公开。

第四章 决策

 大纲重点、难点提示

1. 管理职能与决策

管理过程中的每一个管理行为，都有一个可分解的决策过程。

2. "决策人"的管理模式

①追求组织决策的合理性。②依据决策方面的心理学因素作为其行动的基础。③学习、记忆和习惯。

3. 决策过程的四个阶段

①搜集情报阶段。②拟订方案阶段。③选定方案阶段。④对已选定的方案进行评价。

4. 决策的准则

①绝对理性的三个前提不可满足。②"令人满意的"决策。③有效决策的其他原则。

5. 例行问题和例外问题

①正确判明问题的性质。②例行问题。③例外问题。

6. 程序化决策和非程序化决策

①程序化决策。②非程序化决策。③决策类型和组织层次的关系。④程序化决策的决策技术。⑤程序化决策的传统技术。⑥程序化决策的现代技术。⑦非程序化决策的决策技术：非程序化决策的传统技术；非程序化决策的现代技术。

7. 决策的行为

①个人因素：影响决策过程的个人行为特性，包括个人对问题的感知方式和个人的价值系统。

②群体因素：群体心理对决策的影响、群体决策的优点、群体决策的缺点。

 大纲习题解答

一、单项选择题

1. 制定程序化决策的全部技术中最为普遍和最盛行的技术是（　　）。
   A. 学习　　　　B. 遗忘　　　　C. 记忆　　　　D. 习惯

2. 在进行非程序化决策时，通常用到的传统技术是（　　）。
   A. 培训　　　　B. 判断　　　　C. 探索式　　　D. 习惯

3. 针对那些新颖、例外的问题所做出的决策是（　　）。
   A. 程序化决策　　　　　　　　B. 非程序化决策
   C. 理性决策　　　　　　　　　D. 满意决策
4. 针对例行问题做出的决策是（　　）。
   A. 程序化决策　　　　　　　　B. 非程序化决策
   C. 理性决策　　　　　　　　　D. 满意决策
5. 下列不属于程序化决策的传统技术的是（　　）。
   A. 习惯　　　B. 标准操作规程　　C. 组织结构　　　D. 经验
6. 在决策中起决定作用的是（　　）。
   A. 决策技术　　　　　　　　　B. 外部环境的影响
   C. 决策者　　　　　　　　　　D. 信息的准确及时
7. 管理就是决策，这是（　　）的观点。
   A. 西蒙　　　B. 巴纳德　　　C. 梅奥　　　D. 法约尔
8. 下列不属于程序化决策类型的是（　　）。
   A. 重复的　　　　　　　　　　B. 例行的决策
   C. 有组织制定其决策的具体程序　D. 新的决策

参考答案　1. D　2. B　3. B　4. A　5. D　6. C　7. A　8. D

二、多项选择题

1. "决策人"模式把（　　）方面的心理因素作为其行动的基础。
   A. 学习　　　B. 遗忘　　　C. 记忆　　　D. 习惯
   E. 懒散
2. 群体决策的优点是（　　）。
   A. 时间较短　　　　　　　　　B. 效率高
   C. 责任明确　　　　　　　　　D. 能提供完整的信息
   E. 使人们更好地了解所制定的决策
3. 要及时有效地做出正确的决策，应遵循的原则有（　　）。
   A. 整体协同原则　B. 高效原则　C. 目标原则　　D. 权变原则
   E. 程序化原则
4. 下列属于非程序化决策的传统技术的是（　　）。
   A. 习惯　　　　　　　　　　　B. 经验
   C. 经理人员的选拔和训练　　　D. 直觉
   E. 创造性
5. 决策过程包含的阶段有（　　）。
   A. 搜集情报阶段　　　　　　　B. 决策阶段
   C. 拟订计划阶段　　　　　　　D. 对已选定的方案进行评价
   E. 选定方案阶段

6. 按照关于人的假设把管理理论分为（　　）。
   A. 机械人模式　　B. 动机人模式　　C. 决策人模式　　D. 执行人模式
   E. 自然人模式

参考答案　1. ACD　2. DE　3. ACD　4. BCDE　5. ACDE　6. ABC

三、名词解释

1. 程序化决策：指决策可以程序化到呈现出重复和例行的状态，可以程序化到制定出一套处理这些决策的固定程序，每当它们出现时，即可按照固定程序进行处理，而不需要再特意去处理它们。通常又将程序化决策称为结构良好的决策。

2. 非程序化决策：指针对那些新颖、无结构的问题所做的决策，这类决策又可以称为结构不良的决策。这类决策没有固定的程序和规律可循，需要单独做出处理。

3. 个人价值系统：指个人的思想、价值观、道德标准、行为准则等所构成的相对稳定的思维体系。

四、简答题

1. 简述决策的过程。

   答案要点　决策的过程包含四个阶段：

   （1）收集信息阶段。收集组织所处环境中有关经济、技术、社会等方面的情报并加以分析，同时对组织内部的有关情报也要收集并加以分析，以便为拟订和选择计划提供依据。

   （2）拟订方案阶段。以组织所需解决的问题为目标，依据第一阶段所收集到的情报，拟订出各种可能的备择方案。

   （3）选定方案阶段。根据当时的情况和对未来发展的预测，从各个备择方案中选定一个。

   （4）对已选定的方案进行评价。决策过程第一阶段的任务是探查环境，寻求决策的条件，可以称之为"信息活动"。第二阶段的任务是设计、制定和分析可能采取的行动方案，可以称之为"设计活动"。第三阶段的任务是从可供选择的各种方案中选出一个适用的行动方案，可以称之为"抉择活动"。第四阶段的任务是对已做出的抉择进行评价，可以称之为"审查活动"。

   决策过程还可以细分为识别问题、确定决策标准、为标准分配权重、拟订方案、分析方案、选择方案、实施方案和评价效果八个阶段。

2. 简述满意决策的原则。

   答案要点　满意决策的原则主要有：

   （1）整体协同原则。管理系统本质上是开放系统，它的各要素是相互联系、相互作用的。它处在环境中，被外部环境所包围。它总是自身相互作用，系统本身就会产生协同。

   （2）目标原则。决策都必须确认目标，并以目标为导向。

   （3）权变原则。决策是动态的，客观环境发生了变化，决策也要随时做出调整。

第五章 计划与控制

 大纲重点、难点提示

1. 计划与控制

①计划是事先对未来应采取的行动所做的规划和安排。②控制是在计划执行过程中出现偏离时予以调整和修正的过程。③事先计划和事后控制。

2. 计划与控制系统

①计划与控制系统是为了促进、约束和调整企业组织中复杂而多样的计划和控制过程而形成的管理体系或框架。②计划与控制系统的核心内容是确定组织的信息流结构。

3. 计划和控制的基础

计划和控制的基础是信息。

4. 制订计划的意义

①计划系统，为在企业组织中规范、促进和调整计划工作过程而设置的基本规范和体系。②计划制订工作对计划者个人的意义。③对企业组织而言计划制订工作的意义。

5. 计划系统设计

计划制订过程的基本问题和范围：①计划制订者。②计划范围。③与资源配置的协调。④与业绩评价的协调。⑤计划形式。

6. 控制形式

控制的两种形式：①直接控制，即具体操作者自己在工作过程中的直接控制。②间接控制，即所谓影响控制。最主要的控制是业绩评价。

7. 控制过程

两类典型的控制过程：

（1）直接控制的过程。

①采取某种控制行动。②对控制行动的结果进行观察、测定。③将观察、测定的结果与应有的标准比较、评价。

（2）间接控制的过程。

①确定应达到的目标标准。②作业人员对工作进行控制。③一定时期后，管理者对作业人员的成果进行观察、测定。④管理者将观测到的成果与标准比较、评价。⑤在比较、评价的基础上决定奖惩措施。

8. 控制系统设计的主要项目

①目标变量。②确定目标变量的测定方法。③确定事前标准。④测定结果的沟通方式。⑤事后评价标准的确定。

9. 评价标准的确定

①制定业绩标准是最基本的问题。②事前标准和事后标准的制定。③业绩、事前标准、事后标准以及应有的控制努力和技巧。④事前标准的重要意义。

10. 控制与计划的协调

①计划系统与控制系统的密切联系。②计划系统与控制系统之间的相互依存关系。

大纲习题解答

一、单项选择题

1. 计划和控制的基础是（　　）。
   A. 管理　　　　　B. 信息　　　　　C. 制度规范　　　D. 协调
2. 控制活动应该（　　）。
   A. 与计划工作同时进行　　　　　B. 先于计划工作进行
   C. 在计划工作之后进行　　　　　D. 与计划工作结合进行
3. 由具体操作者在工作过程中进行的控制是（　　）。
   A. 间接控制　　　B. 领导控制　　　C. 直接控制　　　D. 组织控制
4. 下列哪项活动不属于计划活动的范畴？（　　）
   A. 目标　　　　　B. 策略　　　　　C. 预算　　　　　D. 实施
5. 计划工作是（　　）。
   A. 各级管理人员都要从事的工作　　B. 计划职能部门的工作
   C. 高级管理部门要从事的工作　　　D. 以上都不对

参考答案　1. B　2. C　3. C　4. D　5. A

二、多项选择题

1. 控制的基本形式有（　　）。
   A. 自我控制　　　B. 领导控制　　　C. 直接控制　　　D. 组织控制
   E. 间接控制
2. 控制系统设计的主要项目有（　　）。
   A. 目标变量　　　　　　　　　　　B. 确定目标变量的测定方法
   C. 确定事前标准化　　　　　　　　D. 测定结果的沟通方式
   E. 事后评价标准的确定
3. 计划系统设计应规定的共同的、基本的方面是（　　）。

A. 计划制订者 B. 计划范围

C. 与资源配置的协调 D. 与业绩评价的协调

E. 计划形式

4. 计划控制系统是指（　　）。

A. 专业计划控制部门的管理系统

B. 从事计划控制工作的组织系统

C. 实施计划和控制过程而形成的管理体系或框架

D. 计划职能

E. 计划和控制的方法

参考答案　1. CE　2. ABCDE　3. ABCDE　4. BC

三、名词解释

计划和控制系统：指为组织中各层次、各种类计划和控制行为提供基本程序和规范，调整计划和控制过程，对计划和控制工作做出基本安排和设计的系统。

四、简答题

简述制订计划的意义。

答案要点　企业组织中的计划工作，不仅对计划承担者个人和部门有重要意义，而且对上级管理部门、对与之有协作配合关系的其他人员和部门、对与计划承担有业务联系的各方面都有重要意义。

(1) 计划制订工作对计划者个人或本部门的意义。①通过对环境的分析研究，可以加深对环境的认识，减少工作的不确定性和失误。②明确工作目标。③确定当时必须采取的行动。

(2) 计划制订工作对企业组织的意义。①计划制订过程同时是企业组织中信息沟通、相互了解和事前协调的过程。②形成企业总体计划。正是在充分沟通、协调的基础上，形成了包含各部门、层次、个人作业计划在内的企业总体计划。③计划制订过程中计划承担者与上级管理者的相互作用，为管理者施加影响提供了手段。④通过计划制订过程中在不同部门间进行的协调和安排，可以从组织整体要求出发协调各部门的决策，使计划形成一个有机的整体。

第六章 组织

 大纲重点、难点提示

1. 分工关系

①基本职能和辅助职能,分工。②分工给组织带来的利益。③分工的弊端。组织分工程度的决定。

2. 部门化

①组成部门的意义。②组织层次的形成。③管理幅度。④管理层次。⑤管理幅度与管理层次的关系。⑥狭长形组织和扁平形组织。⑦职能制组织和事业部制组织。

3. 权限关系

4. 集权与分权

①处理决策权限关系的基本原则。②集权与分权各自的优缺点。③集权与分权的关系。

5. 沟通与协商

①管理者在组织信息沟通中的重要作用。②对管理者沟通的要求。③信息失真和遗漏。

6. 制约组织结构的因素

①信息沟通。

②经营战略。

③技术特点。

④管理体制。

⑤企业规模。

⑥环境变化。

7. 组织结构的调整

①组织活动中经常出现且需要及时调整的问题。②组织结构调整的三种基本策略。

8. 理想的组织结构

①适合各种企业的理想组织结构形式的难度。②组织结构设计的限度。

9. 各组织结构的特点

①直线制结构的特点。②直线职能制结构的特点。③事业部制结构的特点。④矩阵制结构的特点。⑤子公司与分公司各自的特点。

10. 制度规范的种类

①制度规范:狭义和广义上的制度规范。②企业基本制度:管理制度、技术规范、业务规范、个人行为规范。

11. 制度规范的特点

①权威性。②系统性。③科学性。④无差别性。⑤借助强制力。⑥稳定性。

12. 制定管理制度的基本要求

①从企业组织实际出发。②根据需要制定。③建立在法律和社会道德规范的基础上。④系统和配套。⑤合情合理。⑥先进性。

13. 制度规范的制定与调整

①制度制定者。②制度规范的制定程序。③制度规范的调整。④管理规范修改的情况。⑤管理制度的废除。

14. 制度化管理的主要特征

15. 制度化管理的优越性

①个人与权力的分离。②理性精神和合理化精神的体现。③适合现代大型企业组织的需要。

16. 制度化与人性

①以制度化管理体系为基本，制度化与人性、制度化与活力的平衡。②"经"与"权"的关系。③他律与自律的平衡。

大纲习题解答

一、单项选择题

1. 协作的前提是（　　）。
   A. 信息　　　　　　　　　B. 分工
   C. 组织　　　　　　　　　D. 制度规范

2. 下列不属于影响和制约组织结构设计的因素有（　　）。
   A. 企业制度　　　　　　　B. 信息沟通
   C. 技术特点　　　　　　　D. 管理体制

3. 军队式的组织结构形式是指（　　）。
   A. 直线制　　　　　　　　B. 直线职能制
   C. 事业部制　　　　　　　D. 矩阵制

4. "集中决策，分散经营"是指（　　）。
   A. 直线制　　　　　　　　B. 直线职能制
   C. 事业部制　　　　　　　D. 矩阵制

5. 具有双通道命令系统的组织结构形式的是（　　）。
   A. 直线制　　　　　　　　B. 直线职能制
   C. 事业部制　　　　　　　D. 矩阵制

6. 一个是职能部门系列，一个是为了完成某一临时任务而组建的小组系列，纵横交叉的组织结构是指（　　）。
   A. 直线制　　　　　　　　B. 直线职能制
   C. 事业部制　　　　　　　D. 矩阵制

7. 制度化管理是由（　　）提出来的。
   A. 泰罗　　　　　B. 法约尔　　　　C. 韦伯　　　　　D. 巴纳德
8. 以下四种组织结构中存在双重领导关系的是（　　）。
   A. 直线制　　　　　　　　　　　B. 直线职能制
   C. 事业部制　　　　　　　　　　D. 矩阵制

✎ 参考答案：　1. B　2. A　3. A　4. C　5. D　6. D　7. C　8. D

二、多项选择题

1. 为确立分工协作的基本框架，必须确定的问题是（　　）。
   A. 分工关系　　　　　　　　　　B. 部门化
   C. 权限关系　　　　　　　　　　D. 沟通与协调
   E. 程序化
2. 组织结构的形式有（　　）。
   A. 直线制　　　　　　　　　　　B. 直线职能制
   C. 事业部制　　　　　　　　　　D. 矩阵制
   E. 子公司和分公司
3. 制度规范的种类有（　　）。
   A. 企业基本制度　　　　　　　　B. 管理制度
   C. 业务规范　　　　　　　　　　D. 技术规范
   E. 条例
4. 制度规范的特点有（　　）。
   A. 权威性　　　　B. 系统性　　　C. 科学性　　　　D. 无差别性
   E. 借助强制力
5. 制度化管理的优越性体现在（　　）。
   A. 个人与权力相分离　　　　　　B. 是理性精神、合理化精神的体系
   C. 充分考虑人性　　　　　　　　D. 有利于企业团结
   E. 适合现代大型企业组织的需要
6. 分工给组织带来的利益有（　　）。
   A. 分工可以使各种工作简单化
   B. 由于从事专业化的工作，使得每一个工人都能掌握专业化的操作技能
   C. 分工会带来工作的单调化
   D. 分工会阻碍组织内部的人员流动
   E. 分工阻碍了生产力的发展
7. 分工给组织带来的弊端有（　　）。
   A. 分工会带来工作的单调化　　　B. 分工会阻碍组织内部的人员流动
   C. 专业化会助长组织内部的冲突　D. 分工可以使各种工作简单化
   E. 分工让员工没有了家的感觉

8. 信息沟通体现在组织结构上，有（　　）的具体要求。
   A. 明确工作内容和性质、职权和职责的关系
   B. 沟通渠道要短捷、高效
   C. 信息必须按既定路线和层次进行有序传递
   D. 在信息练习中心设置称职的管理人员
   E. 保持信息联系的连续性

参考答案　1. ABCDE　2. ABCDE　3. ABCD　4. ABCDE　5. ABE　6. AB
　　　　　　7. ABC　　8. ABCDE

三、名词解释

1. 组织结构：指组织内部分工协作的基本形式或框架。

2. 管理幅度：受认识和情报处理能力的制约，管理者的有效协调人数的客观的限度。

3. 制度规范：组织管理过程中借以约束全体组织成员行为，确定办事方法，规定工作程序的各种章程、条例、守则、规程、程序、标准、办法等的总称。

4. 制度化管理：以制度规范为基本手段协调企业组织集体协作行为的管理方式。

5. 直线职能制：一种以直线制结构为基础，在厂长（经理）领导下设置相应的职能部门，实行厂长（经理）统一指挥与职能部门参谋、指导相结合的组织结构形式。

6. 业务规范：针对业务活动过程中那些大量存在、反复出现、又能摸索出科学处理办法的事务所制定的作业处理规定。

四、简答（论述）题

1. 论述分工给组织带来的利益和弊端。

答案要点　（1）分工给组织带来的利益表现在：

①分工可以使各种工作简单化，这在现场作业中表现得尤为突出。②分工提高了工人的操作技能，由于从事专业化的工作，使得每一个工人都能掌握专业化的操作技能。

（2）分工给组织带来的弊端主要表现在：

①分工会带来工作的单调化。尤其是简单的重复工作，不可避免地会产生孤独和单调。②分工会阻碍组织内部的人员流动，降低其对组织变化的适应能力。③专业化会助长组织内部的冲突。专业化操作要求人们不仅要具有相应的能力，而且要形成相应的思维模式。

因此，组织结构所要解决的第一个问题就是全面权衡分工的利弊，决定组织分工程度并在此基础上确定每个人的职务。

2. 信息沟通体现在组织结构中有哪些要求？

答案要点　（1）要通过明确工作内容和性质、职权和职责的关系等，使每一个组织成员都能清楚地了解各自的信息沟通对象、内容、方式和渠道，并视之为职责范

围内的事。

（2）沟通渠道要短捷、高效。信息传递要借助于语言文字，由于个人表达、理解能力的差异以及加工整理中的偏差，往往会造成信息传递的失真，引起误解。而且，信息传递路线越长，失真的概率也就越大。所以，信息沟通的渠道要尽可能地短捷、高效。

（3）信息必须按既定路线和层次进行有序传递。不论是上传还是下达，都应经过信息联系的每一个层次，不能随意越过。否则，就会产生互相冲突的信息传递，损害某些层次的威信和权力，造成不必要的猜疑和摩擦。

（4）要在信息联系中心设置称职的管理人员。在大型组织中，信息沟通机构处于中心地位，它要求处于这一地位的管理人员具有综合能力，能按企业目标和经营战略的要求，对各种信息做出准确的识别和分析判断，并转化为相应的对策和措施。受个人知识能力的限制，很少有人能满足现代大型组织的要求。因此，必要时可配置专门的机构和人员，协助管理人员承担此项工作。

（5）保持信息联系的连续性。这要求组织设计把重点放在职位上，而不能放在个人上，即要因事择人，而非因人设岗。同时，组织还要建立任职者因故出现缺位时自动代理职务的制度。

（6）重视非正式组织在信息沟通中的作用。共同工作会使人们形成一种独特的人际关系，它可以沟通正式组织所不能提供的信息。所以，组织结构设计必须尊重非正式组织及其沟通方式。

3. 论述组织结构的形式。

答案要点 企业的组织结构形式有很多，几种常用的组织结构形式如下：

（1）直线制是一种最简单的集权式组织结构形式，又称军队式结构。其领导关系按垂直系统建立，不设专门的职能机构，自上而下形同直线。直线制结构的优点是：结构简单，指挥系统清晰、统一；责权关系明确；横向联系少，内部协调容易；信息沟通迅速，解决问题及时，管理效率比较高。其缺点是缺乏专业化的管理分工，经营管理事务依赖于少数几个人。

（2）直线职能制是一种以直线制结构为基础，在厂长（经理）领导下设置相应的职能部门，实行厂长（经理）统一指挥与职能部门参谋、指导相结合的组织结构形式。直线职能制是一种集权和分权相结合的组织结构形式，它在保留直线制统一指挥优点的基础上，引入管理工作专业化的做法。这样既能保证统一指挥，又可以发挥职能管理部门的参谋指导作用，弥补领导人员在专业管理知识和能力方面的不足，协助领导人员决策。

（3）事业部制也称分权制结构，是一种在直线职能制基础上演变而成的现代企业组织结构形式。事业部制结构遵循"集中决策，分散经营"的总原则，实行集中决策指导下的分散经营，按产品、地区和顾客等标志将企业划分为若干相对独立的经营单位，分别组成事业部。各事业部在经营管理方面拥有较大的自主权，实行独立核算、自负盈亏，并可根据经营需要设置相应的职能部门。

（4）矩阵制结构由横纵两个管理系列组成，一个是职能部门系列，另一个是为完成某一临时任务而组建的项目小组系列，纵横两个系列交叉，即构成矩阵。矩阵制结构的最大特点在于其具有双道命令系统，小组成员既要服从小组负责人的指挥，又要受原所在部门的领导。这就突破了一个员工只受一个直接上级领导的传统管理原则。

（5）子公司与分公司。子公司是指受集团公司或母公司控制但在法律上独立的法人企业。子公司不是母公司本身的一个组成部分或分支机构，因为它有自己的公司名称和董事会，有独立的法人财产并以此承担有限责任，可以以自己的名义从事各种业务活动和民事诉讼活动。分公司是母公司的分支机构或附属机构，在法律上和经济上均无独立性，不是独立的法人企业。分公司没有自己独立的名称，只在母公司的名称后加上"某某分公司"的字样，没有独立的章程和董事会，也没有独立的资产负债表，其全部资产是母公司资产的一部分。

4. 简述制度化管理的特征。

答案要点 制度化管理的主要特征有：

（1）在劳动分工的基础上，明确规定每个岗位的权力和责任，并且把这些权力和责任作为明确规范而制度化。

（2）按照各机构、各层次不同职位权力的大小，确定其在企业中的地位，从而形成一个有序的指挥链或等级系统，并以制度形式巩固下来。

（3）以文字形式规定职位特性以及该职位对人的应有素质、能力等要求。根据通过正式考试或者训练和教育而获得的技术资格来挑选组织中所有的成员。

（4）在实行制度管理的企业中，所有权与管理权相分离。管理人员不是所管理企业的所有者，他只是根据法律制度赋予的权力暂时处于拥有权力的地位。原则上企业中所有人都应服从制度的规定。

（5）管理人员在实施管理时有三个特点：一是根据因事设人的原则，每个管理人员只负责特定的工作；二是每个管理者均拥有执行自己职能所必要的权力；三是管理人员所拥有的权力要受到严格的限制，要服从有关章程和制度的规定。这些规定不受个人情感的影响，普遍适用于所有情况和所有的人。

（6）管理者的职务是管理者的职业，他有固定的报酬，具有按资历、才干晋升的机会，他应忠于职守，而不是忠于某个人。

5. 简述制度化管理与人性。

答案要点 以制度规范为基本手段协调企业组织集体协作行为的管理方式，就是制度化管理。制度化管理的实质在于以科学确定的制度规范为组织协作行为的基本约束机制，主要依靠外在于个人的、科学合理的理性权威实行管理。制度化管理倾向于把管理过程和企业组织设计为一架精确、完美无缺的机器，它只讲规律，只讲科学，只讲理性，而不考虑人性。人不是机器，不可能像机器一样准确、稳定、节律有制，人有感情、有情绪、有追求、有本能。所以，极端的制度化管理既不可能，也不理想。在推行制度化管理的同时，要处理好下述两组矛盾平衡关系：

（1）"经"与"权"的关系。"经"指规范、原则、制度；"权"指权宜、权变，即衡量是非轻重，因时、因地、因事制宜。"经"与"权"，即所谓原则性与灵活性，坚持按制度办事与适当变通之意。"经"与"权"是一对矛盾，处理"经"与"权"之间的矛盾要注意以下两点。其一，根据我国企业组织中的实际情况，应加强"经"的一面，推行制度化管理，即使牺牲部分灵活性也在所不惜。因为传统的和现实的种种原因，导致我国现实中原则性太少而灵活性太多。其二，在基本的方面、关系全局的方面应坚持原则不动摇；而在局部的、无关宏旨的方面可以适当放宽，多给灵活性。

（2）他律与自律的关系。他律与自律是指涉及个人行为的管理时，究竟应该更多地借助于教育、惩罚、强制、约束等外部规范方式，还是更多地依靠个人的觉悟、自觉性、自我约束来达到目的的问题。借助于约束、强制手段来规范个体行为叫作他律；依靠个人自我控制、自我管理来约束个体行为称作自律。

强调他律还是自律，从根本上说，取决于管理者心目中关于人性的假设。认为人性"恶"的，以他律为主；认为人性"善"的，多依靠自律。制度所强调的是他律的一面，但它不是以人性"恶"为基础，而是出于使个人单独的行为成为有目的的、在时间、空间、程度等方面都整合了集体行为的需要。但它同样也存在与自律的矛盾。处理他律与自律的矛盾有各种不同主张，但有两点是必须注意的：其一是个体自觉性、自我约束程度有限，许多组织活动仅靠个体自觉性无法按部就班、协调一致地进行，所以，必须充分依靠他律，发挥制度规范的作用；其二是在保证组织活动正常进行的范围内，应尽可能发挥自律的作用，缩小他律的范围。过度的他律会导致信任感降低，助长破坏性，因此必须将他律控制在必要限度内。自律运用得当，可培养个体的自觉性和责任感，更好地发挥个人的聪明才智和创造性。

6. 组织活动中经常出现且须及时调整的问题主要有哪些？

答案要点 （1）因分工不合理、职位系统不清晰而造成的上下左右职责关系不明确，工作相互干扰。

（2）信息系统不流畅，沟通不良。

（3）决策周期长，行动迟缓，贻误时机，效率低下。

（4）机构臃肿，人浮于事，办事手续烦琐。

（5）本位主义严重，部门间协调困难，不能形成有效的协作系统。

（6）多头领导，不能形成统一的指挥系统。

（7）授权不当，权责不对等。

（8）组织缺乏创新，难以发展。

当上述问题出现时，不论是个别问题还是一系列问题，都应及时采取调整行动。组织结构调整的基本策略有三种：一是局部调整策略，即在原有框架内作小范围变革；二是整体调整策略，即制定系统的调整策略，分阶段实施；三是抛弃策略，即全盘否定原有组织结构形式。这三种策略各具优缺点和特定的适用范围，必须依据企业内外各种制约因素的变动情况和要求，针对出现的各种具体问题，准确把握其性质、作用范围及其严重程度，以选择适当的调整策略。

7. 简述直线职能制结构的特点。

答案要点 直线职能制结构的特点是：

（1）厂长（经理）对业务和职能部门均实行垂直式领导，各级直线管理人员在职权范围内对直接下属有指挥和命令的权力，并对此承担全部责任。

（2）职能管理部门是厂长（经理）的参谋和助手，没有直接指挥权，其职责是向上级提供信息和建议，并对业务部门实施指导和监督，因此，它与业务部门的关系只是一种指导关系，而非领导关系。

直线职能制是一种集权和分权相结合的组织结构形式，它在保留直线制统一指挥优点的基础上，引入管理工作专业化的做法。因此，既能保证统一指挥，又可以发挥职能管理部门的参谋指导作用，弥补领导人员在专业管理知识和能力方面的不足，协助领导人员决策。所以，它不失为一种有助于提高管理效率的组织结构形式，在现代企业中适用范围比较广泛。

值得注意的是，随着企业规模的进一步扩大，职能部门也将会随之增多。于是，各部门之间的横向联系和协作将变得更加复杂和困难。加上各业务和职能部门都须向厂长（经理）请示汇报，使其往往无暇顾及企业面临的重大问题。当设立管理委员会、完善协调制度等改良措施都不足以解决这些问题时，企业组织结构改革就会倾向于更多的分权。

8. 简述事业部制结构的优点。

答案要点 事业部制结构的优点是：

（1）权力下放，有利于最高管理层摆脱日常行政事务，集中精力于外部环境的研究，制定长远的、全局性的发展战略规划，使其成为强有力的决策中心。

（2）各事业部管理者摆脱了事事请示汇报的框框，能自主处理各种日常工作，有助于加强事业部管理者的责任感，发挥他们搞好经营管理的主动性和创造性，提高企业的适应能力。

（3）各事业部可集中力量从事某一方面的经营活动，实现高度专业化，整个企业可以容纳若干经营特点有很大差别的事业部，形成大型联合企业。

（4）各事业部经营责任和权限明确，物质利益与经营状况紧密挂钩。

9. 简述矩阵制结构的优点。

答案要点 矩阵制结构的最大特点在于其具有双道命令系统，小组成员既要服从小组负责人的指挥，又要受原所在部门的领导，这就突破了一个员工只受一个直接上级领导的传统管理原则。矩阵制结构具有四个方面的优点：

（1）将企业横向联系和纵向联系较好地结合起来，有利于加强各职能部门之间的协作和配合，及时沟通情况，解决问题。

（2）能在不增加机构和人员编制的前提下，将不同部门的专业人员集中在一起，组建方便。

（3）能较好地解决组织结构相对稳定和管理任务多变之间的矛盾，使一些临时性的、跨部门性工作的执行变得不再困难。

（4）为企业综合管理和专业管理的结合提供了组织结构形式。

10. 简述制定管理制度的基本要求。

答案要点 企业组织管理中各项制度的制定和形成，要满足下述几个基本要求：①从实际出发；②根据需要制定；③建立在法律和社会道德规范的基础上；④系统和配套；⑤合情合理；⑥先进性。

11. 论述他律与自律的关系。

答案要点 他律与自律是指当涉及个人行为的管理时，究竟应该更多地借助于教育、惩罚、强制、约束等外部规范方式，还是更多地依靠个人的觉悟、自觉性、自我约束来达到目的的问题。借助于约束、强制手段来规范个体行为叫作他律；依靠个人自我控制、自我管理来约束个体行为称作自律。

强调他律还是自律，从根本上说，取决于管理者心目中关于人性的假设。认为人性"恶"的，以他律为主；认为人性"善"的，多依靠自律。

尽管处理他律与自律的矛盾有各种不同主张，但有两点是必须注意的：

第一，个体自觉性、自我约束程序有限，许多组织活动仅靠个体自觉性无法按部就班、协调一致地进行，所以，必须充分依靠他律，发挥制度规范的作用。

第二，在保证组织活动正常进行的范围内，应尽可能发挥自律的作用，缩小他律的范围。

12. 简述"经"与"权"的关系。

答案要点 "经"与"权"是中国的传统说法。"经"指规范、原则、制度；"权"指权宜、权变，即衡量是非轻重，因时、因地、因事制宜。"经"与"权"，即所谓原则性与灵活性，坚持按制度办事与适当变通之意。在管理中，"经"就是坚持管理的基本原则、基本制度，坚持原则性；"权"就是从实际出发，根据情况的变化采取适当措施，必要时采取变通办法。

根据现实情况和经验反映出的问题，处理"经"与"权"的矛盾要注意以下两点：

第一，根据我国企业组织中的实际情况，应加强"经"的一面，推行制度化管理，即使牺牲部分灵活性也在所不惜。

第二，在基本的方面，关系全局的方面应坚持原则不动摇；而在局部的、无关宏旨的方面可以适当放宽，多些灵活性。

13. 如何理解集权与分权的关系？

答案要点 集权与分权相结合是正确处理决策权限关系的基本原则。集权是指将决策权限尽量集中于组织上层，而分权则是指将决策权限分散于组织下层。集权和分权的关系不是二者必居其一的关系，不是绝对的，而是相辅相成的。

客观地说，集权和分权是各有利弊的。集权的优点是政令统一、上下左右行动协调，但也存在三个方面的缺陷：①所有事项都须征得上级许可，决策周期长；②缺乏第一手材料，决策科学性差；③排除下级对决策的参与，使下级有一种遭冷落的感觉。

分权的优点是决策快速、员工参与意识强。但也存在协调困难等缺陷。

总之，集权和分权都存在一个度的问题。这个度又受制于许多具体因素，如企业工作性质、组织战略、企业规模、企业传统等。

14. 简述制度化管理的优越性。

答案要点 制度化管理的优越性：①个人与权力相分离；②体现了理性精神和合理化精神；③适合现代大型企业组织的需要。

15. 简述制度规范的特点。

答案要点 制度规范与其他管理手段相比，有其独特的性质和特点。

（1）权威性。制度规范一经形成，所有成员都必须执行，违反规定要受到必要的惩罚。制度规范是企业当中的"法"。

（2）系统性。企业组织中的各方面和各层次均有完整配套、具体严密的制度规范。它们相互具有内在一致性，互相衔接和补充，形成一套严密完整的制度规范体系。

（3）科学性。制度规范建立在科学合理的基础上。有的直接是技术规律要求；有的充分体现事物的客观规律；有的合情合理。它反映了企业经营管理科学、成熟、合理的一面。

（4）无差别性。制度规范作为一种带有法规性质的管理手段，具有无差别性的特点。它是一套理性的、非人格化的体系，是一系列抽象的、封闭的准则，往往以成文的形式确定下来，具有明确的、是非分明的特征。

（5）借助强制力。制度作为现实地约束和规定组织中活动和行为的管理手段，需要借助强制力。强制力是制度发挥作用的力量，没有强制力的制度规范，只是一纸空文。在企业组织中，强制力主要表现在行政处分、降职降薪、开除等惩罚措施上。

（6）稳定性。管理制度往往都是在长期管理实践基础上，经过分析研究、总结经验、提炼上升形成的理性准则。它在相当程度上反映了企业组织活动和管理过程的内在要求，具有较强的稳定性。

16. 简述制定管理制度规范的基本要求。

答案要点 企业组织管理中各项制度的制定和形成，要满足下述几个基本要求：

（1）从实际出发。制定制度规范，要从企业组织实际出发，根据本企业业务特点、技术类型、管理协调的需要，充分反映企业组织活动中的规律性，体现企业特点，保证制度规范具有可行性、实用性，切忌不切合实际。

（2）根据需要制定。制度规范的制定要从需要出发，不是为制定制度而制定。需要是制度规范制定与否的唯一标准，制定不必要的制度规范，反而会扰乱组织的正常活动。

（3）建立在法律和社会道德规范的基础上。法律和社会一般道德规范是在全社会范围内约束个人和团体行为的基本规范,是企业组织正常生存发展的基本条件和保证。否则,企业组织整体在环境中的生存发展,对组织内部各方面的约束,都会有影响。

(4) 系统和配套。企业制度规范要全面、系统和配套,基本章程、各种条例、规程、办法要构成一个内在一致、相互配套的体系。同时要保证制度的一贯性,避免疏漏,形成一个完善、封闭的系统。

(5) 合情合理。制度规范要体现合理化原则,一方面要讲究科学、理性、规律;另一方面要考虑人性的特点,避免不近情理、不合理等情况出现。

(6) 先进性。制度规范的制定要从调查研究入手,总结本企业的经验,同时吸收其他企业的先进经验,引进现代管理技术和方法,保证制度规范的先进性。

17. 如何调整管理制度?

答案要点 制度规范的调整,包括现行制度规范的修改、废除和新制度规范的制定。

(1) 管理制度规范修改的情况。管理制度规范的修改,通常发生在出现下述三种情况之一的条件下:

①与企业制度规范有关的国家法令、政策有变化,原制度出现与国家法令、政策不一致的地方。

②企业管理基本决策有大的变化。如在企业联合、集团化、战略调整、经营范围调整等情况下,都需要制度体系的变更与之相适应。

③实施过程中暴露出制度本身不合理、不完善时,需要就不合理、不完善的规定做修改和调整。

(2) 管理制度规范废除的情况。管理制度规范的废除发生在下述情况下:

①企业组织破产倒闭,制度规范自然消除。

②由于某些基本法令制度的废除使企业有关制度规范失去依托,失去意义。

③制度所约束的事项已告结束。

④同一事项有了新的制度规范,原制度自然作废。如国家颁布新的技术标准,原标准自然失效。

第七章 人员配置

 大纲重点、难点提示

1. 人员配置的重要性

①人员配置。②合理配置人员对促进经营管理有效运行的作用：充分开发企业人力资源；有效发挥组织结构功能；提高群体质量，形成最佳工作组合；强化管理职能，完善企业管理系统。

2. 人员配置计划

人员配置计划包括工作系统分析、人力资源计划、人事计划三个方面。

3. 管理职位的设计与评价

①管理职位设计是配置管理人员的前提。②正确设计与评价管理职位的方法：比较法、职务系数法、时距判定法。

4. 管理人员的素质要求

①从事管理工作的愿望。②良好的道德品质修养。③组织协调能力。④解决问题和制定决策能力。⑤专业技术能力。

5. 管理人员的选拔

①选拔和任用管理人员的基本依据。②各级各类管理人员素质要求的区别和侧重。③管理人员的选拔方式。

6. 管理人员培训工作的主要内容

①培养管理人员的方式和途径。②在实践中锻炼和培养管理人员的方法：有计划的提升、职务轮换、委以助手职务、临时提升。③系统的教育和训练方法。

7. 管理人员的考评

①考评是管理人员配置过程的重要环节和要素。②对管理人员考评的多种形式。③考核标准的科学性、全面性和可度量性。

 大纲习题解答

一、单项选择题

1. 下列不属于培养企业高层管理人员的有效方法是（　　）。
   A. 临时提升　　　B. 有计划提升　　　C. 职务轮换　　　D. 委以助手职务
2. 在内部提升过程中，管理者应对（　　）问题进行研究。
   A. 职工的工作能力
   B. 职工的工作意愿
   C. 职工的长处以及该长处是否适合该项任命
   D. 职工素质

📝 **参考答案** 1. A 2. B

二、多项选择题

1. 人员配置计划包括（   ）。
   A. 工作系统分析　B. 分工计划　　C. 人力资源计划　D. 人事计划
   E. 招聘计划

2. 在实践中评价管理职位的主要方法有（   ）。
   A. 比较法　　　　B. 职务系数法　C. 经验法　　　　D. 时距判定法
   E. 随机法

3. 在实践中培养管理人员的方法有（   ）。
   A. 系统教育　　　B. 有计划提升　C. 职务轮换　　　D. 委以助手职务
   E. 临时提升

4. 管理人员应具备的素质有（   ）。
   A. 从事管理工作的愿望　　　　　　B. 良好的道德修养
   C. 组织协调能力　　　　　　　　　D. 制定决策能力
   E. 专业技术能力

5. 人员配置的重要性包括（   ）。
   A. 充分开发企业人力资源
   B. 有效发挥组织结构功能
   C. 提高群体质量，形成最佳工作组合
   D. 强化管理职能，完善企业管理系统
   E. 使组织分工更加清晰完善

📝 **参考答案** 1. ACD 2. ABD 3. BCDE 4. ABCDE 5. ABCD

三、名词解释

职务轮换：让管理人员依次分别担任同一层次的不同管理职务，或不同层次的相应职务，以全面培养管理人员能力的方法。

四、简答题

1. 简述管理人员的素质要求。

▶ **答案要点**　（1）从事管理工作的愿望。只有那些具有强烈影响他人的愿望，并能从管理工作中获得乐趣，真正得到满足的人，才有可能成为一个有效的管理者。

（2）良好的道德品质修养。管理者只有具备能对他人起到榜样、楷模作用的道德品质修养，才能赢得被管理者的尊敬和信赖，建立起威信和威望，使之自觉接受管理者的影响，提高管理工作的效果。

（3）组织协调能力。在企业组织中，需要管理人员具有较强的组织能力，能够按照分工协作的要求合理调配人员，部署工作任务，调节工作进程，将计划目标转化为每个员工的实际行动，促进生产经营过程连续有序地稳定进行。

（4）解决问题和制定决策能力。管理过程就是不断发现问题、解决问题的过程。为此，管理人员必须具备较强的解决问题的能力，要能够敏锐地发现问题之所在，迅速提出解决问题的各种措施和途径，善于讲求方式方法和处理技巧，使问题得到及时、妥善的解决。

（5）专业技术能力。管理人员应当具备处理专门业务技术问题的能力，包括掌握必要的专业知识，能够从事专业问题的分析研究，能熟练运用专用工具和方法等。

2. 在管理实践中如何培训管理人员？

答案要点 在管理实践中锻炼是培养管理人员的基本途径。其实质是为管理人员提供更多的实践机会和良好的成长环境，使之在实际工作的磨炼中总结经验教训，学习管理技能，增长管理才干。可以采用的具体方法有如下几种：

（1）有计划的提升。这是对准备提升的管理人员制订分步骤的提升计划，按计划由低到高相继经过若干管理职位的锻炼来培养管理人员的方法。

（2）职务轮换。这是让管理人员依次分别担任同一层次不同管理职务或不同层次相应职务，以全面培养管理人员能力的方法。

（3）委以助手职务。安排有培养前途的管理人员担任部门或企业领导者的助手，使其在较高的管理层次上全面接触和了解各项管理工作，开阔眼界，锻炼能力，同时直接接受主管领导的言传身教，并通过授权参与某些高层管理工作。这是培养企业主管人员的一种常用方法。

（4）临时提升。当因某种原因出现管理职务暂时空缺时，临时指定有关人员代理相应职务，也是培养管理人员的方法之一。

3. 简述人员配置的重要性。

答案要点 在企业管理过程中，合理配置人员对促进整个经营管理的有效运行具有极为重要的作用。人员配置的重要性主要体现在下列几个方面：

（1）充分开发企业人力资源。
（2）有效发挥组织结构功能。
（3）提高群体质量，形成最佳工作组合。
（4）强化管理职能，完善企业管理系统。

4. 简述在实践中常用来评价管理职位的方法。

答案要点 管理职位设计是配置管理人员的前提。必须借助于详尽细致的职位设计与评价，明确企业中各级管理职位的数量和种类、担负的职责范围、享有的职权以及所需要的协调方式等，才能决定配置管理人员的标准、要求以及应当给予的报酬。因此，实践中常用的评价方法有如下几种：

（1）比较法。具体做法是：先确定几个关键职位，如总经理、部门经理的职位及薪金报酬，然后将其他职位与之进行比较，并做出评价判断，以此确定企业组织机构中各个管理职位的等级高低及薪金级别。

（2）职务系数法。这种方法是先选择与职位要求相关的因素作为变量，再根据各变量的重要程度确定它们的权数和分值，在确定分值的基础上，求得企业内各管理职位的职务系统，然后按照职务系数的大小排出各个职位的等级系列，根据等级差异确定每个职位的重要程度及报酬水平。

（3）时距判定法。这是适用于评价主管人员职位的方法，分析某个职位在分析判断问题时所需消耗的最长时间。一般来说，所需消耗的时间越长，说明担负该职务付出的时间越多，该职务的重要程度也越高。

第八章 激励

 大纲重点、难点提示

1. 激励的实质和功能

①激励的含义。②激励与行为的正相关关系。③激励在企业管理中的多方面重要功能：激发和调动员工的工作积极性；将员工的个人目标导向实现企业目标的轨道；增强企业的凝聚力，促进内部各组成部分的协调统一。

2. 激励的心理机制

①人类行为的一般模式。②激励赖以发生作用的心理机制。

3. 需要具有的基本特性

①多样性。②结构性。③社会制约性。④发展性。

4. 动机在激发行为过程中的具体功能表现

①始发功能。②导向和选择功能。③维持与强化功能。

5. 目标在行为过程中的意义及个性特征

6. 激励过程

①需要、动机和目标作为激励的主要心理机制分别处于行为的不同阶段。②完整的激励过程。③激励是连续的心理和行为过程。

7. 需要激励模式

①需要激励模式的理论基点。②马斯洛的需要层次理论。③需要的层次。④需要层次理论的应用价值。⑤赫茨伯格的双因素理论。⑥保健因素、激励因素、双因素理论的启示。⑦需要的差异。

8. 动机—目标激励模式

①动机—目标激励模式的主张。②弗鲁姆的期望理论。③激励力＝效价×期望值。④期望理论的主要贡献。⑤增强动机水平和激励强度的具体步骤。

9. 权衡激励模式

①亚当斯的公平理论。②公平感受作为一种心理现象的普遍性。③公平理论的贡献。

10. 强化激励模式

①斯金纳的强化理论。②强化的三种方法：正强化、负强化、消退。③强化方法实施中的形式。

11. 激励原则

①系统性原则。②物质激励与精神激励相结合原则。③差异化原则。

12. 激励方法

①实现激励目标的途径和具体形式。②内激励和外激励。③内激励的主要方法：工作丰富化、员工参与管理。工作丰富化的措施、激励作用、条件和效果；员工参与管理的激励作用和形式。④外激励的主要方法：奖酬。奖酬与多种激励因素的相关性；奖酬是综合性激励手段；奖酬的激励效果；自助式奖酬制度；奖励的公平性。

大纲习题解答

一、单项选择题

1. 下列属于保健因素的有（　　）。
   A. 工作成就　　　　　　　　B. 个人发展的可能性
   C. 监管　　　　　　　　　　D. 职务上的责任感
2. 下列属于激励因素的是（　　）。
   A. 薪金　　　B. 提升　　　C. 住房　　　D. 养老保险
3. 在双因素理论中，以下属于激励因素的是（　　）。
   A. 责任感　　B. 与同事的关系　C. 薪水　　　D. 地位
4. 通过不予理睬来减弱某种不良行为的强化方法是（　　）。
   A. 正强化　　B. 负强化　　C. 消退　　　D. 规避
5. 如果员工 A 认为和员工 B 相比自己报酬偏低，根据公平理论，A 会采取（　　）的行为。
   A. 增加自己的投入　　　　　B. 减少自己的投入
   C. 努力增加 B 的报酬　　　　D. 使 B 减少投入
6. 下列没有在马斯洛的需要层次理论中列出的是（　　）。
   A. 安全需要　B. 自我实现需要　C. 归属需要　D. 心理需要
7. 动机—目标激励模式的理论基础来源于（　　）提出的期望理论。
   A. 斯金纳　　B. 亚当斯　　C. 弗鲁姆　　D. 马斯洛
8. 权衡激励模式的理论基础来源于（　　）提出的公平理论。
   A. 马斯洛　　B. 亚当斯　　C. 斯金纳　　D. 弗鲁姆
9. 利用强化物刺激行为主体，来保持和增强某种积极行为重新出现的频率，是指（　　）。
   A. 正强化　　B. 负强化　　C. 消退　　　D. 重复激励

参考答案　1. C　2. B　3. A　4. C　5. B　6. D　7. C　8. B　9. A

二、多项选择题

1. 人的需要具有的特征有（　　）。
   A. 多样性　　B. 自发性　　C. 结构性　　D. 社会制约性
   E. 发展性

2. 动机在激发行为过程中的具体功能表现在（　　）。
   A. 始发功能　　　　　　　　B. 导向和选择功能
   C. 抑制功能　　　　　　　　D. 加速功能
   E. 维持与强化功能

3. 下面属于保健因素的有（　　）。
   A. 工作成就　　B. 工作条件　　C. 监督　　D. 职务上的责任感
   E. 公司的政策与管理

4. 下面属于激励因素的有（　　）。
   A. 工作成就　　　　　　　　B. 个人发展的可能性
   C. 监督　　　　　　　　　　D. 职务上的责任感
   E. 提升、任务性质

5. 激励的方法有（　　）。
   A. 工作丰富化　　B. 员工参与管理　　C. 宣传教育　　D. 奖酬
   E. 惩罚

6. 激励的重要功能包括（　　）。
   A. 有助于激发和调动职工的工作积极性
   B. 有助于将员工的个人目标导向实现企业目标的轨道
   C. 有助于增强企业的凝聚力，促进内部各组成部分的协调统一
   D. 有助于企业完成利润目标
   E. 有助于搞好企业与员工的关系

7. 运用强化激励模式时，可以采取（　　）的方法。
   A. 正强化　　　B. 负强化　　　C. 消退　　　D. 积极强化
   E. 缓慢消退

参考答案　　1. ACDE　2. ABE　3. BCE　4. ABDE　5. ABD　6. ABC　7. ABC

三、名词解释

1. 激励：指人类活动的一种心理状态，它具有加强和激发动机、推动并引导行为使之朝向预定目标的作用。

2. 动机：在需要基础上产生的，引起和维持着人的行为，并将其导向一定目标的心理机制。

3. 正强化：又称积极强化，即利用强化物刺激行为主体，来保持和增强某种积极行为重新出现的频率。

4. 负强化：又称消极强化，即利用强化物抑制不良行为重复出现的可能性来运用管理手段。

四、简答题

1. 简述强化激励的方法。

答案要点　　强化理论是斯金纳在对有意识行为特性进行深入研究的基础上提出

的一种新行为主义理论。他认为人的行为具有有意识条件反射的特点，即可以对环境起作用，促使其产生变化。

运用强化激励模式时，可以采用以下三种方法：

（1）正强化。又称积极强化，即利用强化物刺激行为主体，来保持和增强某种积极行为重新出现的频率。正强化包括表扬、奖励、提薪、提升等。在正强化下，员工因原有行为受到鼓励和肯定而自觉加强该行为。

（2）负强化。又称为消极强化，即利用强化物抑制不良行为重复出现的可能性来运用管理手段。负强化包括批评、惩罚、降职降薪等。通过负强化可以使员工感受到物质利益的损失和精神的痛苦，从而自动放弃不良行为。

（3）消退。对行为不施以任何刺激，任其反应频率逐渐降低，以至自然消退。消退也是强化的一种方式。实践证明，某种行为长期得不到肯定或否定的反应，行为者就会轻视该行为的意义，以致丧失继续行为的兴趣。

上述强化方法在实施中可以采取多种形式，包括：连续强化，即员工的积极行为每出现一次就给予强化，如计件工资；定期强化，即员工的积极行为保持一定时期后，给予一次强化，如月工资、月奖金；随机强化，即管理人员根据员工的工作表现采用灵活方式随时予以强化，如表扬、奖励。

2. 简述人的需要的特征。

答案要点 需要是指人对某种事物的渴求或欲望。当人们因缺乏所需事物而引起生理或心理紧张时，就会产生需要，并为满足需要而采取行动。一般而言，人的需要具有以下基本特性：

（1）多样性。由于人的社会实践活动范围极其广泛，在此基础上形成的需要也是多种多样的，除了衣食住行等基本物质生活需要外，人们还有知识、交往、尊重、成就等社会和精神方面的需要。

（2）结构性。人的多种需要之间相互关联、相互制约，由此构成复杂的结构体系。在需求结构体系中，各种需要处于不同的层次地位，从而对行为产生不同程度的影响。

（3）社会制约性。需要是人的主观感受与客观环境共同作用的结果，因而必然受到所处环境条件的制约。归根结底，人的需要是由特定社会历史条件下的生产水平、社会关系性质及个人的社会角色地位决定的。尽管不同个人因主观感受的区别而存在需求差异，但任何人都无法超越所处历史阶段形成某种不存在客观可能性的需要。

（4）发展性。社会历史条件的发展变化，也会引起需要的内容范围以及满足方式的相应变化。随着社会的进步，某些旧的需要消失了，新的需要又相继产生，从而推动着人们不断寻求新的满足方式和手段。

3. 简述激励的过程。

答案要点 需要、动机和目标作为激励的主要心理机制分别处于行为的不同阶段。三者既彼此独立，又相互依存，并按照所处阶段密切连接，顺次对行为发挥激励功能，由此构成一个完整的激励过程。处于过程起点的是人的各种需要。当需要萌发而未得到满足时,会引起生理或心理紧张,从而激发寻求满足的动机,在动机的驱使下人们采取行动,行动的结果达到预定目标,使需要得到满足,进而进一步强化原有需要,或促进生成新的需要。新的需要导致新的激励过程的开始。在企业管理中,根据激励的作用原理,对过程的不同阶段施以各种诱因或条件,可以达到有效激励员工行为的目的。

4. 如何把握激励方法?

答案要点 激励方法是实现激励目标的途径和具体形式。下面对几种主要方法加以介绍:

(1)工作丰富化。所谓工作丰富化,指通过改进工作设计、丰富工作内容、赋予更多的尝试机会来增加工作本身的刺激性和挑战性,使员工获得发挥聪明才智和取得个人成就的机会,从而一方面提高工作效率,另一方面增进员工的满足感。

(2)员工参与管理。员工参与管理是现代企业管理的基本制度,也是激励的重要方法之一。①通过参与管理活动,员工可以全面了解企业的有关情况。②通过直接参加决策制定过程并充分发表意见,可以提高员工对企业决策的承认和接受程度,形成心理上的认同感和归属感。③通过参与管理活动,可以充分调动员工的个人潜能,发挥其聪明才智,同时提高员工对自身地位及存在价值的认识,从而增强自尊心与自信心,获得成就感及自我实现需要的满足。

(3)奖酬。奖酬是外在性激励的主要方法之一,是通过评价鉴定员工的工作表现及其成果,并给予相应的报酬和奖励,来达到激励员工积极性的目的。奖酬的内容包括工资、奖金、提升、表扬、福利、社会地位等。①奖酬作为行为发生的诱因,可以引导员工行为指向特定目标,并通过个人目标的追求,促进企业目标的实现。②奖酬作为行为结果的报酬,能够满足员工物质或精神等多方面的心理需要,成为其积极行为的驱动力。③奖酬可以作为强化因素,通过对员工行为进行肯定的正向强化,使积极行为得以重复和延续。④奖酬还是对行为后果的重要反馈。

5. 简述激励的实质和功能。

答案要点 (1)激励的实质。

激励是指人类活动的一种心理状态,它具有加强和激发动机、推动并引导行为使之朝向预定目标的作用。

激励的实质是引导和促使员工为实现企业的共同目标做出贡献。激励作为一种内在的心理活动过程和状态,不具有可以直接观察的外部形态。但由于激励对人的行为具有驱动和导向作用,因此,通过行为的表现及效果可以对激励的程度加以推断和测定。

(2)激励的功能。

①激励有助于激发和调动员工的工作积极性。

②激励有助于将员工的个人目标导向实现企业目标的轨道。

③激励有助于增强企业的凝聚力,促进内部各组成部分的协调统一。

6. 需要激励模式的主要理论基点是什么?

> **答案要点** 需要激励模式是指以需要为主要作用机制,针对员工需要的内容提供诱因,通过满足需要达到激励目的的模式。该模式的理论基点包括:

(1) 员工的需要是多方面的,多种需要在员工的需要体系中处于不同的层次地位。

(2) 未满足的需要是激励行为的基本动力,当低层次的需要得到满足后,人们会转而追求满足高层次的需要。

(3) 高层次的需要对员工行为的激励作用更为强大、持久。

7. 结合现实工作简述马斯洛提出的需求层次理论。

> **答案要点** 自我实现需要:发挥潜力、自我发展、成就、创造性。

尊重需要:自尊、受别人尊重。

社交需要:交往、友谊、感情、归属。

安全需要:人身安全、财产安全、工作保障、医疗保险。

生理需要:食物、水、御寒、睡眠、性。

第九章 领导

 大纲重点、难点提示

1. 什么是领导

①领导的含义。②权力、影响和职权及三者之间的内在联系。③领导与管理的差异，管理者与领导者。

2. 领导的功能

①卓越的企业领导者是企业获得成功的重要条件。②领导的主要功能：给下属以有效的激励、鼓舞能力以及维持良好的工作环境，提高组织的运转水平。

3. 领导权力

①领导权力的含义。②企业内部领导权力的表现形式：法定权、奖励权、强制权、统御权、专长权。③外在权力、制度化的权力、内在性权力及来自领导者本身因素的权力。

4. 领导的影响方式

（1）外在影响。外在影响的具体作用方式：①传统观念的影响。②利益满足的影响。③恐惧心理的影响。

（2）内在影响。内在影响的具体作用方式：①理性崇拜的影响。②感情的影响。

（3）内在影响与外在影响的权力基础和作用方式。

（4）无差别圈。

（5）内在影响与外在影响的合理结合与相互补充。

5. 领导的影响系统

①领导的实质，双向影响过程。②领导的影响系统的性质。③构成领导环境的五个相对独立的因素。④领导者的工作方式与环境因素。⑤领导行为的效果。⑥复合影响系统。

6. 领导的有效性

①领导的有效性。②领导是否有效的反映。③下级的支持、相互关系、员工的评价、激励程度、沟通的效果、工作效率和目标的实现。④领导者、被领导者与环境之间的相互适应和协调。

7. 领导者的素质

①领导者的素质。②领导理论研究中的研究成果。③领导者素质特性的作用和限度。④企业领导者应具备的素质：品德高尚、个性完善、富于进取心和创新意识、博学多识、多谋善断、知人善任、沟通协调能力强。

8. 领导方式

①领导方式指领导者在运用权力实施影响的过程中所采取的行为方式。②领导方式的类型：集权型、民主型、任务型、关系型、兼备型。③现实的领导活动中的中间化、混合型的领导方式。④领导方式的系列化、多样化带来的评价问题。⑤不存在适用于一切情境的最佳领导方式。

9. 管理学上的沟通

主要关注人际沟通和组织内部的信息沟通。

（1）人际沟通的特点和过程。

①人际沟通过程有其特殊性。②人际沟通是一个过程。

（2）组织沟通的形式：正式沟通和非正式沟通。

①正式沟通：上行沟通、下行沟通、横向沟通与斜向沟通。②非正式沟通；对待非正式沟通的态度。

（3）组织沟通的原则

关注准确性、保持完整性、确保及时性和充分运用非正式组织。

大纲习题解答

一、单项选择题

1. 个人所具有的并施加于别人的控制力是（　　）。
   A. 影响　　　　B. 职权　　　　C. 权力　　　　D. 领导
2. 以追随者对领导的认同感为基础的影响力属于（　　）。
   A. 法定权　　　B. 奖励权　　　C. 强制权　　　D. 统御权
3. 以信息或知识为基础的权力属于（　　）。
   A. 法定权　　　B. 专长权　　　C. 强制权　　　D. 统御权
4. 通过组织中等级制度所赋予的权力是（　　）。
   A. 法定权　　　B. 专长权　　　C. 强制权　　　D. 统御权
5. 在正式组织中，不同级别又无隶属关系的组织、部门与个人之间的信息交流属于（　　）。
   A. 上行沟通　　B. 下行沟通　　C. 横向沟通　　D. 斜向沟通
6. 下列不是正式沟通的优点的是（　　）。
   A. 沟通效果好　B. 沟通速度快　C. 比较严肃　　D. 约束力强

 参考答案： 1. C　2. D　3. B　4. A　5. D　6. B

二、多项选择题

1. 领导权力的形式有（　　）。
   A. 法定权　　　B. 奖励权　　　C. 强制权　　　D. 统御权
   E. 专长权
2. 以下属于领导方式类型的是（　　）。
   A. 集权型　　　B. 民主型　　　C. 任务型　　　D. 关系型
   E. 兼备型

3. 正式沟通的基本形式有（   ）。
   A. 上行沟通　　B. 下行沟通　　C. 横向沟通　　D. 斜向沟通
   E. 双向沟通

4. 以权力为基础的外在影响包括（   ）。
   A. 传统观念的影响　　　　B. 感情的影响
   C. 利益满足的影响　　　　D. 理性崇拜的影响
   E. 恐惧心理的影响

5. 以权力为基础的内在影响包括（   ）。
   A. 传统观念的影响　　　　B. 感情的影响
   C. 利益满足的影响　　　　D. 理性崇拜的影响
   E. 恐惧心理的影响

6. 组织沟通的原则有（   ）。
   A. 准确性原则　　　　　　B. 完整性原则
   C. 及时性原则　　　　　　D. 非正式组织运用原则
   E. 协商原则

7. 正式沟通的优点有（   ）。
   A. 效果好　　B. 严肃　　C. 约束力强　　D. 易于保密
   E. 使信息沟通保持权威性

8. 正式沟通的缺点有（   ）。
   A. 刻板　　　　　　　　　B. 速度慢
   C. 信息失真或扭曲　　　　D. 效果好
   E. 易于保密

参考答案　　1. ABCDE　2. ABCDE　3. ABCD　4. ACE　5. BD　6. ABCD
　　　　　　　　7. ABCDE　8. ABC

三、名词解释

1. 领导：指较为直接、具体的管理工作，是管理者运用权力和影响力引导和影响下属按照企业目标要求努力工作的过程。

2. 正式沟通：通过组织正式结构或层级系统运行，由组织内部明确的规章制度所规定的渠道进行的信息传递与交流。例如，组织与组织之间的信函来往，组织内部的文件传达、召开会议、上下级之间的定期情报交换以及组织正式颁布的法令、规章、公告等。正式渠道沟通包括上行沟通、下行沟通、横向沟通与斜向沟通。

3. 沟通：指为了设定的目标，凭借一定的符号载体在个人与群体间传达思想、交流情感与互通信息的过程。

4. 非正式沟通：不按组织结构中正式的沟通系统传达消息，而让消息在组织结构中任意流动。

5. 斜向沟通：指在正式组织中，不同级别又无隶属关系的组织、部门与个人之间的信息交流。

四、简答题

1. 简述人际沟通的特殊性。

答案要点 人际沟通过程有其特殊性：

（1）人际沟通主要是通过语言（或语言的文字形式）来进行的。

（2）人际沟通不仅是信息的交流，而且包括情感、思想、态度、观点的交流。

（3）在人际沟通过程中，心理因素有着重要意义。在信息的发出者与接收者之间，需要彼此了解对方进行信息交流的动机和目的，而信息交流的结果会改变人的行为。

（4）在人际沟通中，会出现特殊的沟通障碍。这种障碍不仅是由于信息渠道（即传递）的失真或错误，而且还是人所特有的心理障碍。例如，由于人的价值观不同，对同一信息可能有不同看法和不同理解。

2. 简述领导的有效性评估指标。

答案要点 一个企业或群体的领导是否有效，可以从以下几个方面反映出来：

（1）下级的支持。下级员工主动而非被迫地支持领导者，不论这种支持是出自感情还是利益上的考虑。

（2）相互关系。领导与下级员工之间保持密切、和谐的交往关系，并鼓励群体成员之间发展亲密的、相互满意的关系，企业内部关系处于协调状态。

（3）员工的评价。绝大多数员工都能高度评价所在企业或群体，并以成为该企业或群体的一员而感到自豪。

（4）激励程度。员工因自身需要获得满足而焕发出较高的工作热情和积极性，个人的潜能得到充分利用。

（5）沟通的效果。领导者与下级员工之间能够及时、顺畅地沟通信息，并以此作为调整领导方式、协调相互关系的依据。

（6）工作效率。在领导者的引导、指挥和率领下，企业的各项资源得到合理配置，生产经营活动得以高效率地进行。

（7）目标的实现。领导活动的效能或效果最终要通过是否实现企业的预定目标，以及实现的程度反映出来。其中既包括经济效益目标，也包括社会效益目标。

综上所述，领导活动是领导者、被领导者和环境三方面因素相互影响、共同作用的过程。这一过程能否有效进行，直接取决于三方面因素的契合或适应程度。因此，提高领导有效性的关键，在于最大限度地促成领导者、被领导者与环境之间的相互适应和协调。具体来说，可以采取以下两种基本途径：一是根据领导者的素质特性，选择和配置与之相适应的被领导者及组织环境；二是根据现有员工状况和企业条件，采取适合特点与要求的领导作风和领导方式。

3. 简述领导及其功能。

答案要点 （1）领导是较为直接、具体的管理工作，是管理者运用权力和影响力引导和影响下属按照企业目标要求努力工作的过程。

（2）领导的功能：

①领导的主要功能首先在于能够给下属以有效的激励。

②领导的又一重要功能表现为不同凡响的鼓舞能力，即能够激发下属自动地把他们的才能和力量用于其工作目标。

③领导的功能还在于设计和维持一个良好的工作环境，提高企业组织的运转水平。

4. 试述构成领导环境的五个因素。

答案要点 领导环境的五个构成因素是五个相对独立的因素：

（1）集权程度和对工作的评价。这指的是企业组织内决策职能的集中程度和通过监督对工作进行严密控制的程度。

（2）企业组织结构的复杂性以及与此相应的对成员的技术、知识水平的要求。通常，群体成员的高度团结水平和高度技术水平是同组织结构的复杂性相联系的。

（3）企业组织的整体规模。这同工作任务的结构性强弱有关。

（4）工作群体的结构。群体的结构性强，意味着其成员乐意参加集体讨论和制定决策的过程。

（5）企业组织的层次和信息传递。这是指企业中有多少管理层次和同级人员中以及不同层次之间的信息传递。

5. 怎样认识领导的有效性？

答案要点 领导的有效性包括以下几点：

（1）下级的支持。

（2）相互关系。

（3）员工的评价。

（4）激励程度。

（5）沟通的效果。

（6）工作效率。

（7）目标的实现。

6. 简述企业领导者应具备的素质。

答案要点 一个企业领导者应具备如下素质：

（1）品德高尚。领导者要公正无私，襟怀坦荡，富于牺牲精神，严于律己，宽以待人。

（2）个性完善。领导者应性格开朗，豁达大度，意志坚强，自信，有自知之明，对事物具有广泛的兴趣和热情。

（3）富于进取心和创新意识。领导者通常有较强的事业心和成就需要，希望通过事业的成功体现自身的价值，有魄力和独创精神，勇于积极开拓新的活动领域。

（4）博学多识。领导者应具有较完备的知识结构，不仅要通晓与企业领导工作有关的现代管理科学知识，同时要精通与本部门业务活动性质有关的专业知识。

（5）多谋善断。决策是领导的主要职能之一。企业领导者应善于发现问题，提出多种解决方案，并从中进行优选抉择；要能够根据情况的变化，随机应变地进行跟踪决策和适时处理。

（6）知人善任。领导的核心是用人。有效的领导者应当善于观察人、了解人，用人之长，唯才是举，充分发挥每个成员的潜力和积极性。

（7）沟通协调能力强。现代企业领导者应具有较强的人际交往能力，善于与下属及外部公众建立良好的沟通关系；能够调节各种复杂矛盾，促进企业内外关系的协调发展。

7. 试述领导的影响方式。

答案要点 在领导活动中，领导者运用权力的目的是对被领导者施加影响，使其心理和行为发生预期的改变。因此，权力是影响的基础，影响则是权力的核心和实施过程。根据权力性质的不同，以权力为基础的影响分为两类，即外在影响和内在影响。

（1）外在影响。

外在影响以领导的外在性权力为基础，主要采取推动、强制等方式发挥作用，对被领导者的影响带有强迫性和不可违抗性。被领导者的心理和行为表现为消极、被动的服从。外在影响的具体作用方式有以下几种：

①传统观念的影响。这种影响基于人们在长期的社会生活中形成的传统观念，即承认职位的权威性。在企业管理中，借助建立在法定权基础上的传统观念的影响，可以使员工对企业领导者产生敬畏感，自动听从其指挥命令，有助于增强领导者影响的强度。

②利益满足的影响。人们从事任何活动的目的都是获取一定的利益，以满足自身的物质或精神需要。在企业中，当领导者运用奖励权使员工的利益要求在不同程度和内容上得到满足时，可以有效地激发员工的工作动机，形成驱动感，激励他们自觉采取积极的行为方式，提高劳动绩效。

③恐惧心理的影响。趋利避害是人类的本能之一。当被领导者意识到领导者握有某种惩罚权力，能够使他陷于生理或心理上的痛苦时，便力求迎合领导者的愿望，遵从其旨意，避免受到伤害。建立在惩罚权力基础上的影响，使被领导者产生某种恐惧感、强迫感，领导者可以利用这种影响防止员工消极的、违抗命令的行为发生。

（2）内在影响。

内在影响建立在领导者的内在性权力基础上，主要着眼于以领导者的良好素质和行为吸引、感化被领导者，通过激发其内在动力，对员工心理和行为发生影响。内在影响不带有任何强制、压服性因素，而以潜移默化、自然渐进的方式发生作用。因此，受到内在影响的员工多以积极、主动、自觉的态度接受领导。具体的影响方式包括：

①理性崇拜的影响。因领导者个人的品格、能力等因素在企业中赢得稳固的威信

或声望，引发被领导者的尊敬、信服，因而能遵从、接受其领导。在这种方式下，领导者无须发布指示、命令或进行说服，即可达到影响的目的，并且能够引起被领导者深层心理活动的变化，产生持久、强大的影响。

②感情的影响。感情是联结人与人之间关系的稳固的纽带，也是影响他人心理与行为的有效途径。在企业中，当员工感受到领导者关心、尊重他们，并与之建立起超越正式组织关系的更为密切的人际关系时，就会产生一种亲密感、知己感，因而从感情上自愿接受、支持其领导。运用感情的力量进行影响，有时可以达到理性力量无法企及的深度。

从以上两个方面可以看出，内在影响与外在影响有着完全不同的权力基础和作用方式，因而影响方向和效果也迥然不同。

8. 如何认识领导方式？

答案要点 领导方式指领导者在运用权力实施影响的过程中采取的行为方式。关于领导方式的类型有多种划分，根据权力定位和工作定位的不同，可以分为集权型、民主型、任务型、关系型和兼备型五种。

（1）集权型。

这是一种以专制、独裁为特征的领导方式。采用这种方式的领导者认为权力来自他们所处的地位和担负的职务，认为员工的本性是懒惰消极的，不愿接受约束，并害怕承担责任，因此不能予以信任，必须严加管制。

（2）民主型。

这种方式强调领导的权力由企业员工群体赋予，认为被领导者是勤奋的、勇于负责的，在受到激励后，能够主动协调个人行为与工作的关系，具有自我控制能力。

（3）任务型。

这种类型的领导把完成工作任务作为一切活动的中心，注重建立精密的劳动组织和严格的劳动纪律，强调指标和效率，欣赏紧张有序、快节奏的工作气氛，并将全部精力和注意力集中于工作任务本身，在一定程度上忽视了对员工利益、要求及工作情绪等方面的关心。

（4）关系型。

这种领导方式强调人是企业各项工作的中心。高度重视对员工的关心、体谅和支持，注重满足员工的各种物质和精神需要，强调维持良好群体关系的重要性。

（5）兼备型。

这种领导方式兼有以上各种类型的特点。既强调权力的适当集中，以保证指挥的统一和企业组织的整体性，又注重必要的分权，使员工的主动性、创造性得到发挥。

9. 正式沟通的基本形式有哪些？

答案要点 正式沟通是通过组织正式结构或层级系统运行，由组织内部明确的规章制度所规定的渠道进行的信息传递与交流。例如，组织与组织之间的信函来往，组织内部的文件传达、召开会议、上下级之间的定期情报交换以及组织正式颁布的法令、规章、公告等。正式沟通包括上行沟通、下行沟通、横向沟通与斜向沟通。

（1）上行沟通。组织成员通过一定的渠道与管理决策层进行的信息交流。它有两种表现形式：一是层层传递，即依据一定的组织原则与组织程序逐级向上反映；二是越级传递，即减少中间层次，让决策者与组织成员直接对话。在日常的组织管理中，常表现为下级对上级的请示汇报、申诉意见、提供建议等。

上行沟通的优点：下级可以把自己的意见向上级反映，激发组织成员的参与热情，使其获得一定程度的心理满足；管理者也可以通过这种方式了解企业的经营情况，与下级形成良好的关系，提高管理水平。上行沟通的缺点：在沟通过程中，上下级因级别不同而造成心理距离，形成一定的心理障碍，可能抑制或歪曲反映情况的真实性与客观性，最终导致信息失真。

（2）下行沟通。组织中信息从较高层次流向较低层次的一种沟通，也可以理解为领导层对员工进行的信息传递与交流。一般体现于上级给下级发布的指示、命令、规章制度、工作程序、方针目标等。

下行沟通的优点：使下级主管部门和组织及时了解总的奋斗目标和具体措施，增强员工的责任心和使命感，并且可以协调组织各层次之间的活动。下行沟通的缺点：如果企业的结构包括多个层次，则通过层层转达，其结果往往使下向信息发生歪曲，甚至遗失。

（3）横向沟通。组织中同一层次不同部门之间的信息交流，它能够加强组织内部同级单位之间的了解与协调，是力求减少各部门之间矛盾与冲突的一种重要措施。

（4）斜向沟通。在正式组织中，不同级别又无隶属关系的组织、部门与个人之间的信息交流。在直线部门与参谋部门之间，如果有参谋人员拥有职能职权的，常有这种沟通发生，主要是业务性的，了解下级部门的业务情况，以便能运用指导与领导的沟通形式。

10. 如何对待非正式沟通？

答案要点 所谓非正式沟通，是不按组织结构中正式的沟通系统传达消息，而让消息在组织结构中任意流动。

非正式沟通对正式沟通能起到非常重要的弥补作用，但是也有其消极的一面。在非正式沟通中要注意做好以下工作：

（1）注重充分利用非正式沟通的积极作用。从信息沟通的角度看，非正式沟通通过对非正式组织协作意愿的调节，可以促进和维持正式组织内部的团结。利用非正式组织中的"意见领袖"的作用，通过这些"意见领袖"，往往能取得正式沟通难以起到的作用。比如，对一些有争议的、不便在正式渠道提出或一时难以确定的企业措施、意见、建议等，可以先召集"意见领袖"开会，听取他们的看法和意见，先做好他们的思想工作，而后再通过正式渠道传达，这样就比较容易扫清一些沟通障碍，得到更多员工的理解和支持。

（2）注意避免非正式组织的消极作用。非正式组织的目标有可能是有悖于组织目标的，小道消息的四处传播蔓延也会对组织的正常运营造成不良影响。因此，应掌握非正式组织的特点，随时关注小道消息的出处和原因，充分发挥人际沟通的技巧，搞好正式组织和非正式组织之间的沟通。

第十章　组织文化

✓ 大纲重点、难点提示

1. 经营目标与经营理念
2. 组织文化及其构成

①组织文化的含义。②抽象意义和具体表现。③价值观念和思维方式，行为规范。④组织文化的共有。⑤组织文化的性质。

3. 组织文化的功能
4. 共同价值观的形成和共有
5. 思维模式的生成和共有化
6. 共同的行为规范
7. 组织文化的运用

①理想的组织文化。②让组织文化真正发挥作用。

8. 组织文化的反面

✓ 大纲习题解答

一、单项选择题

1. 组织的经营理念解决的是（　　）方面的问题。
   A. 价值观　　B. 物质追求　　C. 精神追求　　D. 企业风格
2. 企业文化始于 20 世纪 80 年代初期，首先提出并倡导组织文化理论的是（　　）的管理学者。
   A. 美国　　B. 日本　　C. 英国　　D. 德国

 参考答案　1. C　2. A

二、多项选择题

1. 经营目标所能解决的问题表现为（　　）。
   A. 数据　　B. 结构　　C. 规范　　D. 程序
   E. 价值观
2. 组织文化包括（　　）。
   A. 价值观　　B. 思维方式　　C. 行为规范　　D. 经营目标
   E. 道德标准
3. 组织文化的性质包括（　　）。
   A. 组织文化是一种客观存在的文化现象

B. 组织文化是社会文化和民族文化的现实反映

C. 组织文化的本质是企业的"人化"

D. 组织文化具有明显的个性或独特性

E. 组织文化就是企业管理所具有的文化

4. 文化在组织中的功能包括（　　）。

A. 价值观的功能　　　　　　　　B. 共有的思维方式

C. 行为规范的功能　　　　　　　D. 经营管理的功能

E. 提升品牌的功能

参考答案　1. ABCD　2. ABC　3. ABCD　4. ABC

三、名词解释

1. 组织文化：指以组织基本目标和价值观为核心形成的，包括成员思维方式和行为方式在内的一整套观念和行为方式。

2. 价值观念：企业及全体员工一致赞同的关于客观事物对于企业是否具有价值以及价值大小的共同认识或看法。它体现了一个企业的基本概念和信仰，反映了企业内部衡量事物重要程度及是非优劣的根本标准，因而是组织文化的核心和基石。

四、简答题

1. 简述组织文化的性质。

答案要点　组织文化作为企业组织的特殊存在形式，具有如下基本性质：

（1）组织文化是一种客观存在的文化现象。

（2）组织文化是社会文化和民族文化的现实反映。

（3）组织文化的本质是企业的"人化"。

（4）组织文化具有明显的个性或独特性。

2. 简述组织文化的反面效应。

答案要点　组织文化存在反面效应。组织文化的反面效应首先表现在思维方式的同质化上。当企业内部形成同质化的思维方式后，就会丧失在变化面前的反应能力，就会压制不同意见，压制多样化，反对不同的思维方式，导致大家都只能做出同样的反应，从而对市场、技术、产品等方面的变化置若罔闻，丧失时机。同时会压抑个性，压抑个人的创造性，挫伤个人的努力热情。

同质化思维方式的另一种后果是陷入一种偏执的境地，形成一种自我保存本能，类似个人较顽固、偏激的思维方式，总以为自己是正确的，不到最后关头，不承认自己的偏颇和失误。特别是经历了上一阶段成功的组织后，更易陷入这种境地。俗话说："失败是成功之母。"但有些时候，"成功也是失败之母。"

五、案例分析题

案例：

破坏客户生产线的维修工

A机械设备公司是某集团公司的核心企业，主要生产电磁线材生产线的机械设备，产品包括电磁线材的细拉机生产线系列、中拉机生产线系列、大拉机生产线系列，以及通信电缆和通信光缆的生产线设备。公司倡导"不断改善、缔造完美品质"的产品理念，保证一流的产品质量，赢得了广大客户和社会各界的赞誉。企业先后荣获"国家级火炬项目""省级新产品重点企业""省质量先进单位""××市十大民营企业""质量信得过产品""高新科技单位"等称号。公司秉持"诚信、创新、追求卓越"的经营理念，制定了差异化发展战略，希望通过不断完善售前、售中、售后服务体系，提供令客户满意的服务，打造良好的客户关系。

B公司是一家制造电磁线材的企业，从A公司购买了三套生产线设备，对A公司提供的生产设备的产品质量和服务一直都很满意。然而让A公司烦恼的是，B公司购买的生产线设备从安装试生产开始，迄今已经三年了，可是还有30%的余款没有收回。B公司财务部总是借口资金紧张，对回款一拖再拖。尽管如此，在三年中，A公司仍坚持提供了承诺的售后服务。自从A公司实行了平衡计分卡考核以来，货款回收率成为销售部门和销售人员重要的KPI指标，遇到B公司这样的客户，着实让他们头疼不已。

2004年6月，B公司打电话给A公司的售后服务部，要求对生产线设备进行检修调试，A公司的区域销售经理答复说可以派人员前往维修，但同时提出收欠款的要求，B公司允诺生产线检修调试完成后可以支付一部分货款。当A公司的维修人员完成对B公司生产线的检修调试任务后，B公司却仍以资金紧张为由不履行答应付款的口头承诺。A公司的区域销售经理在多次电话交涉无效的情况下，指令维修人员以重新检修设备为借口重返B公司，将生产线"调回以前的状态"。于是，维修人员回到B公司，试图趁午休的时间，将生产线设备"调回原样"，结果被B公司保安当场发现。B公司声称，要将这些"破坏生产线设备"的A公司维修人员送交当地公安部门。

问题：

（1）如果你是A公司的区域销售经理，当得知B公司仍以资金紧张为由不履行答应付款的口头承诺时，应当如何处理？

（2）如果你是A公司的总经理，得知维修人员被B公司扣留，会如何处理这一事件？对事件中的当事人又当如何处理？

（3）在这一事件中，是谁犯了错？是B公司、A公司的区域销售经理，还是维修人员？试用企业文化相关理论解释这一现象。

答案要点 提示：请根据案例结合工作实际回答第（1）问和第（2）问，从组织文化的构成、性质、功能等方面运用组织文化相关理论来回答第（3）问。

第十一章 变革与发展过程管理

✓ 大纲重点、难点提示

1. 企业组织本身的矛盾因素

①企业组织处在各种矛盾的焦点。②基本的方面：环境要求与组织内部要求之间的矛盾；组织目标与个人目标之间的矛盾；科学、理性与人性之间的矛盾。

2. 环境变化：打破企业与环境之间的均衡状态

3. 企业发展是带来问题的一个重要原因

①企业发展带来企业与环境均衡的破坏。②企业发展带来企业内部均衡的破坏。③企业发展过程中产生的问题。

4. 企业发展与惯性

①企业发展过程。②体系惯性。③体系惯性存在的两个层次：业务活动层次、管理体系层次。④个人惯性。⑤思维方面的和情感方面的个人惯性。⑥惯性的积极意义。⑦发展变化的阻碍力量。

5. 权变观点

①稳定不变不是企业发展的理想状态。②企业发展需要稳定，也需要变革。③权变观点。④权变观点强调的基本点。⑤中庸之道。⑥在更高水平上实现协调，促进企业发展。

6. 变革、模式、范式、范型

①模式的形成及其重要作用。②模式的形成不是一种理想状态。

7. 变革的困难

企业变革或组织革新的困难：①潜意识特点。②缺乏一般舆论和观念的支持。③主要领导人的阻力。④旧有的模式仍然在顽强地发挥作用，维持自身。

8. 变革的四个步骤

（1）提出问题。

①有意识地使矛盾明朗化，为变革创造条件。②主要管理者的作用。

（2）探索变革。

①充当探索和变革的主体及其特征。②为探索和试验创造条件。

（3）全面展开。

①由点到面推开。②为变革创造条件。

（4）模式重塑。

①重新确定经营观念、战略目标、经营战略，管理体系和方式、方法。②形成新的发展模式。③变革涉及企业基本观念和发展范围的变化。

9. 成熟与革新

①成熟化与革新的一般性。②由成熟而革新。③革新的过程与模式转换过程。④革新的滞后性：对成熟化视而不见；对模式转换的必要性认识不足；规模和收益上的障碍；本业意识的障碍。

10. 革新的过程

①认识、探索、决策、稳定四个阶段。②对成熟化的认识。③战略探索。④战略决策。⑤战略决策阶段的几个认识问题。

大纲习题解答

一、单项选择题

1. 以下不属于企业组织本身的矛盾因素的是（   ）。
   A. 环境要求与组织内部要求之间的矛盾
   B. 企业发展带来企业与环境均衡的破坏
   C. 组织目标与个人目标之间的矛盾
   D. 科学、理性与人性之间的矛盾

2. 为了保持企业经营的稳定性，企业应该（   ）。
   A. 制订完备的计划   B. 尽量避免出现变化
   C. 及时进行调整   D. 对企业工作进行严格控制

3. 对企业而言，变革是（   ）。
   A. 应该避免的   B. 可以避免的
   C. 无法避免的   D. 引起混乱的根源

 参考答案： 1. B   2. C   3. C

二、多项选择题

1. 变革的步骤包括（   ）。
   A. 提出问题   B. 探索变革   C. 全面展开   D. 模式重塑
   E. 战略探索

2. 革新的过程包括（   ）。
   A. 认识   B. 探索   C. 重塑   D. 决策
   E. 稳定

3. 企业发展的惯性可划分为（   ）。
   A. 体系惯性   B. 制度惯性   C. 管理惯性   D. 个人惯性
   E. 战略探索

4. 体系惯性中属于管理体系层次的有（   ）。
   A. 组织结构体系   B. 计划与控制体系
   C. 制度体系   D. 业务操作规范
   E. 战略体系

参考答案　1. ABCD　2. ABDE　3. AD　4. ABC

三、名词解释

1. 体系惯性：在企业运行过程中整体意义上形成的固定、僵化的体系和程序。

2. 权变观点：不存在一套任何时候、任何条件下都适用的管理体系和管理方法，管理过程中一切都处于变化之中。

3. 个人惯性：指个人在长期组织生活中形成的固定的观念、准则和思维方法、工作习惯等。

4. 中庸之道：既不是不偏不倚，也不是调和、妥协，而是能动地利用矛盾和冲突，调动两方面的力量，在更高水平上实现协调，促进企业发展。

四、论述题

1. 论述企业在发展过程中的矛盾冲突。

答案要点　在企业的生存发展过程中，自始至终伴随着差异、矛盾和对立。矛盾或不平衡是管理面临的一般情况。企业组织本身也存在一些基本的矛盾，如组织目标与个人目标、技术与人性、自律与他律、原则性与灵活性等。具体来讲，在企业发展过程中，存在以下矛盾冲突：

（1）企业组织本身的矛盾因素：环境要求与组织内部要求之间的矛盾；组织目标与个人目标之间的矛盾；科学、理性与人性之间的矛盾。

（2）企业的发展是带来问题的一个重要原因：企业发展带来企业与环境均衡的破坏；企业发展带来企业内部均衡的破坏；企业发展过程中产生的问题。

以上分析表明，稳定不变不是企业发展的理想状态；对矛盾、差异、对立不加调整，任其自然，也不是理想状态。企业发展既需要稳定，也需要变革；既不能没有矛盾，也不能任矛盾发展。

2. 论述企业发展与惯性。

答案要点　（1）企业发展过程是一种打破常规，与各种保守力量斗争，克服惯性的过程。为了适应变化了的情况，新思维、新技术、新战略、新市场、新人事等许多方面都是企业需要探索的。探索和开创会遇到来自惯性的阻碍。

（2）企业发展当中的惯性，从大的方面划分，可分为体系惯性和个人惯性。体系惯性是在企业运行过程中整体意义上形成的固定、僵化的体系和程序。个人惯性指个人在长期组织生活中形成的固定的观念、准则和思维方法、工作习惯等。

（3）上述两个方面的惯性，在某种意义上是一种有益的状态。它是在企业发展过程中为了提高效率，减少不必要的摩擦和冲突，有意无意地形成的消除或缓解矛盾的状态。这种惯性在一定程度以内是有意义的，它有利于提高效率、降低内耗，但超过了必要的限度，就成了一种发展变化的阻碍力量。因为它消除了矛盾，使企业处于某种稳定不变的状态，缺少发展所需的创造性，缺少比较、竞争和刺激，缺少活力，不利于发展。

3. 论述革新的滞后性。

答案要点 变革包含了企业组织在技术、市场、制度、管理方式等几乎所有的主要侧面。对市场经济条件下的企业来说，最主要和最常见的是有关市场战略、市场经营方面。企业在目标市场领域内达到了较高的市场占有率，主营项目失去发展潜力，需要考虑重新调整主营方向或经营战略的状况。重新调整的过程，就是革新的过程。

（1）由成熟而革新是企业发展的基本形态。由成熟而革新一般有两个方向：一个方向是开发新领域、新行业，转换主营结构；另一个方向是通过更新换代在原市场范围内开拓发展道路。革新的过程都要经历模式转换过程，没有模式转换过程，革新是不可能实现的。

（2）就大多数企业的一般情况而言，革新往往具有滞后性，这种滞后性主要是由于在原战略基础上形成的发展模式的束缚造成的。其中主要的原因有：对成熟化视而不见、对模式转换的必要性认识不足、规模和收益上的障碍、本业意识的障碍。

革新不是一项决策或一种措施所能实现的，它要花费一定的时间，经历一个过程，包括从观念到行为的一系列变化，是一项涉及企业经营管理全面的系统工程。从一般意义上概括，这一过程包括认识、探索、决策、稳定四个阶段。

4. 论述变革中存在的困难及变革的步骤。

答案要点 企业变革涉及价值观念、思维方式、学习过程和管理方式等多方面，是一项复杂的系统工程。

首先，企业变革或者革新的困难在于一定的模式已经存在于人们的头脑中，具有潜意识特点。人们往往自觉或不自觉地受其支配，按照模式的支配行事。这是变革最困难的一个组成部分。

其次，缺乏一般舆论和观念的支持是一个重要原因。对企业有意义的时机往往是社会一般还没有认识到、一般观念不接受的时期。这一阶段，除少数人外，大部分人很难理解为什么要革新、转换和调整，观念和舆论方面的阻力是另一个困难因素。

再次，是来自主要领导人的阻力。主要领导人是原有模式的创造者，从原有模式的形成和运用中曾获得巨大的成功，对原有模式最熟悉，切身体会最多，感情最深，最难改变。有时领导者自认为已经摆脱了旧有模式的束缚，实际上仍然在原模式内行事。福特汽车公司的兴衰，就是一个很好的例证。

最后，即使在环境完全改变了以后，旧有的模式也并非立即失去作用，仍然可以维持一段时间，使人看不清模式转换、组织变革的必要性。特别是在新的模式形成之前，旧有模式仍然在顽强地发挥作用，维持自身。

变革有四个步骤：提出问题、探索变革、全面展开、模式重塑。

5. 革新滞后的原因有哪些？

答案要点 革新滞后的主要原因有：

（1）对成熟化视而不见。

（2）对模式转换的必要性认识不足。

(3)规模和收益上的障碍。

(4)本业意识的障碍。

6. 论述革新的过程。

答案要点 革新不是一项决策或一种措施所能实现的,它要花费一定的时间,经历一个过程,这一过程包括认识、探索、决策、稳定四个阶段。

(1)认识阶段是有关企业经营已趋成熟或饱和的认识过程。认识是革新的前提。

(2)探索阶段,是在对成熟化认识的基础上,重新分析研究市场,寻找发展途径和机会,进行战略探索的阶段。

(3)决策阶段是企业做出重大转折性决策、确定新战略的阶段。

(4)稳定阶段是根据新确定的经营战略协调和组织企业各方面的资源和力量、展开战略、稳定经营的过程。

这四个阶段,因情况、条件不同可能花费的时间各有不同,而且相互之间有交叉和重复的部分,但一般的过程基本上是这四个阶段。

第一部分 企业战略管理

第一章 战略管理理论

 大纲重点、难点提示

1. 企业使命

企业使命是企业管理者确定的企业生产经营的总方向、总目的、总特征和总的指导思想。

2. 企业使命的内容

企业目的、企业定位、企业理念、公众形象、利益群体。

3. 企业目标

①企业目标是在企业目的的总框架中为企业和职工提供的具体方向,有自己完成的时间。②目标所规定的时间期限越短,目标内所含具体内容的数量便越多。

4. 企业目标体系

战略目标、长期目标、年度目标。

5. 企业战略的概念

①企业战略来源于企业生产经营活动的实践。②不同的管理学家或实际工作者由于自身的管理经历和对管理的认识不同,会对企业战略给予不同的定义。

6. 战略的过程管理

①战略的过程管理是指战略的 How、Who 和 When,即战略如何分析、构思和制定,战略涉及谁,以及在什么时候采取什么行动。②具体包括战略分析、战略形成、战略实施和战略控制四个环节。

7. 企业战略的构成要素

一般来讲,企业战略由以下四个要素组成:

(1) 经营范围。

经营范围是指企业从事生产经营活动的领域,又称为企业的定域。

(2) 资源配置。

资源配置是指企业过去和目前资源和技能配置的水平和模式。资源配置的好坏会极大地影响企业实现自己目标的程度。因此,资源配置又称为企业的特殊能力。

(3) 竞争优势。

竞争优势是指企业通过其资源配置的模式与经营范围的决策,在市场上所形成的与其竞争对手不同的竞争地位。竞争优势既可以来自企业在产品和市场上的地位,也可以来自企业对特殊资源的正确运用。

(4) 协同作用。

协同作用是指企业从资源配置和经营范围的决策中所能寻求到的各种共同努力的效果。

8. 总体战略

总体战略又称公司战略。在大中型企业,特别是多种经营的企业里,总体战略是企业战略中最高层次的战略。

9. 总体战略的特点

(1) 从形成的性质看,企业总体战略是有关企业全局发展的、整体性的、长期的战略行为。

(2) 从参与战略形成的人员看,企业总体战略的制定与推行的人员主要是企业的高层管理人员。

(3) 从对企业发展的影响程度看,企业总体战略与企业的组织形态有着密切的关系。

10. 经营单位战略

经营单位战略又称经营战略。在大型企业中,特别是在企业集团里,为了提高协同作用,加强战略实施与控制,企业从组织上把具有共同战略因素的若干事业部或其中某些部分组合成一个经营单位。每个经营单位一般有着自己独立的产品和细分市场。因此,经营单位战略是战略经营单位、事业部或子公司的战略,在企业总体战略的制约下指导和管理具体经营单位的计划和行动。

11. 职能部门战略

职能部门战略又称职能层战略,是企业内主要职能部门的短期战略计划,可以使职能部门的管理人员更加清楚地认识到本职能部门在实施企业总体战略中的责任和要求,有效地运用研究开发、营销、生产、财务、人力资源等方面的经营职能,保证实现企业目标。

12. 战略构成要素的作用

从战略构成要素来看,协同作用和资源配置是职能战略的关键要素,而经营范围的重要性较低。协同作用是在单个的职能中协调各种活动,并将这些活动联合起来。

13. 企业战略与效能和效率的关系

企业要获得长期的生存和发展,就要正确地处理自己的外部环境和内部条件。一一般来讲,与外部环境有关的变化对企业的效能有很大的影响,而与企业内部条件有关的变化则对企业的效率影响更大些。因此,企业在处理内外部关系上,就是要正确处理好效能和效率的关系,特别是要改进企业的效能,调整企业与外部环境的适应程度。

14. 战略管理的产业组织模型(I/O 模型)

产业组织模型揭示了外部环境对企业战略的决定性影响,该模型认为产业对企业绩效的影响要超过管理者对企业的影响,企业绩效取决于所在行业的特征,包括规模经济、市场进入障碍、多元化、产品差异化及产业集中度。

15. 战略管理的资源基础模型(R/B 模型)

与产业组织模型不同,资源基础模型认为企业独特的资源和能力形成了战略基础,也是企业利润的重要来源。

(1) 资源和能力。

(2) 资源基础模型的战略管理。

大纲习题解答

一、单项选择题

1. 企业要在竞争中根据所拥有的技术、所生产的产品和所服务的市场,客观地评价自己的优劣条件,准确地确定自己的位置,制定竞争的基准。这是指企业的( )。
   A. 企业定位   B. 企业理念   C. 利益群体   D. 企业目的

2. ( )是指企业在一个相对较长的期间内,所力求实现的生产经营的结果。
   A. 战略目标   B. 财务目标   C. 长期目标   D. 年度目标

3. 企业从资源配置和经营范围的决策中所能寻求到的各种共同努力的效果是指( )。
   A. 经营范围   B. 资源配置   C. 竞争优势   D. 协同作用

4. 决定企业效率的首要因素是( )。
   A. 经营范围   B. 资源配置   C. 竞争优势   D. 协同作用

5. 企业在面对激烈变化、严峻挑战的经营环境时,为求得到长期生存和不断发展而进行的总体性谋划是指( )。
   A. 战略目标   B. 企业战略   C. 企业使命   D. 经营战备

6. 企业战略管理的内容涉及产品线定位、投资、研发、运作等,这是指企业的( )战略。
   A. 业务层次   B. 网络层次   C. 企业层次   D. 职能层次

7. 从战略构成要素的角度来看,资源配置和( )通常是经营单位战略中最重要的组成部分。
   A. 经营范围   B. 竞争优势   C. 协同作用   D. 战略目标

8. 从战略构成要素的角度来看,资源配置与竞争优势通常是( )中的重要组成部分。
   A. 总体战略   B. 经营单位战略   C. 职能部门战略   D. 战略目标

9. ( ) 认为产业对企业绩效的影响要超过管理者对企业的影响，企业绩效取决于所在行业的特征。
   A. 竞争优势　　　B. 产业组织模型　　C. 资源基础模型　　D. 经营范围

✎ 参考答案　1. A　2. C　3. D　4. D　5. B　6. A　7. B　8. B　9. B

二、多项选择题

1. 企业使命一般包括（　　）。
   A. 企业定位　　　B. 企业理念　　　C. 公众形象　　　D. 利益群体
   E. 企业目的

2. 安绍夫在其《企业战略》一书中提出企业战略是贯穿于企业经营与产品和市场之间的一条"共同经营主线"，决定着企业目前所从事的或者计划要从事的经营业务的基本性质。构成这条主线的要素是（　　）。
   A. 产品和市场范围　　　　　B. 增长向量
   C. 竞争优势　　　　　　　　D. 协同作用
   E. 资源配置

3. 战略的内容是指战略的 What，即公司和各业务单位的战略是什么或应该是什么。战略的内容涉及的层次包括（　　）。
   A. 网络层次　　　B. 企业层次　　　C. 业务层次　　　D. 职能层次
   E. 合作层次

4. 在企业战略构成要素中，企业的（　　）决定着企业效能发挥的程度。
   A. 经营范围　　　B. 资源配置　　　C. 竞争优势　　　D. 协同作用
   E. 经济规模

5. 一般来讲，企业的目标体系主要包括（　　）。
   A. 战略目标　　　B. 财务目标　　　C. 长期目标　　　D. 年度目标
   E. 部门目标

6. 一般来讲，企业战略由（　　）构成。
   A. 经营范围　　　B. 资源配置　　　C. 竞争优势　　　D. 协同作用
   E. 经验曲线

7. 从战略构成要素的角度来看，（　　）通常是经营单位战略中最重要的组成部分。
   A. 经营范围　　　B. 资源配置　　　C. 竞争优势　　　D. 协同作用
   E. 核心能力

✎ 参考答案　1. ABCDE　2. ABCD　3. ABCD　4. ABC　5. ACD　6. ABCD　7. BC

三、名词解释

1. 企业战略：指企业面对激烈变化、严峻挑战的经营环境，为求得长期生存和不断发展而进行的总体性谋划。它是企业战略思想的集中体现，是企业经营范围的科学规定；同时，企业战略又是制订各种计划的基础。

2. 协同作用：指企业从资源配置和经营范围的决策中所能寻求到的各种共同努力的效果。

3. 企业目标：是在企业目的的总框架中，为企业和职工提供的具体方向，有自己的完成时间。

4. 经营范围：指企业从事生产经营活动的领域，又称为企业的定域。它反映出企业目前与其外部环境相互作用的程度，也可以反映出企业计划与外部环境发生作用的要求。

5. 资源配置：指企业过去和目前资源和技能配置的水平和模式。资源配置的好坏会极大地影响企业实现自己目标的程度。

6. 企业使命：企业管理者确定的企业生产经营的总方向、总目的、总特征和总的指导思想。

7. 竞争优势：指企业通过其资源配置的模式与经营范围的决策，在市场上所形成的与其竞争对手不同的竞争地位。

8. 战略目标：指企业在其战略管理过程中所要达到的市场竞争地位和管理绩效的目标，包括在行业中的领先地位、总体规模、竞争能力、技术能力、市场份额、收入和盈利增长率、投资回收率以及企业形象等。

9. 经营单位战略：又称经营战略，是战略经营单位、事业部或子公司的战略。经营单位战略是在企业总体战略的制约下，指导和管理具体经营单位的计划和行动，为企业的整体目标服务。

四、简答题

1. 企业使命包括哪些内容？

答案要点 企业使命一般包括以下内容：

（1）企业目的，特别是企业的经济目的。在企业里，企业的生存、增长、获利三个经济目的决定着企业的战略方向。在战略决策中，企业不能只注重短期目标，而忽视其长期为之奋斗的目的。在日益多变激烈的环境中，企业只有关注其长期的增长与发展，才能够真正生存下来。

（2）企业定位。企业要在竞争中根据所拥有的技术、所生产的产品和所服务的市场，客观地评价自己的优劣条件，准确地确定自己的位置，制定竞争的基准。

（3）企业理念，或称企业信念。这是企业的基本信念、价值观、抱负和哲理选择，是企业的行为准则。企业可以据此对自己的行为进行自我控制和自我约束。

（4）公众形象。企业管理者应该充分满足公众期望，树立良好的企业形象，尽到对社会应尽的责任。

（5）利益群体。企业管理者还必须充分地重视企业内、外部利益群体和个人的合理要求。企业内部利益群体是指企业的董事会、股东、管理人员和职工。企业外部利益群体是指企业的顾客、供应者、竞争者、政府机构和一般公众等。

2. 什么是企业的战略？其构成要素有哪些？

答案要点 企业战略是指在符合和保证实现企业使命的条件下，在充分利用环境中存在的各种机会和创造新机会的基础上,确定企业同环境的关系,规定企业的经营范围、成长方向和竞争对策,合理调动企业结构和分配企业的全部资源,从而使企业获得某种竞争优势。一般来讲,企业战略由以下四个要素组成:

(1) 经营范围。企业从事生产经营活动的领域,又称为企业的定域。它反映出企业目前与其外部环境相互作用的程度,也可以反映出企业计划与外部环境发生作用的要求。

(2) 资源配置。企业过去和目前资源和技能配置的水平和模式。资源配置的好坏会极大地影响企业实现自己目标的程度。因此,资源配置又称为企业的特殊能力。

(3) 竞争优势。企业通过其资源配置的模式与经营范围的决策,在市场上所形成的与其竞争对手不同的竞争地位。竞争优势既可以来自企业在产品和市场上的地位,也可以来自企业对特殊资源的正确运用。

(4) 协同作用。企业从资源配置和经营范围的决策中所能寻求到的各种共同努力的效果。就是说,分力之和大于各分力简单相加的结果。在企业管理中,企业总体资源的收益要大于各部分资源收益的和。

3. 简述经营单位战略与总体战略的区别。

答案要点 (1) 重要程度不同。总体战略是有关企业全局发展的、整体性的、长期的战略计划,对整个企业的长期发展产生深远的影响;而经营单位战略则着眼于企业中有关事业部或子公司的局部性战略问题,影响着某一具体事业部或子公司的具体产品和市场,只能在一定程度上影响总体战略的实现。

(2) 参与人员不同。总体战略形成的主要参与者是企业的高层管理者,而经营单位战略形成的参与者主要是具体各事业部或子公司的经理。

4. 简述职能部门战略与企业总体战略的区别。

答案要点 (1) 期限短。职能部门战略用于确定和协调企业短期的经营活动,期限较短,一般在一年左右。职能部门战略期限较短的原因是:职能部门管理人员可以根据总体战略的要求,把注意力集中在当前需要进行的工作上;职能部门管理人员可以更好地认识职能部门当前的经营条件,及时地适应已变化了的条件,并作出相应调整。

(2) 具体性强。企业主要职能部门的战略要比企业总体战略更为具体。总体战略为企业指出一般性的战略方向,而职能战略则为负责完成年度目标的管理人员提供具体的指导,使他们知道如何实现年度目标。同时,具体的职能战略还可以增强职能部门管理人员实施战略的能力。

(3) 职权与参与不同。企业高层管理人员负责制定企业的长期目标和总体战略。职能部门的管理人员在总部的授权下,负责制定年度目标和部门战略。职能部门管理人员参与制定职能战略,可以更自觉地实现本部门的年度目标,执行职能战略所需要进行的工作,增强实施战略的责任心。

职能部门战略应在研究开发、生产作业、市场营销、财务会计和人力资源管理的职能部门中制定。各职能部门的主要任务不同,关键变量也不同,即使在同一职能部门里,关键变量的重要性也因其经营条件不同而有所变化,难以归纳出一般性的职能战略。

5. 简述产业组织模型与资源基础模型的区别。

答案要点 企业在阐述战略管理的内涵时，不但需要详细说明其承担的使命和所确定的目标，由此来规范企业的战略，而且要分析战略输入要素的模型——产业组织模型和资源基础模型。二者的区别在于：

(1) 产业组织模型揭示了外部环境对企业战略的决定性影响，当企业进入一个有吸引力的行业并成功实施了与行业特征相适应的战略时，企业便获得了超额利润和竞争优势。该模型认为产业对企业绩效的影响要超过管理者对企业的影响，企业绩效取决于所在行业的特征，包括规模经济、市场进入障碍、多元化、产品差异化及产业集中度。因此，产业组织模型要求企业选择进入最具有吸引力的行业，根据产业结构特点、利用现有资源实施战略获取利润。

(2) 资源基础模型认为，企业独特的资源和能力形成了战略基础，也是企业利润的重要来源。资源是投入到企业经营过程中的一系列要素，如资金、设备、管理人员等。总的来讲，企业的资源可以分为三类：实物资源、人力资源和组织资源。能力是将众多资源组合在一起，来实现企业特定的任务和活动的才能。资源基础模型认为不同的企业所拥有的资源是不相同的。即便是拥有相同资源的企业，使用资源的手段和能力也是具有差异性的，资源的差异性带来了不同的竞争优势。

根据以上分析，企业在进行战略管理时，两种模式虽然有不同的优缺点，但它们想要达到的结果是一样的，那就是寻求获得超额利润或稳定的战略竞争优势。

五、案例分析题
案例：

"菁菁校园"的未来在哪里？

"菁菁校园"是一所新型的私立学校，专门为大学生、高中生提供暑期另类课程如登山、探险、航海等集体项目的专业培训，并为在职人员提供团队合作课程培训。该学校的创办人刘岩是个成功的企业家，他酷爱登山，并坚信这是一项锻炼个人品质，同时培养集体协作精神的完美运动。

在刘岩看来，这所学校是个非营利性的企业。但是，无论如何，学校得自己维持自己的运转。因为如果没有充裕的资金，学校就不可能发展。学校开办以来，学生的数目逐年增多。

学校的课程主要分为两类：一类是普通课程；另一类是特殊课程。普通课程是学校的起家项目，针对大、中学生的集体训练开设。每年暑假，总有大批学生报名参加登山、探险等充满新鲜感的项目。虽然这部分的收入占了整个学校全部营业收入的70%，但是这种项目并不盈利。特殊课程是应一些大公司的要求，专门为此公司开办的短期团队合作培训。这部分课程是最近才设立的，深受各大公司经理们的欢迎，在非正式的反馈中，他们都认为在这些课程里获益很多，他们所属的公司也愿意继续扩大与"菁菁校园"的合作。同时，这类课程为学校带来了丰厚的利润。但是，在实施特殊课程的时候，刘岩和他的好友们也有疑虑：这种课程的商业化倾向非常重，如果过分扩张，可能会破坏"菁菁校园"的形象。另外，特殊课程的学员多是中、高级经理，他们的时间非常紧，因此，课程一旦设立下来，就不能改动，所以总是会遇到与普通课程发生冲突的情况。在学校成立初期，刘岩并没有特别关注管理问题，他觉得事情很简单：每年暑假开始，学校就招生开课，到暑假结束就关门。但是随着知名度的提高和注册学生的不断增多，学校变得日益庞大、复杂，管理问题和财政状况也开始受到关注。最明显的是学校暑期过于繁忙，设施不足，而淡季则设备、人员闲置。他还发现，学校无法找到足够的技术熟练、经验丰富的从事短期工作的指导老师，如果要常年聘请他们，花销实在太大。与此同时，社会上也出现了相似的竞争者，学校面临内外两方面的评估和战略方向的重新确定等问题。

问题：

（1）你认为"菁菁校园"的未来应如何定位？

（2）"菁菁校园"的项目组合如何发展？

（3）你认为"菁菁校园"的运营管理方式应如何改进？

答案要点 （1）即使普通课程占学校全部营业收入的70%，仍不盈利，学校的运转难以维持，并且出现了相似的竞争对手。因此，"菁菁校园"未来的定位应充分利用品牌的优势，实现范围经济，分散风险；引入市场化竞争机制，保持学校的活力和竞争力，才能保持品牌。

（2）通过客观评价项目组合，使其具有一定的关联性，项目组合的发展应以普通课程为基础，适当增加特殊课程，逐步过渡到以开设特殊课程为主。

①在公司战略层次上，宜采用多元化战略。

②在竞争战略层次上，宜采用差异化、集中化战略。

③在职能战略层次上，宜采用整体营销战略和人才开发战略。

（3）问题：暑期过于繁忙，设施不足，而淡季则设备、人员闲置；无法找到足够的符合要求的指导老师。

解决方案：

①引入先进的技术和运营管理方式，使人、财、物有机结合，合理分配资源，提高有限资源利用率。

②合理设定项目组合、制订完善的教学计划，使淡、旺季节相对平衡发展。解决设施设备不足的问题，如通过解决课程编排上的冲突等。

③招聘、培训、借用和调配教学、管理人员，建立相对稳定的教职工队伍。

④特色经营，提高服务质量。现实表明，普通课程难以维持学校的运转，因此应针对自己的市场定位突出特色。

⑤加强营销力度。应加大对学校的宣传力度，要建立有效的招生部门，积极加强与企业的合作等，如通过举办或承办各种比赛，进行商业化运作。

⑥合理设计收费标准，控制成本。力求盈亏平衡，略有盈利。

第二章 企业战略态势分析——外部环境分析

 大纲重点、难点提示

1. 外部环境

企业的战略环境分析主要包括外部环境分析与内部环境分析两部分。通过外部环境分析,企业可以很好地明确自身面临的机会与威胁;通过内部环境分析,企业可以很好地认识自身的优势与劣势。企业的外部环境主要包括宏观环境、产业环境和竞争环境。

2. 宏观环境

宏观环境又称一般环境,是指影响一切行业和企业的各种宏观因素,主要包括政治(Politics)、经济(Economics)、社会(Society)和技术(Technology)四大因素。因此,宏观环境分析又简称为PEST分析法。宏观环境包括政治法律环境、经济环境、社会文化环境、技术环境。

3. 产业

产业是指一组生产的产品非常相似、可以相互替代的企业的集合。在战略分析中,产业环境分析的重点是对产业内竞争程度的评估。迈克尔·波特提出的五种力量模型是最具代表性并被广泛应用的产业竞争分析框架。按照波特的理论,一个产业中的竞争,远不止在原有竞争对手中进行,而是存在着五种基本的竞争力量:

(1) 潜在的进入者。
(2) 现有竞争者之间的竞争。
(3) 替代品。
(4) 供应商的讨价还价能力。
(5) 购买者的讨价还价能力。

4. 竞争对手

(1) 作为产业环境分析的补充,竞争对手分析的重点集中在与企业直接竞争的每一个企业。尽管所有的产业环境都很重要,但产业环境分析着眼于产业整体,是中观分析,所以,从个别企业视角去观察分析其竞争对手竞争实力的微观分析——竞争对手分析就显得尤为重要,特别是在企业面临着一个或几个强大的竞争对手时。

对竞争对手的分析有四个方面的主要内容,即竞争对手的未来目标、现行战略、自我假设和潜在能力。

(2) 未来目标。对竞争对手未来目标的分析与了解,有利于预测竞争对手对其目前的市场地位以及财务状况的满意程度,从而推断其改变现行战略的可能性以及对其他企业战略行为的敏感性。

(3) 自我假设。包括竞争对手对自身企业的评价和对所处产业以及其他企业的评价。自我假设往往是企业各种行为取向的最根本动因，所以了解竞争对手的自我假设有利于正确判断竞争对手的战略意图。

(4) 现行战略。对竞争对手现行战略的分析，目的在于揭示竞争对手正在做什么、它能够做什么。

(5) 潜在能力。对竞争对手潜在能力的分析，是竞争对手分析过程中的一项重要内容，因为潜在能力将决定竞争对手对其他企业战略行为做出反应的可能性、时间选择、性质和强度。

大纲习题解答

一、单项选择题

1. 构成企业生存和发展的社会经济状况及国家的经济政策，包括社会经济结构、经济体制、宏观经济政策等要素，这是（　　）。
   A. 政治法律环境　　　　　　　B. 经济环境
   C. 技术环境　　　　　　　　　D. 社会文化环境

2. 企业所处的社会结构、社会风俗和习惯、信仰和价值观信念、行为规范、生活方式、文化传统、人口规模与地理分布等因素的形成和变动，这是（　　）。
   A. 政治法律环境　　　　　　　B. 经济环境
   C. 技术环境　　　　　　　　　D. 社会文化环境

3. 在影响企业战略的宏观环境中，人口因素属于（　　）。
   A. 政治法律环境　　　　　　　B. 经济环境
   C. 技术环境　　　　　　　　　D. 社会文化环境

参考答案　1. B　2. D　3. D

二、多项选择题

1. 企业宏观环境是指那些给企业造成市场机会或环境威胁的主要社会力量，直接或间接地影响企业战略管理，主要构成因素是（　　）。
   A. 政治法律环境　　　　　　　B. 经济环境
   C. 技术环境　　　　　　　　　D. 社会文化环境
   E. 自然环境

2. 企业在面临一个或几个强大的竞争对手时，对竞争对手的分析要注意（　　）方面的主要内容。
   A. 竞争对手的未来目标　　　　B. 现行战略
   C. 自我假设　　　　　　　　　D. 潜在能力
   E. 市场占有率

3. 迈克尔·波特认为，一个行业中存在着的基本竞争力量之间的相互抗衡、相互作用共同决定行业竞争的强度和获利能力。基本竞争能力最主要包括（　　）。

A. 潜在加入者 B. 替代品
C. 购买者讨价还价的能力 D. 供应商讨价还价的能力
E. 现有竞争者之间的竞争

4. 构成行业进入障碍的主要因素有（   ）。
A. 规模经济   B. 产品差别化   C. 资金需求   D. 转换成本
E. 分销渠道

5. 购买者获得较高竞争能力的影响因素主要有（   ）。
A. 购买者购买力集中 B. 购买产品标准化
C. 购买者盈利低 D. 购买者采用后向一体化的可能性
E. 购买者转换成本不高

参考答案 1. ABCD 2. ABCD 3. ABCDE 4. ABCDE 5. ABCDE

三、名词解释

1. 产业：指一组生产的产品非常相似、可以相互替代的企业的集合。

2. 宏观环境：又称一般环境，是指影响一切行业和企业的各种宏观因素，主要包括政治（Politics）、经济（Economics）、社会（Society）和技术（Technology）四大因素。

3. 潜在进入者：所谓潜在进入者是指产业外随时可能进入某行业的成为竞争者的企业。

4. 进入壁垒：指要进入一个产业需克服的障碍和付出的代价，影响进入壁垒高低的因素主要有规模经济、产品差异、资本需求、转换成本、分销渠道、与规模经济无关的成本优势。

5. 五力模型：指一种产业竞争分析工具。迈克尔·波特认为一个产业中的竞争，远不止在原有竞争对手中进行，而是存在着五种基本的竞争力量：（1）潜在的进入者；（2）现有竞争者之间的竞争；（3）替代品；（4）供应商的讨价还价能力；（5）购买者的讨价还价能力。这五种竞争力量共同决定了该产业的竞争强度和获利能力。

6. 替代品：指那些与本企业产品具有相同功能或类似功能的产品。决定替代品压力大小的因素主要有替代品的盈利能力、替代品生产企业的经营策略、购买者的转换成本。

四、简答题

1. 宏观环境对企业战略的制定与实施具有什么样的影响？

答案要点 宏观环境又称一般环境，是指影响一切行业和企业的各种宏观因素，主要包括政治（Politics）、经济（Economics）、社会（Society）和技术（Technology）四大因素。因此，宏观环境分析又简称为 PEST 分析法。宏观环境分析的意义在于评价这些因素对企业战略目标和战略制定的影响。

（1）政治法律环境因素是指对企业经营活动具有实际与潜在影响的政治力量和有关的法律法规等因素。其中的各种组织和利益团体相互牵制，吸引着法律和跨国条约制定机构的注意力，寻求发言权甚至控制某些资源，以影响它们，从而达到自己的目的。

（2）经济环境因素是指构成企业生存和发展的社会经济状况及国家的经济政策。经济环境主要包括宏观和微观两个方面的内容。宏观经济环境主要指一个国家的人口数量及其增长趋势，国民收入、国民生产总值及其变化情况以及通过这些指标能够反映的国民经济发展水平和发展速度。微观经济环境主要指企业所在地区或所服务地区消费者的收入水平、消费偏好、储蓄情况、就业程度等因素。这些因素直接决定着企业目前及未来的市场大小。

（3）社会文化环境因素是指企业所在社会的成员的民族特征、文化传统、价值观念、宗教信仰、教育水平以及风俗习惯等因素。其中，人口环境是社会文化环境的重要组成部分之一，也是对企业经营有较大影响的因素之一。人口环境主要包括人口规模、年龄结构、人口分布、种族结构以及收入分布等因素。

（4）技术环境因素不仅包括那些引起时代革命性变化的发明，而且包括与企业生产有关的新技术、新工艺、新材料的出现和发展趋势以及应用前景。

2. 简述行业环境对企业战略的制定与实施的影响。

答案要点 从战略形成的观点看，五种竞争力量共同决定了行业竞争的强度和获利能力，但各种力量的作用和影响是不同的，经常是最强的某个力量或某几个力量处于支配地位，起决定性的作用。例如，一个企业在行业中处于极为有利的市场地位时，潜在的加入者便不会对企业构成威胁。但如果遇到了高质量、低成本的替代品的竞争时，可能会失去有利的市场地位，只能获得低的收益。有时即便没有替代品的大批加入，现有竞争者之间的抗衡也会限制企业的潜在收益。

3. 简述迈克尔·波特的行业竞争结构模型。

答案要点 迈克尔·波特提出的五种力量模型是最具代表性并被广泛应用的产业竞争分析框架。按照迈克尔·波特的理论，一个产业中的竞争，远不止在原有竞争对手中进行，而是存在着五种基本的竞争力量：

（1）潜在的进入者。所谓潜在的进入者，是指产业外随时可能进入某行业成为竞争者的企业。由于潜在进入者的加入会带来新的生产能力和物质资源，并要求取得一定的市场份额，因此对本产业的现有企业构成威胁，这种威胁称为进入威胁。

（2）现有竞争者之间的竞争。现有企业间的竞争是指产业内各个企业之间的竞争关系和程度。不同产业竞争的激烈程度是不同的。如果一个产业内主要竞争对手势均力敌，无论产业内企业数目多少，产业内部的竞争必然激烈。

（3）替代品。替代品是指那些与本企业产品具有相同功能或类似功能的产品。决定替代品压力大小的因素主要有替代品的盈利能力、替代品生产企业的经营策略、购买者的转换成本。

（4）供应商的讨价还价能力。供方是指企业从事生产经营活动所需要的各种资源、配件等的供应单位。它们往往通过提高价格或降低质量及服务的手段，向产业链的下游企业施加压力,以此来榨取尽可能多的产业利润。

(5) 购买者的讨价还价能力。作为购买者(顾客、用户),必然希望所购产业的产品物美价廉,服务周到,且从产业现有企业之间的竞争中获利。因此,他们总是为压低价格、要求提高产品质量和服务水平而同该产业内的企业讨价还价,使得产业内的企业相互竞争、残杀,导致产业利润下降。

这五种竞争力量共同决定了产业的竞争强度和获利能力。

4. 企业竞争对手分析应该从哪些方面进行?

答案要点 作为产业环境分析的补充,竞争对手分析的重点集中在与企业直接竞争的每一个企业。竞争对手分析尤为重要,特别是在企业面临一个或几个强大的竞争对手时。

对竞争对手的分析主要有四个方面的内容,即竞争对手的未来目标、自我假设、现行战略和潜在能力。

(1) 未来目标。对竞争对手未来目标的分析与了解,有利于预测竞争对手对其目前的市场地位以及财务状况的满意程度,从而推断其改变现行战略的可能性以及对其他企业战略行为的敏感性。

(2) 自我假设。自我假设包括竞争对手对自身企业的评价和对所处产业以及其他企业的评价。自我假设往往是企业各种行为取向的最根本动因,所以了解竞争对手的自我假设,有利于正确判断竞争对手的战略意图。

(3) 现行战略。对竞争对手现行战略的分析,目的在于揭示竞争对手正在做什么、它能够做什么。

(4) 潜在能力。对竞争对手潜在能力的分析是竞争对手分析过程中的一项重要内容,因为潜在能力将决定竞争对手对其他企业战略行为做出反应的可能性、时间选择、性质和强度。

5. 简述影响潜在进入者进入壁垒的因素。

答案要点 进入壁垒是指要进入一个产业需克服的障碍和付出的代价,影响进入壁垒高低的因素主要有:

(1) 规模经济:伴随着生产能力的扩大而出现的生产批量的扩大使单位成本下降的趋势,即长期费用曲线呈下降趋势。

(2) 产品差异:企业以某种方式改变那些基本相同的产品,以使消费者相信这些产品存在差异而产生不同的偏好。

(3) 资本需求:在新的行业竞争中,要求企业要有足够的资源投入,即使新的行业有吸引力,企业也可能由于没有足够的资本而无法进入市场,失去进入市场的机会。

(4) 转换成本:由于顾客转向新的供应商所引起的一次性的成本的发生。在客户转换成本高的情况下,新进入者必须提供足够低的价格或足够好的产品来吸引购买者。一般来说,双方建立的关系越紧密,转移到其他产品的成本就会越高。

(5) 分销渠道:行业中的每一个参与者都能找到分销产品的有效渠道,一旦和分销商的关系建立起来，企业就会细心培育，以增加分销商的转换成本。这对于新进入者来说可能会是一个很大的进入障碍。

（6）与规模经济无关的成本优势：行业内现有的竞争对手们可能具有新进入者无法模仿的成本优势，如独特的产品和技术、获得原材料的有利方法、地理位置、政府资助等。新进入者只有设法减少或消除这些因素，才能进入该行业。

6. 简述影响现有企业间竞争激烈程度的因素。

答案要点 现有企业间的竞争是指产业内各个企业之间的竞争关系和程度。不同产业竞争的激烈程度是不同的。决定产业内企业之间竞争激烈程度的有如下因素：竞争者的多寡及力量对比；市场增长率；固定成本和库存成本；产品差异性及转换成本；产业生产能力的增加幅度；产业内企业采用策略和背景的差异以及竞争中利害关系的大小；退出壁垒。

7. 简述决定替代品压力大小的因素。

答案要点 替代品是指那些与本企业产品具有相同功能或类似功能的产品。决定替代品压力大小的因素主要有：替代品的盈利能力、替代品生产企业的经营策略、购买者的转换成本。

8. 简述决定供方讨价还价能力强弱的因素。

答案要点 供方是指企业从事生产经营活动所需要的各种资源、配件等的供应单位。它们往往通过提高价格或降低质量及服务的手段，向产业链的下游企业施加压力，以此来榨取尽可能多的产业利润。

决定供方讨价还价能力强弱的因素主要有：供方产业的集中度、交易量的大小、产品差异化程度、转换供方成本的大小、前向一体化的可能性、信息的掌握程度。

9. 简述决定购买者讨价还价能力强弱的因素。

答案要点 作为购买者（顾客、用户），必然希望所购产业的产品物美价廉，服务周到，且从产业现有企业之间的竞争中获利。因此，他们总是为压低价格、要求提高产品质量和服务水平而同该产业内的企业讨价还价，使得产业内的企业相互竞争、残杀，导致产业利润下降。

决定购买者讨价还价能力的因素主要有：买方的集中度；买方从本产业购买的产品在其成本中所占比重；买方从产业购买产品的标准化程度；转换成本；买方的盈利能力；买方后向一体化的可能性；买方信息的掌握程度。

第三章 企业内部环境与资源均衡分析

 大纲重点、难点提示

1. 企业资源的概念

①有形资产。具有稀缺性的有形资产可以使公司获得竞争优势，容易被竞争对手获得的有形资产不能成为企业竞争优势的来源。

②无形资产，包括公司的声誉、品牌、文化、专利和商标以及工作中累积的知识和技术，是企业竞争优势的来源。

③组织能力，是所有资产、人员与组织投入产出过程的一种复杂的结合，包含了一组反映效率和效果的能力，是公司获得竞争优势的一个来源。

2. 价值和经济附加值

基于税后营业净利润和产生这些利润所需资本投入总成本；企业绩效财务评价方法。

3. 企业有价值资源的评判标准

①稀缺性。企业拥有其他企业无法获取的、处于短缺的资源，即获得了竞争优势。若能持久拥有该短缺资源，则竞争优势也是可持续的。

②不可模仿性。资源的不可模仿性主要有以下形式：物理上独特的资源、具有路径依赖性的资源、具有因果含糊性的资源、具有经济制约性的资源。

4. 公司的核心能力、核心竞争力的概念

核心竞争力是多种形式的，一个公司不可能只有一种核心竞争力，应尽力将具备的能力培养成核心能力。

5. 综合考虑企业内部条件和外部环境的各种因素

①进行系统评价。②SWOT 各代表的内外部环境要素。

6. 价值活动的界定

①基本活动：企业生产、营销与销售、进货物流、出货物流、售后服务。行业不同，主体活动的竞争优势也不同。

②支持性活动：用以支持基本活动，包括企业投入的采购管理、技术开发、人力资源管理和企业基础设施等。

7. 价值活动类型

直接活动、间接活动、质量保证活动。

8. 价值链的内在联系

（1）形成价值活动间联系的基本原因。

①同一功能可以以不同的方式实现。

②通过支持性活动保证主体活动的成本或效益。

③以不同的方式实现质量保证功能。

（2）内在联系形成竞争优势的方式。

9. 企业价值活动间的内在联系所形成的竞争优势

①最优化与协调。②企业需要大量的信息去认识形式多样的联系。③企业需利用信息技术建立自己的信息系统，创造与发展新的联系，增强旧的联系。

10. 价值链间的联系

最典型的是纵向的联系，即企业价值链与供应商及销售渠道价值链之间的关系。

11. 波士顿矩阵、矩阵图解、分析方法

①波士顿矩阵基本原理：将企业所有产品从销售增长率和市场占有率角度进行再组合；矩阵图解，以销售增长率和市场占有率为两个维度，将产品分为 4 个象限；分析方法，针对明星、现金牛、瘦狗和问题四类不同的产品分别采取相应的战略措施。明确产品在公司的地位，确立战略目标，包括发展、保持、收割、放弃。

②波士顿矩阵的启示：以销售增长和市场占有率划分产品，产品战略与其在公司的地位、战略目标结合。

③波士顿矩阵的局限性：数据与现实不符、划分过于简单、细分市场、指标单一。

12. 通用矩阵

①基本原理：对波士顿矩阵加以改进，以行业吸引力和企业竞争力为标准，增加中间等级；矩阵图解，划分九个区域，确定在企业中处于不同地位经营业务的状态，更为有效地分配其有限的资源；分析方法，将市场细分为九块、三色区域，分别采取发展战略、停止战略及有选择的调整战略等。

②通用矩阵的局限：一般性的战略思考，不能有效地说明一些新的经营业务在新的行业中得到发展的状况。

13. 平衡计分卡的设计

平衡计分卡的设计包括财务角度、客户层面、内部经营流程、学习与成长四个方面。

 大纲习题解答

一、单项选择题

1. 企业运营过程中必要的、最容易判别的、也是唯一可以在企业的资产负债表中清楚体现的资源是（　　）。
   A. 有形资产　　B. 无形资产　　C. 组织能力　　D. 经济附加值

2. 公司的声誉、品牌、文化、专利和商标以及工作中累积的知识和技术属于（　　）。
   A. 有形资产　　B. 无形资产　　C. 组织能力　　D. 经济附加值

3. 企业所有资产、人员与组织投入产出过程的一种复杂的结合，包含了一组反映效率和效果的能力的是（　　）。
   A. 有形资产　　B. 无形资产　　C. 组织能力　　D. 经济附加值

4. 公司资源的（　　）是竞争优势的来源，也是价值创造的核心。
   A. 不可模仿性　　B. 稀缺性　　C. 竞争性　　D. 外购性

5. 根据公司拥有的资源，进一步分析公司内部优势与劣势以及公司外部环境的机会与威胁，进而选择适当的战略的分析方法的是（　　）。
   A. SWOT矩阵　　　　　　　　B. 波士顿矩阵
   C. 通用矩阵　　　　　　　　　D. 产品/市场演变矩阵

6. 根据相对市场占有率和市场增长率，把企业产品或业务划分为明星、现金牛、问题和瘦狗四种基本类型，分析企业相关经营业务之间现金流量的平衡问题，从而决定资源配置方向和重点的方法的是（　　）。
   A. SWOT矩阵　　　　　　　　B. 波士顿矩阵
   C. 通用矩阵　　　　　　　　　D. 产品/市场演变矩阵

7. 主要根据竞争地位和行业吸引力两类指标把企业的业务划分成九种类型，从而决定各类业务的发展方向和有效地分配其有限资源的分析方法的是（　　）。
   A. SWOT矩阵　　　　　　　　B. 波士顿矩阵
   C. 通用矩阵　　　　　　　　　D. 产品/市场演变矩阵

8. 企业价值链理论是由（　　）最先提出来的。
   A. 普拉哈拉德　　B. 哈默尔　　C. 泰勒　　D. 迈克尔·波特

9. 企业每项生产经营活动都是其创造价值的经济活动，企业所有的互不相同但又相互关联的生产经营活动，构成了创造价值的一个动态过程。这是指（　　）。
   A. 价值链　　　　　　　　　　B. 波士顿矩阵
   C. 通用矩阵　　　　　　　　　D. 产品/市场演变矩阵

10. 在企业价值链理论中，企业生产、营销与销售、进货物流、出货物流、售后服务属于（　　）。
    A. 基本活动　　B. 支持性活动　　C. 竞争活动　　D. 联盟活动

11. 在企业价值链理论中，采购管理技术开发、人力资源管理和企业基础结构属于（　　）。
    A. 基本活动　　B. 支持性活动　　C. 竞争活动　　D. 联盟活动

12. 在波士顿矩阵分析模型中，问题类业务的基本特征是（　　）。
    A. 高增长、低占有率　　　　　B. 高增长、高占有率
    C. 低增长、高占有率　　　　　D. 低增长、低占有率

13. 在波士顿矩阵分析模型中，现金牛类业务的基本特征是（　　）。
    A. 高增长、低占有率　　　　　B. 高增长、高占有率
    C. 低增长、高占有率　　　　　D. 低增长、低占有率

14. 在波士顿矩阵分析模型中，明星类业务的基本特征是（　　）。
    A. 高增长、低占有率　　　　　B. 高增长、高占有率
    C. 低增长、高占有率　　　　　D. 低增长、低占有率

15. 在波士顿矩阵分析模型中，瘦狗类业务的基本特征是（　　）。
    A. 高增长、低占有率　　　　　B. 高增长、高占有率
    C. 低增长、高占有率　　　　　D. 低增长、低占有率

参考答案： 1. A 2. B 3. C 4. A 5. A 6. B 7. C 8. D 9. A 10. A 11. B 12. A 13. C 14. B 15. D

二、多项选择题

1. 一般来讲，企业的资源可以分成（　　）。
   A. 有形资产　　B. 无形资产　　C. 组织能力　　D. 品牌
   E. 企业文化

2. 资源的不可模仿性是竞争优势的来源，也是价值创造的核心，主要形式有（　　）。
   A. 物理上独特的资源　　　　　　B. 具有路径依赖性的资源
   C. 具有因果含糊性的资源　　　　D. 具有经济制约性的资源
   E. 具有社会制约性的资源

3. 波士顿矩阵通常运用的战略是（　　）。
   A. 发展　　B. 保持　　C. 收割　　D. 放弃
   E. 退出

4. SWOT分析方法的主要依据是（　　）。
   A. 内部优势　　B. 内部劣势　　C. 外部环境机会　　D. 外部环境威胁
   E. 竞争对手的情况

5. 波士顿矩阵分析中所采用的划分业务类型的依据是（　　）。
   A. 相对市场份额　　　　　B. 市场增长率
   C. 外部环境机会　　　　　D. 外部环境威胁
   E. 绝对市场占有率

6. 波士顿矩阵分析法把企业产品或业务划分为（　　）。
   A. 明星　　B. 现金牛　　C. 问题　　D. 瘦狗
   E. 慢牛业务

7. 在企业价值链理论中，主体活动主要包括（　　）。
   A. 企业生产　　B. 营销与销售　　C. 进货物流　　D. 出货物流
   E. 售后服务

8. 在企业价值链理论中，支持性活动主要包括（　　）。
   A. 采购管理　　B. 技术开发　　C. 人力资源管理　　D. 企业基础
   E. 产品成本管理

9. 企业价值资源是竞争优势的来源，其主要判断标准是（　　）。
   A. 资源的稀缺性　　　　　B. 资源的不可模仿性
   C. 资源的人力性　　　　　D. 资源的创造性
   E. 资源的可利用再生性

10. 平衡计分卡方法认为，组织应从（　　）角度审视自身业绩。
    A. 学习与成长　　B. 业务流程　　C. 顾客　　D. 财务
    E. 市场份额

11. 平衡计分卡"平衡什么",平衡计分卡反映了(　　)的平衡。
    A. 财务、非财务衡量方法之间　　B. 长期目标与短期目标之间
    C. 外部和内部　　　　　　　　　D. 结果和过程
    E. 管理业绩和经营业绩

参考答案 1. ABC　2. ABCD　3. ABCD　4. ABCD　5. AB　6. ABCD　7. ABCDE
8. ABCD　9. AB　10. ABCD　11. ABCDE

三、名词解释

1. 核心能力：企业在具有重要竞争意义的经营活动中能够比其竞争对手做得更好的能力。

2. 组织能力：是所有资产、人员与组织投入产出过程的一种复杂的结合，包含了一组反映效率和效果的能力。

3. SWOT 分析法：一种综合考虑企业内部条件和外部环境的各种因素，进行系统评价，从而选择最佳经营战略的常用方法。

4. 企业价值链：迈克尔·波特认为企业每项生产经营活动都是其创造价值的经济活动；那么，企业所有的互不相同但又相互关联的生产经营活动，便构成了创造价值的一个动态过程，即价值链。

5. 平衡计分卡：是企业战略实施的绩效评价工具。它从学习与成长、业务流程、顾客、财务四个角度审视自身业绩，反映了财务、非财务衡量方法之间的平衡，长期目标与短期目标之间的平衡，外部和内部的平衡，结果和过程的平衡，管理业绩和经营业绩的平衡等多个方面。所以能反映组织的综合经营状况，使业绩评价趋于平衡和完善，利于组织长期发展。

四、简答题

1. 企业的资源与能力如何帮助企业获得持续竞争优势？

答案要点 企业资源分析的目的在于识别企业的资源状况、企业在资源方面所表现出来的优势和劣势以及对未来战略目标制定和实施的影响如何。企业的资源可以概括为三大类：有形资产、无形资产和组织能力。

(1) 有形资产是企业运营过程中必要的资源，是最容易判别的，也是唯一可以在企业的资产负债表中清楚体现的资源。它包括房地产、生产设备、原材料等。有些类似的有形资产可以被竞争对手轻易取得，因此，这些资产便不能成为企业竞争优势的来源。但是，具有稀缺性的有形资产可以使公司获得竞争优势。

(2) 无形资产包括公司的声誉、品牌、文化、专利和商标以及工作中累积的知识和技术。这些无形资产经常是企业竞争优势的来源。

(3) 组织能力不同于有形资产和无形资产。它是所有资产、人员与组织投入产出过程的一种复杂的结合，包含了一组反映效率和效果的能力。因此，组织能力也是公司获得竞争优势的一个来源。

在评价一个企业拥有的资源时，必须知道哪些资源是有价值的，可以使企业获得

竞争优势。其主要的判断标准是资源的稀缺性、资源的不可模仿性。

2. 企业核心能力有什么特点？如何培养？

答案要点 所谓核心能力，就是企业在具有重要竞争意义的经营活动中能够比其竞争对手做得更好的能力。企业的核心能力可以是完成某项活动所需的优秀技能，也可以是在一定范围和深度上的企业的技术诀窍，或者是那些能够形成很大竞争价值的一系列具体生产技能的组合。从总体上讲，核心能力的产生是企业中各个不同部分有效合作的结果，也就是各种单个资源整合的结果。这种核心能力深深地根植于企业的各种技巧、知识和人的能力之中，对企业的竞争力起着至关重要的作用。

企业的核心能力可以是不同形式的，可以表现在生产高质量产品的技能上，例如，创建和操作一个能快速准确地处理客户订单的系统的诀窍、快速开发新的产品和进行良好的售后服务的能力、选择良好的零售地点的技能、开发受人欢迎的产品的革新能力、采购和产品展销的技能、很好地研究客户需求和品位以及准确寻找市场变化趋势的方法体系等。公司要把握住自己的各种能力，并且要超过自己的竞争对手，使之成为核心能力。当然，一个公司不可能只有一种竞争能力，也很少同时具有多种核心能力。

3. 如何运用价值链分析方法帮助企业进行战略决策？

答案要点 价值链分析法是由美国哈佛大学商学院教授迈克尔·波特提出来的，是一种寻求确定企业竞争优势的工具。价值链将企业生产经营活动分成基本活动和支持性活动两大类。企业价值链分析的基本步骤为：

（1）把整个价值链分解为与战略相关的作业、成本、收入和资产，并把它们分配到"有价值的作业"中。

（2）确定引起价值变动的各项作业，并根据这些作业，分析形成作业成本及其差异的原因。

（3）分析整个价值链中各节点企业之间的关系，确定核心企业与顾客和供应商之间作业的相关性。

（4）利用分析结果，重新组合或改进价值链，以更好地控制成本动因，产生可持续的竞争优势，使价值链中各节点企业在激烈的市场竞争中获得优势。

运用价值链的分析方法来确定核心竞争力，就是要求企业密切关注组织的资源状态，要求企业特别关注和培养在价值链的关键环节上获得重要的核心竞争力，以形成和巩固企业在行业内的竞争优势。企业的优势既可以来源于价值活动所涉及的市场范围的调整，也可以来源于企业间协调或合用价值链所带来的最优化效益。

4. 如何运用波士顿矩阵的分析方法分析企业的投资框架？

答案要点 波士顿矩阵（BCG Matrix），又称市场增长率-相对市场占有率矩阵、波士顿咨询集团法、四象限分析法、产品系列结构管理法等，是由美国著名的管理学家、波士顿咨询公司创始人布鲁斯·亨德森于1970年首创的一种用来分析和规划企业产品组合的方法。这种方法的核心在于，要解决如何使企业的产品品种及其结构适合市场需求的变化。只有这样，企业的生产才有意义。

波士顿矩阵认为，一般决定产品结构的基本因素有两个：市场引力与企业实力。市场引力包括企业销售增长率、目标市场容量、竞争对手强弱及利润高低等。其中最主要的是反映市场引力的综合指标——销售增长率，这是决定企业产品结构是否合理的外在因素。

企业实力包括市场占有率以及技术、设备、资金利用能力等，其中市场占有率是决定企业产品结构的内在要素，它直接显示出企业竞争实力。市场增长率与市场占有率既相互影响，又互为条件：市场引力大，市场增长率高，可以显示产品发展的良好前景，企业也具备相应的适应能力，实力较强；如果仅有市场引力大而没有相应的高市场增长率，则说明企业尚无足够实力，则该种产品也无法顺利发展。相反，企业实力强，而市场引力小的产品也预示了该产品的市场前景不佳。

通过以上两个因素的相互作用，会出现四种不同性质的产品类型，形成不同的产品发展前景：①市场增长率和市场占有率"双高"的产品群（明星类产品）；②市场增长率和市场占有率"双低"的产品群（瘦狗类产品）；③市场增长率高、市场占有率低的产品群（问题类产品）；④市场增长率低、市场占有率高的产品群（现金牛类产品）。

5. 简述平衡计分卡方法。

答案要点 平衡计分卡的设计包括四个方面：财务层面、客户层面、内部经营流程、学习与成长。这四个角度代表了企业三个主要的利益相关者：股东、顾客、员工。每个角度的重要性取决于角度的本身和指标的选择是否与公司战略相一致，其中的每一个方面都有其核心内容：

（1）财务层面。财务业绩指标可以显示企业的战略及其实施和执行是否对改善企业盈利做出贡献。财务目标通常与获利能力有关，其衡量指标有营业收入、资本报酬率、经济增加值等，也可能是销售额的迅速提高或创造现金流量。

（2）客户层面。在平衡计分卡的客户层面，管理者确立了其业务单位将竞争的客户和市场，以及业务单位在这些目标客户和市场中的衡量指标。通常包括客户满意度、客户保持率、客户获得率、客户盈利率，以及在目标市场中所占的份额。客户层面使业务单位的管理者能够阐明客户和市场战略，从而创造出出色的财务回报。

（3）内部经营流程。在这一层面上，管理者要确认组织擅长的关键的内部流程，这些流程可以帮助业务单位提供价值主张，以吸引和留住目标细分市场的客户，并满足股东对卓越财务回报的期望。

（4）学习与成长。它确立了企业要创造长期的成长和改善就必须建立的基础框架，确立了目前和未来成功的关键因素。平衡计分卡的前三个层面一般会揭示企业的实际能力与实现突破性业绩所必需的能力之间的差距，为了缩小这个差距，企业必须投资于员工技术的再造、组织程序和日常工作的理顺，这些都是平衡计分卡学习与成长层面追求的目标，如员工满意度、员工保持率、员工培训和技能等，以及这些指标的驱动因素。

6. 简述价值链分析的步骤。

答案要点 （1）把整个价值链分解为与战略相关的作业、成本、收入和资产，并把它们分配到"有价值的作业"中。

（2）确定引起价值变动的各项作业，并根据这些作业，分析形成作业成本及其差异的原因。

（3）分析整个价值链中各节点企业之间的关系，确定核心企业与顾客和供应商之间作业的相关性。

（4）利用分析结果，重新组合或改进价值链，以更好地控制成本动因，产生可持续的竞争优势，使价值链中各节点企业在激烈的市场竞争中获得优势。

7. 简述波士顿矩阵的运用。

答案要点 在波士顿矩阵的分析中，通常有四种战略目标分别适用于不同的业务。

（1）发展。以提高经营单位的相对市场占有率为目标，甚至不惜放弃短期收益。若问题类业务想尽快成为"明星"，就要增加资金投入。

（2）保持。投资维持现状，目标是保持业务单位现有的市场占有率，对于较大的"现金牛"可以此为目标，使它们产生更多的收益。

（3）收割。这种战略主要是为了获得短期收益，目标是在短期内尽可能地得到最大限度的现金收入。

（4）放弃。目标在于清理和撤销某些业务、减轻负担，以便将有限的资源用于效益较高的业务。

8. 简述波士顿矩阵的局限性。

答案要点 企业在把波士顿矩阵作为分析工具时，应该注意到它的局限性：

（1）在实践中，企业要确定各业务的市场增长率和相对市场占有率是比较困难的。有时，数据会与现实不符。

（2）波士顿矩阵按照市场增长率和相对市场占有率，把企业的业务划分为四种类型，相对来说，有些过于简单。

（3）波士顿矩阵中市场地位与获利之间的关系会因行业和细分市场的不同而发生变化。

（4）企业要对自己一系列的经营业务进行战略评价，仅仅依靠市场增长率和相对市场占有率是不够的，还需要行业技术等其他指标。

9. 简述平衡计分卡使用的局限性。

答案要点 平衡计分卡并不能在以下两个重要方面发挥推动企业进步的作用：

（1）它不适用于战略制定。卡普兰和诺顿特别指出，运用这一方法的前提是企业应当已经确立了一致认同的战略。

（2）它并非流程改进的方法。类似于体育运动计分卡，平衡计分卡并不告诉你如何去做，它只是以定量的方式告诉你做得怎样。

第四章 企业业务层竞争战略

 大纲重点、难点提示

1. 产生竞争优势的条件
①具有抵御竞争者的挑战的实力并且赢得顾客。
②竞争战略考虑因素：竞争的手段、目标市场的状态。

2. 竞争战略的种类
根据寻求优势的类型和目标市场的特征，可以把竞争战略分为低成本战略（全面低成本战略、集中低成本战略）、差异化战略（全面差异化战略、集中差异化战略）和最佳成本提供战略这三种通用竞争战略。

3. 低成本战略（成本领先战略）
（1）实现条件：①比竞争对手实现更低的成本价格；②能持续降低成本。
（2）取得成本优势的方法：①比竞争对手更有效、更低成本地运作价值链活动；②附加从购买者角度看待的价值重构价值链。
（3）控制生产成本的基本方式：实现规模经济，避免规模不经济；实现学习和经验曲线效应；管理主要资源投入的成本；考虑价值链中各种活动之间的连接；寻求与其他业务单位的共享机会；比较垂直一体化与外包；评估先发者的优势与劣势；控制能力效用的比率；做出正确的战略选择、采取恰当的运作方式。
（4）重构价值链的基本方式：放弃传统的商业做法，采用电子商务技术或 Internet；利用直接营销的形式；简化产品设计；转向更为简单、更低资本密集、更柔性化的技术和流程；剔除高成本的原材料；将设备放置在更接近于供应商或顾客的地方；放弃为所有顾客服务的做法，只集中在有限的产品或服务上；核心业务流程的再造。
（5）低成本提供者的特征：所有员工参与成本控制的活动；要有一个促进持续成本降低的计划；要有详细、严格的预算审查流程和制度。
（6）实施低成本战略的最佳时机：价格竞争非常激烈；产品是标准化的或能从供应商处轻易得到；较低的产品转换成本；购买者规模大并且具有强大的谈判力；产业潜在进入者能用低价格吸引顾客建立市场。
（7）低成本战略的陷阱：价格降得过低，限制了企业的盈利率提高；过于强调降低成本而忽视技术突破，使得成本降低、竞争激烈，或者使过去用于降低成本的投资与经验积累丧失；这种战略最致命的缺陷是容易被模仿。

4. 差异化战略
（1）差异化战略的基本实质：整合各种差异化的特性，使顾客偏好本企业的产品和服务；找出差异化的方法，为购买者创造价值，而这些方法不能被竞争对手轻易找到或轻易模仿；为实现差异化而增加的投入不应比价格升值高。

（2）差异化战略带来的竞争优势：支配额外的价格、增加单位销售、建立品牌忠诚。

（3）差异化分析：

①采用多种方法形成差异化：竞争对手难以采取对策或模仿；购买者能发现许多独特的东西。

②获得持续高利润的最佳选择：新产品创新；技术卓越；产品的质量与性能；全面的顾客服务；独特的竞争能力；外购投入品的质量。

（4）价值链中实现差异化的机会：采购活动；产品研发和设计活动；生产过程/技术的相关活动；制造/生产活动；分销活动；营销、销售和顾客服务活动。

（5）实施差异化战略的最佳时机：

①有多种方法能实现产品差异化，为顾客增加价值。

②购买者的需求和用途有差异。

③用相同差异化竞争的企业很少。

④技术变革与产品创新很快。

（6）差异化战略的陷阱：差异化的特性没能达到购买者预期的低成本或增加他们的价值；过于差异化超越了顾客的需求；产品的售价过高使顾客难以承受；没能显示价值；没能正确理解顾客的期望和偏好，以错误的方式进行了差异化；市场需求发生变化，客户需要的产品差异化程度下降，使企业失去竞争优势。

5. 集中化战略

（1）集中/缝隙战略：将所有注意力集中于全部市场中的一个狭小部分；选择顾客有特殊偏好、特别要求或独特需求的市场缝隙；发展独特的能力以满足细分市场的顾客。

（2）集中化战略所应具备的条件：市场足够大，以至于能盈利和增长；对于产业领导者来讲并不重要；对于从事多细分市场经营的竞争者来讲，要满足这些缝隙顾客的要求，太困难或费用太高；集中化战略者具备有效服务缝隙顾客的资源和能力；在相同缝隙市场经营的竞争者很少；集中化战略者能以卓越的缝隙市场服务能力抵御挑战。

（3）专家型企业的战略选择：保持独特性；保持特殊品的单纯性；进行目标营销，避免细分市场潜变；提供销售知识、高度个性化服务和体验；避开固定成本；建立进入壁垒；避免区域性专家的陷阱。

（4）集中化战略的风险：竞争者发现了一种与集中者服务能力相当的有效方法；缝隙顾客的偏好向大多数顾客所期望的偏好转化——缝隙成了全部市场的一部分；缝隙市场非常具有诱惑力，使得竞争异常激烈，导致利润降低。

6. 动态竞争

（1）企业的战略本性就是一种动态；竞争回应又导致原来引发争端的企业再度行动；企业的行动会招致竞争对手的回应。

（2）动态竞争下的战略思维模式：

①动态竞争战略的制定是以重视动态竞争互动为基本前提的。

②过去制定战略的另一个出发点就是扬长避短，以自己的竞争优势打击竞争对手的弱点，这种观点只有在竞争对手没有学习能力和竞争的互动只有一次的情况下才是正确的。

③在静态竞争条件下，制定竞争战略的目的就是要保持长期竞争优势。

④在静态竞争条件下，人们已经有了许多对环境、行业和竞争对手继续静态分析的方法，但是进入动态竞争条件以后，需要在静态分析方法的基础上采用动态分析的方法。

⑤在静态竞争条件下，人们更加注意环境、市场和行业结构对企业行为和效益的影响及企业的资源条件；而在动态竞争的条件下，人们越来越关注企业的能力、核心竞争力以及企业战略的作用。

7. 红海战略、蓝海战略及其分析

（1）红海战略：已存在的行业；已知的市场空间；游戏规则已确立；竞争激烈，千军万马过独木桥；过去的、老化的战略。

（2）蓝海战略：未出现的行业；尚未开发的市场；没有游戏规则；没有竞争，海阔凭鱼跃；新时代、有活力的战略。

（3）蓝海战略的理念：

①应该把视线从市场的供给一方移向需求一方。

②应该从与对手的竞争转向为买方提供价值的飞跃。

③应该通过跨越现有竞争边界看市场以及将不同市场的买方价值元素进行筛选与重新排序。

④重建市场和产业边界，开启巨大的潜在需求。

⑤摆脱"红海"竞争，开创"蓝海"市场。

⑥同时追求"差异化"和"成本领先"。

（4）蓝海战略的推动力：产业生产率提高，产品数量增加，供大于求；产品与服务的流通加速；价格战愈演愈烈，利润空间不断收窄；细分品牌愈加困难；20世纪的管理战略与方法所赖以存在的商业环境正在加速消亡。

（5）蓝海战略的六原则：

①制定战略的原则：重建市场边界；注重全局而非数字；超越现有需求；遵循合理的战略顺序。

②执行战略的原则：克服关键组织障碍；寓执行于战略。

（6）蓝海战略的六种方式：

方式一：放眼其他可选择的行业。

方式二：放眼行业内的不同战略类型。

方式三：放眼客户链。

方式四：放眼互补性产品或服务。

方式五：放眼客户的功能性或情感性诉求。

方式六：放眼未来。

8. 新兴产业

①新兴产业的特点：新的未经证实的市场；技术的不确定性；战略的不确定性；存在规模经济效应；萌芽企业和另立门户现象普遍；用户大多是首次购买；存在着大量的早期进入障碍。

②新兴产业的发展障碍：原材料、零部件、资金与其他供给不足；顾客的困惑与等待观望；被替代产品的反应。

③新兴产业的战略选择：塑造产业结构（促进产业结构趋向稳定）；正确对待产业发展的外在性（处理好与竞争者的关系）；注意产业机会与障碍的转变；选择适当的进入时机和领域。

9. 高动荡市场

①特点：技术的急剧变化；产品生命周期很短；顾客期望变化很快；不断出现新的竞争；新竞争者的加入。

②战略选择：积极投资于研发；培育快速的响应能力；利用战略合作发展特定的经验和能力；不断采取新的行动；保持产品和服务的新颖和刺激。

10. 成熟产业

①成熟产业的特点：需求增长缓慢加剧了竞争；越来越复杂的顾客需求；更加强调成本和服务；增加生产能力的问题日益突出；难以出现产品革新和新的用途；国际竞争加剧；产业利润下降；兼并削减了产业竞争者的数量。

②战略选择：削减边际产品；强调价值链中的革新（产品创新—工艺创新—战略创新）；非常关注成本削减；增加对现有顾客的销售；以竞争性的价格收购竞争者；扩展国际化；建立新的、更柔性化的竞争能力。

③成熟产业中的战略陷阱：使用没有差异化特点的平庸战略使企业"陷在中间"；关注于短期利润而忽视长远的竞争力；适应顾客期望变化的能力过于缓慢；对削减反应缓慢；生产能力过剩；营销开支太大；不能进攻性地追求成本削减。

11. 停滞和衰退产业

①产业特点：需求的增长比整个经济缓慢（甚至衰退）；竞争压力加剧——为市场份额而竞争；为寻求增长和发展，企业必须从竞争者手中抢夺市场份额；通过兼并，产业最终将由为数较少的主要企业所构成。

②停滞和衰退产业的战略选择：在高速增长的细分市场中追求集中战略；通过质量的改进和产品创新强调差异化；不断努力降低成本。

③停滞和衰退产业竞争的战略错误：卷入了与顽固的竞争对手开展无利润的市场份额争夺战；在经营业务中撤离资源太快；对产业的未来过于乐观（相信事物会变好）。

12. 分散产业

①分散产业的竞争特点：没有拥有大量市场份额的先导者；顾客需求过于分散或者地理上过于分散，要求有大量的企业满足顾客需求；进入壁垒低；缺乏规模经济；顾客只需要少量的定制化产品；产品或服务市场正在全球化发展，因此很多企业在争

夺国际市场的过程中只能获取某些市场;技术开发迫使企业实行专业化;产业处于幼稚期,聚集了大量的竞争者,没有企业试图争夺大规模的市场份额。

②分散产业竞争的战略选择:建立和运作规范化设备和流程(特许经营和连锁运作);成为低成本经营者;通过技术创新实现规模经济;增加附加价值,实现竞争优势;专业化于特定的产品类型;专业化于特定的顾客类型;集中于有限的地理市场。

大纲习题解答

一、单项选择题

1. 企业通过在内部加强成本控制,在研究开发、生产、销售、服务和广告等领域里把成本降到最低限度,成为行业中的成本领先者的战略,是指企业的( )。
   A. 成本领先战略 B. 差异化战略 C. 重点集中战略 D. 竞争战略

2. 企业为了满足顾客特殊的需求,形成自身竞争优势,而提供与众不同的产品和服务的战略,是指企业的( )。
   A. 成本领先战略 B. 差异化战略 C. 重点集中战略 D. 竞争战略

3. 企业把经营战略的重点放在一个特定的目标市场上,为特定的地区或特定的购买者集团提供特殊的产品和服务的战略,是指企业的( )。
   A. 成本领先战略 B. 差异化战略 C. 重点集中战略 D. 竞争战略

4. 企业应该把战略视线从市场的供给一方移向需求一方,这是( )。
   A. 差异化战略 B. 重点集中战略 C. 红海战略 D. 蓝海战略

5. 企业应该通过跨越现有竞争边界看市场以及将不同市场的买方价值元素筛选与重新排序,这种战略选择是指( )。
   A. 差异化战略 B. 低成本战略 C. 红海战略 D. 蓝海战略

参考答案 1. A 2. B 3. C 4. D 5. D

二、多项选择题

1. 企业采取成本领先战略实现的条件有( )。
   A. 比竞争对手实现更低的成本价格
   B. 能持续降低成本
   C. 重构价值链
   D. 更低成本地运作价值链活动
   E. 实现了价格差异

2. 企业采用成本领先战略控制生产成本的基本方式有( )。
   A. 实现规模经济,避免规模不经济
   B. 实现学习和经验曲线效应
   C. 管理主要资源投入的成本
   D. 考虑价值链中各种活动之间的连接
   E. 寻求与其他业务单位的共享机会

3. 企业实施低成本战略的最佳时机包括（　　）。
   A. 价格竞争非常激烈
   B. 产品是标准化的或能从供应商处轻易得到
   C. 较低的产品转换成本
   D. 购买者规模大并且具有强大的谈判力
   E. 产业潜在进入者能用低价格吸引顾客建立市场

4. 企业实施低成本战略的主要风险有（　　）。
   A. 价格降得过低，限制了企业的盈利率提高
   B. 过于强调降低成本而忽视技术突破，使得成本降低、竞争激烈
   C. 过去用于降低成本的投资与经验积累丧失
   D. 容易被模仿
   E. 企业过于多元化

5. 企业差异化战略价值链中实现差异化的机会有（　　）。
   A. 采购活动　　　　　　　　　　B. 产品研发和设计活动
   C. 生产过程/技术的相关活动　　　D. 制造/生产活动
   E. 分销、营销、销售和顾客服务活动

6. 企业实施蓝海战略的方式有（　　）。
   A. 放眼其他可选择的行业
   B. 放眼行业内的不同战略类型
   C. 放眼客户链
   D. 放眼互补性产品或服务
   E. 放眼客户的功能性或情感性诉求

7. 下列属于红海战略的是（　　）。
   A. 已存在的行业　　　　　　　　B. 已知的市场空间
   C. 游戏规则已确立　　　　　　　D. 过去的、老化的战略
   E. 新时代、有活力的战略

8. 高动荡市场的特点有（　　）。
   A. 技术的急剧变化　　　　　　　B. 产品生命周期很短
   C. 顾客期望变化很快　　　　　　D. 不断出现新的竞争
   E. 新竞争者的加入

参考答案　1. AB　2. ABCDE　3. ABCDE　4. ABCD　5. ABCDE
　　　　　　6. ABCDE　7. ABCD　8. ABCDE

三、名词解释

1. 成本领先战略：指企业通过在内部加强成本控制，在研究开发、生产、销售、服务和广告等领域里把成本降到最低限度，成为行业中成本领先者的战略。

2. 差别化战略：指企业为满足顾客特殊的需求，形成竞争优势，而提供与众不同的产品和服务的战略。

3. 集中化战略：指企业把经营战略的重点放在一个特定的目标市场上，为特定的地区和特定的购买者集团提供特殊的产品和服务的战略。

四、简答（论述）题

1. 论述三种通用竞争战略的形式、优缺点及其区别。

答案要点 根据寻求优势的类型和目标市场的特征，可以把竞争战略分为成本领先战略、差异化战略、集中化战略三种通用竞争战略。

（1）成本领先战略。企业通过在内部加强成本控制，在研究开发、生产、销售、服务和广告等领域里把成本降到最低限度。其优势是：比竞争对手更有效、更低成本地运作价值链活动；附加从购买者角度看待的价值重构价值链。其劣势是：价格降得过低，限制了企业的盈利率提高；过于强调降低成本而忽视技术突破，使得成本降低、竞争激烈，或者使过去用于降低成本的投资与经验积累丧失；这种战略最致命的缺陷是容易被模仿。

（2）差异化战略。企业为满足顾客的特殊需求，形成自身竞争优势，而提供与众不同的产品和服务的战略。其优势是：支配额外的价格；增加单位销售；建立品牌忠诚。其劣势是：差异化的特性没能达到购买者预期的低成本或增加他们的效用；过于差异化超越了顾客的需求；产品价格过高使顾客难以承受；没能显示价值；没能正确理解顾客的期望和偏好，以错误的方式进行了差异化；市场需求发生变化，客户需要的产品差异化程度下降，使企业失去竞争优势。

（3）重点集中战略。企业把经营战略的重点放在一个特定的目标市场上，为特定的地区或特定的购买者集团提供特殊的产品和服务的战略。其优势是：保持独特性；保持特殊品的单纯性；进行目标营销，避免细分市场潜变；提供销售知识、高度个性化服务和体验；避开固定成本；建立进入壁垒；避免区域性专家的陷阱。其劣势是：竞争者发现了一种与集中者服务能力相当的有效方法；缝隙顾客的偏好向大多数顾客所期望的偏好转化，缝隙成了全部市场的一部分；缝隙市场非常具有诱惑力，使得竞争异常激烈，导致利润降低。

2. 什么是蓝海战略？如何实施蓝海战略？

答案要点 蓝海战略是指未出现过的行业，尚未开发的市场，没有游戏规则，没有竞争，新时代、有活力的战略。

实施蓝海战略的六种方式：放眼其他可选择的行业；放眼行业内的不同战略类型；放眼客户链；放眼互补性产品或服务；放眼客户的功能性或情感性诉求；放眼未来。

3. 简述实施低成本战略的最佳时机和风险。

答案要点 （1）实施低成本战略的最佳时机：

①价格竞争非常激烈；②产品是标准化的或能从供应商处轻易得到；③较低的产品转换成本；④购买者规模大并且具有强大的谈判力；⑤产业潜在进入者能用低价格

吸引顾客建立市场。

（2）实施低成本战略的风险：

①价格降得过低，限制了企业的盈利率提高；②过于强调降低成本而忽视技术突破；③导致了恶性的价格竞争。

4. 简述实施差异化战略的最佳时机和风险。

答案要点　（1）实施差异化战略的最佳时机：

①有多种方法能实现产品差异化，为顾客增加价值；②购买者的需求和用途有差异；③用相同差异化战略开展竞争的企业很少；④技术变革与产品创新很快。

（2）实施差异化战略的风险：

①差异化的特性没能达到顾客的需求；②过度差异化；③没有充分显示出差异化的价值；④以错误的方式进行了差异化；⑤顾客需求产品的差异化下降。

5. 简述实施集中化战略的条件。

答案要点　实施集中化战略应该具备如下条件：

①市场足够大，可以实现盈利和增长；②集中化战略对于行业领导者来讲并不重要；③对于从事多细分市场经营的竞争者来讲，进入市场的难度比较大；④集中战略提供者具备有效服务该市场的资源与能力；⑤市场经营的竞争者很少；⑥能够有效防御来自竞争者的挑战。

6. 简述实施蓝海战略的原因。

答案要点　蓝海战略的推动力是实施蓝海战略的原因，具体包括：

①产业生产率提高，产品数量增加，供大于求；②产品与服务的流通加速；③价格战愈演愈烈，利润空间不断收窄；④细分品牌愈加困难；⑤企业赖以存在的商业环境正在加速消亡。

7. 简述新兴产业的特点及战略选择。

答案要点　（1）新兴产业的特点：

①新的未经证实的市场；②技术的不确定性；③战略的不确定性；④随着产量的增加，成本可望下降；⑤萌芽企业和另立门户现象普遍；⑥用户大多是首次购买；⑦存在着大量的早期进入障碍。

（2）新兴产业的战略选择：

①塑造产业结构（促进产业结构趋向稳定）；②正确对待产业发展的外在性（处理好与竞争者的关系）；③注意产业机会与障碍的转变；④选择适当的进入时机和领域。（要展开分析）

8. 简述高动荡产业的特点及战略选择。

答案要点　（1）高动荡产业的特点：

①技术的急剧变化；②产品生命周期很短；③顾客期望变化很快；④不断出现新的竞争；⑤新竞争者的加入。

（2）高动荡产业的战略选择：

①积极投资于研发;②培育快速响应能力;③利用战略合作发展特定的经验和能力;④不断采取新的行动;⑤保持产品和服务的新颖和刺激。

9. 简述分散产业的特点及战略选择。

答案要点 （1）分散产业的竞争特点:

①没有拥有大量市场份额的先导者;②顾客需求过于分散;③进入壁垒低;④缺乏规模经济;⑤顾客只需要少量的定制化产品;⑥产品或服务市场正在全球化发展;⑦技术开发迫使企业实行专业化;⑧产业处于幼稚期。

（2）分散产业竞争的战略选择:

①建立和运作规范化设备和流程（特许经营和连锁运作）;②低成本战略;③差异化战略;④集中化战略。

五、案例分析题

案例一:

王老吉的产品差异化

娃哈哈纯净水的"我说我的眼里只有你……"曾经触动了许多现代人的心灵,但乐百氏纯净水的"二十七层净化"同样也给了很多消费者信心,而农夫山泉更是以"农夫山泉有点甜"的独特卖点硬从娃哈哈与乐百氏的铜墙铁壁中撕开一条缝,从而成就了瓶装水的三足鼎立态势。

目前,红色王老吉的异军突起不仅让整个饮料行业的神经再次兴奋,一两年间带出了一批凉茶品牌,而且让业外资本虎视眈眈。

凉茶原来是广东的一种地方性药饮产品,用来"清热解毒祛暑湿"。两广以外,人们并没有凉茶的概念,在广东省,凉茶业竞争也相当激烈,凉茶品牌"黄振龙""阿贞"等也占据了一部分市场。由此看来,把红色王老吉作为一般凉茶卖,市场也不会有出人意料的表现。

作为药饮,销售困难重重;作为饮料,销售同样举步维艰。放眼整个饮料行业,碳酸饮料、果汁、矿泉水等类产品已确立了自身的地位。红色王老吉以"金银花、甘草、菊花"等草本植物熬制,有淡淡的中药味,把它作为口味至上的饮料的确存在不少问题,加之每罐3.5元的零售价,如果不能使红色王老吉和竞争对手区分开来,很难在饮料市场上取得突破。这就使红色王老吉处于一种极为尴尬的境地:既不能固守两广,也无法在全国范围推广。为了摆脱这种尴尬境地,必须对产品重新定位。

当时饮料行业细分情况为:①碳酸饮料,如可口可乐;②果汁,如汇源;③矿泉水,如乐百氏;④凉茶,如黄振龙;⑤功能性饮料,如红牛;⑥天然水,如农夫山泉;⑦纯净水,如娃哈哈。

2003年,王老吉认真研究自身定位问题,研究人员在收集资料的同时,直接访谈经销商。把自己定位在"预防上火的饮料"上,与其他饮料成功区隔,突出其独特的价值——喝红色王老吉能预防上火,让消费者无忧地尽情享受生活:煎炸、香辣、烧烤;通宵达旦看足球……

长期以来，功能饮料大多不卖功能卖概念，即使强调功能，也无非在"维生素+矿物质"这类的概念上做文章。这种状况大受专家和消费者质疑。在这种情况下，王老吉推出自己独特的概念——"中草药配方"，既不标榜另类，也不标榜时尚，而是清清楚楚地突出自己的产品功效。不管消费者对这个诉求是信任还是怀疑，都会产生买来一试的欲望。王老吉"喝了不上火"的功能诉求导致产品上市伊始，就获得显著成功。此外，产品的大红色易拉罐包装，在卖场陈列时整齐划一，十分醒目；王老吉新颖的易拉罐包装也和当前部分功能饮料流行的包装形成了反差。

"开创新品类"是品牌定位的首选。一个品牌若能够定位于与强势对手不同的诉求，传递出新品类信息，往往会获得惊人效果。红罐王老吉作为第一个预防上火的饮料推向市场，年销售额2002年为1.8亿元，2003年为6亿元，2004年为15亿元，2005年超过了25亿元，2006年王老吉饮料年销售额达40亿元。

问题：

以王老吉为例说明企业采用差异化战略的动因是什么？

答案要点 王老吉采用差异化战略的动因是：形成进入障碍、降低客户敏感度、增强讨价还价的能力、防止替代品威胁。结合案例分析如下：

（1）为了满足两广地区的消费者享受煎炸、香辣、烧烤美味、通宵达旦看足球怕上火的特殊需求，王老吉认真研究自身定位问题，把自己定位在"预防上火的饮料"上，与其他饮料成功区隔，突出其独特的价值——喝红色王老吉能预防上火，让消费者无忧地尽情享受生活。

（2）当时的饮料行业细分情况为：①碳酸饮料，如可口可乐；②矿泉水，如乐百氏；③凉茶，如黄振龙；④功能性饮料，如红牛；⑤天然水，如农夫山泉；⑥纯净水，如娃哈哈。长期以来，功能饮料大多不卖功能卖概念，即使强调功能，也无非在"维生素+矿物质"这类概念上做文章。在这种情况下，王老吉推出自己独特的概念——"中草药配方"，既不标榜另类，也不标榜时尚，而是清清楚楚地突出自己的产品功效。

（3）产品的大红色易拉罐包装，在卖场陈列时整齐划一，十分醒目；王老吉新颖的易拉罐包装也和当前部分功能饮料流行的包装形成了反差。

另外，王老吉在实施差别化战略的时机和条件上也下了大功夫，一开始就考虑了外在和内在的因素——三足鼎立——娃哈哈纯净水、乐百氏纯净水和农夫山泉，以及凉茶品牌"黄振龙""阿贞"等。由此看来，把红色王老吉作为一般凉茶或饮料来卖，市场上也不会有出人意料的表现。这就使红色王老吉处于一种极为尴尬的境地：既不能固守两广，也无法在全国范围内推广。为了摆脱这种尴尬境地，必须对产品重新进行定位，在经过多方求证后，王老吉成功实施了差别化战略。

案例二：

格兰仕的竞争战略

在多年的企业实践中，格兰仕坚持低成本战略，逐步形成了以低成本为核心的竞争优势。

格兰仕的低成本优势来自几个方面。一是与欧美、日韩企业相比在劳动力制造成本上的低成本优势。每天实行三班制工作，使格兰仕的一条生产线相当于欧美企业的6~7条生产线。双方的工资水平、土地使用成本、水电费、劳动生产率等也都相差较大，例如在人工成本方面，格兰仕比欧美企业低几倍甚至十几倍。

二是凭借着劳动力优势，格兰仕实现了由规模经济带来的生产低成本优势。其规模优势首先表现在生产方面。据分析，100万台是单间工厂微波炉生产的基本规模要求，格兰仕在1996年就达到了这个水平。到2000年年底，格兰仕微波炉生产规模已达到1 200万台，是松下的8倍。生产规模的迅速扩大带来了生产成本的大幅度降低，使其在市场竞争中的价格远远低于国内外竞争对手。大规模、低成本，一直是格兰仕在竞争中取胜的法宝。

三是格兰仕还取得了在产供、销售、科研和管理等多个方面的规模经济。例如，在20世纪90年代中期，格兰仕利用其产量上的优势，在与磁控管供应商的讨价还价过程中取得了有利地位，成功迫使对方连续大幅度降价。又如，格兰仕在2000年投入的研发费用高达2亿元人民币，但是分摊到1 200万台产品中，实际上每台增加的成本不足20元。此外，格兰仕坚持遵循"大企业按小企业来管理"的思路，即尽管企业不断成长，但格兰仕坚决通过限定管理层人数来控制行政管理费用，1万多名员工规模的企业，其整个公司的管理人员仅为300多人，至今其常务副总经理都是在大办公室中与员工一起工作。

问题：

(1) 格兰仕是如何实施低成本战略的？

(2) 简述企业采用成本领先战略的动因以及该战略的实施条件和弱点。

答案要点 (1) 格兰仕依靠下列优势实施低成本战略：一是与欧美、日韩企业相比在劳动力制造成本上的低成本优势；二是凭借劳动力优势，格兰仕实现了由规模经济带来的生产低成本优势；三是格兰仕还取得了在产供、销售、科研和管理等多个方面的规模经济。

(2) 企业采取成本领先战略的主要原因是：形成进入障碍；增强讨价还价能力；降低替代品的威胁；保持领先的竞争地位。

在实践中，成本领先战略要取得显著的效果，还要考虑到企业所在的市场是不是完全竞争的市场、该行业所有企业的产品是不是标准化的产品、大多数购买者是不是以同样的方式使用产品、产品是不是具有较高的价格弹性、价格竞争是不是市场竞争的主要手段等。如果企业的环境和内部条件不具备这些因素，企业便难以实施成本领先战略。

成本领先战略也有其弱点：竞争对手开发出更低成本的生产方法；竞争对手采取模仿的方法；顾客需求的改变。

第二部分　企业战略管理

第五章　企业公司层战略与管理

 大纲重点、难点提示

1. 战略联盟的概念

由两个或两个以上有着共同战略利益和对等经营实力的企业（或特定事业和职业部门），为达到共同拥有市场、共同使用资源等战略目标，通过各种协议、契约而结成的优势互补或优势相长、风险共担、生产要素水平式双向或多向流动的一种松散的合作模式。

2. 战略联盟的特征

（1）组织的松散性。

（2）行为的战略性。

（3）合作的平等性。

（4）范围的广泛性。

（5）管理的复杂性。

3. 战略联盟的动机

（1）缓慢周期市场：①获准进入规制市场。②在新的市场建立特许。③维持市场的稳定。

（2）标准周期市场：①获取市场权力。②能够获取互补资源。③消除贸易壁垒。④迎接竞争挑战。⑤汇聚资源。⑥学习新商业技能。

（3）快速周期市场：①保持市场领先地位。②形成产业技术标准。③分摊研发风险。④消除市场不确定性。⑤加快产品、服务和市场的准入速度。

4. 战略联盟的形态

（1）根据联盟成员之间参与程度不同划分：①股权式战略联盟。②契约式战略联盟。

（2）根据联盟目标的取向划分：①战略联盟。②知识联盟。

（3）根据联盟发展战略的不同划分：①研究开发型短期联盟。②特定领域内短期联盟。③国际化战略联盟。④全面合作型战略联盟。

（4）根据联盟所处市场环节不同划分：①品牌联盟。②分销渠道联盟。③促销联盟。④价格联盟。⑤垂直联盟。

5. 控制的形式

（1）股权控制主要是指股份制企业或有限责任公司中持股者依据其所拥有的股份份额，行使其对所投资企业的决策权。主要包括直接型股权控制、间接型股权控制、管理型股权控制。

(2) 非股权控制是指母公司通过股权以外的手段控制合资企业的方式。根据控制内容与方式和作用机理不同，可将非股权控制方式分为组织控制与知识控制。其中，组织控制又包括董事会控制、总经理职位控制、管理控制。

6. 联盟对象的选择

①从战略方面评估兼容性。②从文化方面评估兼容性。③从组织管理理念和实践方面评估兼容性。④从生产方面评估兼容性。⑤从市场销售和分配方面评估兼容性。⑥从财务方面评估兼容性。

7. 联盟产生分歧的主要原因

①僵化的观点会把伙伴关系推向极端。②相互不信任造成恶性循环。③每个企业有不同的利益诉诸点。④在其他位置上的员工不会像总裁一样感受到同样的吸引力和融洽。⑤缺乏与来自不同文化背景人员合作的经验。⑥通常只有一些人员全力投入这种关系，其他人则站在他们的责任范围内来评估，常常忽视了与新联盟有关的责任和义务。

8. 战略联盟专职组织的建立

①改善知识管理。②增加外部的可见性。③提供内部协调。④处理干预和责任。

9. 并购战略

企业取得外部经营资源，谋求对外发展的公司战略之一，包括合并和收购。

合并指同等企业之间的重新组合，新建立的企业常常使用新的名称。收购指一个企业（收购者）收购和吸纳了另一个企业（被收购者）的业务。

10. 并购的类型

(1) 按并购的出资方式划分：①出资购买资产式并购。②出资购买股票式并购。③以股票换取资产式并购。④以股票换股票式并购。

(2) 按行业相互关系划分：①横向并购。②纵向并购。③混合并购。

(3) 按并购是否通过中介以及并购的协调性划分：①直接收购。②间接并购。

(4) 按是否利用目标公司本身资产来支付并购资金划分：①杠杆收购。②非杠杆收购。

11. 企业并购动机理论

(1) 管理协同理论——差别效率假说。

(2) 规模经济理论。

(3) 资产组合理论——多元化战略假说。

(4) 财务协同理论——避税假说。

(5) 投机理论——价值低估假说。

(6) 代理成本理论——管理主义假说。

(7) 市场竞争理论——市场势力假说。

12. 并购的一般战略利益

(1) 企业通过并购有效地占领市场。

(2) 企业通过并购能够实现资源互补。

（3）企业通过并购能够获得一定的竞争优势。

（4）企业通过并购可以持续获得战略资源和增值。

13. 并购的误区

①来自基层员工的抵触。②难以解决管理风格和管理文化上的冲突。③很难解决不同企业之间业务上的整合。④未能预期的困难。

14. 反收购的管理策略

①保持控股地位。②相互持股。③通过保障管理层的利益提高收购方的收购成本（降落伞法）。④寻求股东支持。⑤毒丸战略。⑥修改公司章程，增加"驱鲨剂"或"反收购"条款。

15. 垂直整合战略

①垂直整合战略扩展了原来同产业的竞争范围。②后向于资源的供应者。③前向于最终产品的终端使用者。

16. 后向整合战略的战略优势

（1）仅当交易量足够大时，以至于供应商的效率能大大降低产品的成本。（2）当具备如下条件时有降低成本的可能：①当提供更好的高质量部件时能产生差异化的竞争优势。②能减少对供应商在原材料、零部件和组件上的依赖。

17. 前向整合战略的战略优势

①确立了自己的分销网络，给企业带来了优势。②如果缺乏足够的产品线以满足前向分销商或零售商的要求，企业可以向终端顾客直销。③直销和网络销售能带来利益。

18. 外包的战略优势

①降低成本。②优化企业资本结构。③实现风险分散。④有利于开拓市场。⑤打造企业核心竞争力。⑥服务行为公司化。⑦获得专业化服务和相关配套支持。⑧优化人力资源。

19. 外包的主要种类

①生产外包。②信息系统外包。③物流服务外包。④客户关系外包。⑤研发外包。

20. 多元化的原因

①核心能力的资本化。②增强市场力量。③共享基础作业。④平衡财务资源。⑤维持成长。⑥降低风险。

21. 相关多元化与非相关多元化

（1）相关多元化：多元化投资于与企业现有的业务战略价值链相吻合的业务。

（2）非相关多元化：多元化投资于与企业其他业务战略没有关系的业务。

22. 战略吻合

不同业务单位价值链的一个或多个活动与现有的机会非常相似。能够将具有价值的经验或技术诀窍从一个业务单位转移到另一个业务单位；能整合共同的价值活动，实现绩效整合，达到低成本；充分利用知名的品牌；开展跨业务的合作，以建立具有价值的资源和能力。

23. 非相关多元化的目标

（1）通过在不同行业经营来分散风险。

（2）可以引导金融资源投向能提供最佳利润的产业。

（3）盈利的稳定性。当企业在一个行业面临困难的时候可以通过其他行业的经营加以补偿。

（4）如果以优惠价格购买了具有较高盈利率的企业，股东的价值就得到了增强。

24. 母公司价值创造的四种类型

①业务影响。②连接影响。③职能和服务影响。④公司发展活动。

25. 公司紧缩战略

公司紧缩战略是指对公司的股本或资产进行重组，从而缩减主营业务范围或缩小公司规模的各种资本运作的途径和方法。

26. 公司紧缩战略的主要作用

（1）管理层追求主业清晰。

（2）获得一个公平的市场价格——信息因素。

（3）满足公司的现金需要。

（4）减轻债务负担。

（5）满足经营环境和公司战略目标的改变。

（6）反并购的考虑。

27. 资产剥离

公司为实现利润最大化或整体战略，将现有的某些子公司、部门、固定资产或无形资产等出售给其他公司，并取得现金或有价证券的回报。

28. 资产置换

资产置换是指一家公司将自己的部分或全部资产与另一家公司的资产进行置换。这一交易可以理解为公司在剥离资产的同时获得了收购方以资产形式给予的回报。

29. 员工持股计划

由企业内部员工出资购买本公司部分或全部股份，委托员工持股管理委员会（或托管金融机构）作为社团法人托管运作，集中管理，员工持股管理委员会作为社团法人进入董事会参与按股分享红利的一种股权形式。

30. 管理层收购

目标公司的管理层利用借贷所融资本购买本公司的股份，从而改变本公司所有者结构、控制权结构和资本结构，进而达到重组本公司的目的，并获得预期收益的一种收购行为。

31. 公司分立

一个母公司将其在子公司中所拥有的股份按母公司股东在母公司中的持股比例分配给现有的母公司股东，从而在法律上将子公司的经营从母公司的经营中分离出来。

32. 分拆上市与公司分立的区别

（1）在公司分立中，子公司的股份是被作为一种股票福利按比例分配到母公司股东手中的；而在分拆上市中，在二级市场上发行子公司的股权所得归母公司所有。

（2）在公司分立中，一般母公司对被拆出公司不再有控制权；在分拆上市中，往往母公司仍然拥有控制权。

（3）公司分立没有使子公司获得新的资金，而分拆上市可以使子公司获得新的资金流入。

33. 分拆上市的优点

①使子公司获得自主的融资渠道。②有效激励公司管理层的工作积极性。③解决投资不足问题。④子公司利益最大化。⑤压缩公司层阶结构，使企业更加灵活。⑥使子公司的价值由市场评价。

大纲习题解答

一、单项选择题

1. 多元化投资与企业其他业务战略没有关系的业务单位是指（　　）。
   A. 相关多元化　　B. 多相关多元化　　C. 非相关多元化　　D. 战略吻合

2. 不同业务单位价值链的一个或多个活动与现有的机会非常相似，这是指（　　）。
   A. 相关多元化　　B. 多相关多元化　　C. 非相关多元化　　D. 战略吻合

3. （　　）指一家公司将自己的部分或全部资产与另一家公司的资产进行置换，这一交易可以理解为，公司在剥离资产的同时获得了收购方以资产形式给予的回报。
   A. 资产置换　　　B. 资产剥离　　　C. 减轻债务　　　D. 管理层收购

4. （　　）是公司为实现利润最大化或整体战略，将现有的某些子公司、部门、固定资产或无形资产等出售给其他公司，并取得现金或有价证券的回报。
   A. 资产置换　　　B. 资产剥离　　　C. 分拆上市　　　D. 公司分立

 参考答案：　1. C　2. D　3. A　4. B

二、多项选择题

1. 企业实施战略联盟的特征是（　　）。
   A. 组织的松散性　　　　　B. 行为的战略性
   C. 合作的平等性　　　　　D. 范围的广泛性
   E. 管理的复杂性

2. 根据战略联盟所处市场环节不同可划分为（　　）。
   A. 品牌联盟　　B. 分销渠道联盟　　C. 促销联盟　　D. 价格联盟
   E. 垂直联盟

3. 可供战略联盟对象选择的方面有（　　）。
   A. 从战略方面评估兼容性
   B. 从文化方面评估兼容性
   C. 从组织管理理念和实践方面评估兼容性
   D. 从生产方面评估兼容性
   E. 从财务方面评估兼容性

4. 反并购的管理策略包括（　　）。
   A. 保持控股地位
   B. 相互持股
   C. 通过保障管理层的利益提高收购方的收购成本（降落伞法）
   D. 寻求股东支持
   E. 修改公司章程，增加"驱鲨剂"或"反收购"条款

5. 后向整合战略的战略优势包括（　　）。
   A. 仅当交易量足够大时，以至于供应商的效率能大大降低产品的成本
   B. 当具备向后整合条件时有降低成本的可能
   C. 当提供高质量部件时能产生差异化的竞争优势
   D. 能减少对供应商在原材料、零部件和组件上的依赖
   E. 企业集中在一个行业发展，提高了行业的风险性

6. 前向整合战略的战略优势包括（　　）。
   A. 确立了自己的分销网络，给企业带来了优势
   B. 如果缺乏足够的产品线以满足前向分销商或零售商的要求，企业可以向终端顾客直销
   C. 直销和网络销售能带来利益
   D. 当提供更好的高质量部件时能产生差异化的竞争优势
   E. 能减少对供应商在原材料、零部件和组件上的依赖

7. 外包的战略优势包括（　　）。
   A. 降低成本
   B. 优化企业资本结构
   C. 实现风险分散
   D. 有利于开拓市场
   E. 打造企业核心竞争力

8. 外包的主要种类包括（　　）。
   A. 生产外包
   B. 信息系统外包
   C. 物流服务外包
   D. 客户关系外包
   E. 研发外包

9. 企业实行多元化的原因是（　　）。
   A. 核心能力的资本化
   B. 增强市场力量
   C. 共享基础作业
   D. 平衡财务资源
   E. 维持成长、降低风险

10. 母公司价值创造的类型有（　　）。
    A. 业务影响
    B. 连接影响
    C. 职能和服务影响
    D. 公司发展活动
    E. 财务影响

11. 分拆上市的优点包括（　　）。

A. 使子公司获得自主的融资渠道

B. 有效激励公司管理层的工作积极性

C. 解决投资不足问题

D. 子公司利益最大化

E. 压缩公司层阶结构，使企业更加灵活

12. 按行业相互关系，并购可划分为（   ）。

A. 横向并购　　B. 纵向并购　　C. 混合并购　　D. 分拆上市

E. 公司分立

参考答案　1. ABCDE　2. ABCDE　3. ABCDE　4. ABCDE　5. ABCD　6. ABC
7. ABCDE　8. ABCDE　9. ABCDE　10. ABCD　11. ABCDE　12. ABC

三、名词解释

1. 战略联盟：由两个或两个以上有着共同战略利益和对等经营实力的企业（或特定事业和职业部门），为达到共同拥有市场、共同使用资源等战略目标，通过各种协议、契约而结成的优势互补或优势相长、风险共担、生产要素水平式双向或多向流动的一种松散的合作模式。

2. 股权控制：指股份制企业或有限责任公司中持股者依据其所拥有的股份份额，行使对所投资企业的决策权。

3. 并购战略：指企业取得外部经营资源、谋求对外发展的公司战略之一。主要包括合并和收购。

4. 相关多元化：多元化投资与现有的业务战略价值链相吻合的业务。

5. 战略吻合：不同业务单位价值链的一个或多个活动与现有的市场机会非常相似。

6. 公司紧缩战略：指对公司的股本或资产进行重组，从而缩减主营业务范围或缩小公司规模的各种资本运作的途径和方法。

7. 资产剥离：公司为实现利润最大化或整体战略，将现有的某些子公司、部门、固定资产或无形资产等出售给其他公司，并取得现金或有价证券的回报。

8. 资产置换：指一家公司将自己的部分或全部资产与另一家公司的资产进行置换。这一交易可以理解为公司在剥离资产的同时获得了收购方以资产形式给予的回报。

9. 公司分立：指一个母公司将其在子公司中所拥有的股份，按母公司股东在母公司中的持股比例分配给现有的母公司股东，从而在法律上将子公司的经营从母公司的经营中分离出来。

10. 分拆上市：指一个母公司通过将其在子公司中所拥有的股份，按比例分配给现有母公司的股东，从而在法律上和组织上将子公司的经营从母公司的经营中分离出去。

四、简答（论述）题

1. 战略联盟有何特征？为什么要进行战略联盟？

答案要点　战略联盟是指由两个或两个以上有着共同战略利益和对等经营实力的企业（或特定事业和职业部门），为达到共同拥有市场、共同使用资源等战略目标，通过各种协议、契约而结成的优势互补或优势相长、风险共担、生产要素水平式双向或多向流动的一种松散的合作模式。

(1) 战略联盟的特征：

①组织的松散性。②行为的战略性。③合作的平等性。④范围的广泛性。⑤管理的复杂性。

(2) 战略联盟的动机：

①缓慢周期市场：获准进入规制市场；在新的市场建立特许；维持市场的稳定。

②标准周期市场：获取市场权力；能够获取互补资源；消除贸易壁垒；迎接竞争挑战；汇聚资源；学习新商业技能。

③快速周期市场：保持市场领先地位；形成产业技术标准；分摊研发风险；消除市场不确定性；加快产品、服务和市场的准入速度。

2. 简述企业并购对企业的战略意义。

答案要点 (1) 企业通过并购有效地占领市场，并购方获得了新的经营资源，扩大了经营规模，开拓了新市场。

(2) 企业通过并购能够实现资源互补，被并购方可以把企业的人力、物力、财力投入其他更有吸引力的领域。并购方可以对被并购的企业进行重组、对人员进行培训等。

(3) 企业通过并购能够获得一定的竞争优势。

(4) 企业通过并购可以持续获得战略资源和增值，同时进行经济结构的调整、资源的整合盘活。

3. 简述外包的战略优势。

答案要点 ①降低成本。②优化企业资本结构。③实现风险分散。④有利于开拓市场。⑤打造企业核心竞争力。⑥服务行为公司化。⑦获得专业化服务和相关配套支持。⑧优化人力资源。

4. 简述企业实施多元化战略的原因。

答案要点 企业实施多元化战略有很多的原因，其中最典型的是：①核心能力的资本化。②增强市场力量。③共享基础作业。④平衡财务资源。⑤维持成长。⑥降低风险。

5. 试述分拆上市与公司分立的区别。

答案要点 (1) 在公司分立中，子公司的股份是被作为一种股票福利按比例分配到母公司股东手中的；而在分拆上市中，在二级市场上发行子公司的股权所得归母公司所有。

(2) 在公司分立中，一般母公司对被拆出公司不再有控制权；而在分拆上市中，往往母公司仍然拥有控制权。

(3) 公司分立没有使子公司获得新的资金，而分拆上市使子公司获得新的资金流入。

6. 公司紧缩战略的主要作用有哪些?

答案要点 （1）管理层追求主业清晰。

（2）获得一个公平的市场价格——信息因素。

（3）满足公司的现金需要。

（4）减轻债务负担。

（5）满足经营环境和公司战略目标的改变。

（6）反并购的考虑。

7. 如何避免企业被整合?

答案要点 （1）保持控股地位。

（2）相互持股。

（3）通过保障管理层的利益提高收购方的收购成本（降落伞法）。

（4）寻求股东支持。

（5）毒丸战略。

（6）修改公司章程，增加"驱鲨剂"或"反收购"条款。

8. 简述联盟战略产生分歧的主要原因。

答案要点 联盟战略产生分歧的主要原因：僵化的观点会把伙伴关系推向极端；相互不信任造成恶性循环；每个企业有不同的利益诉诸点；在其他位置上的员工不会像总裁一样感受到同样的吸引力和融洽；缺乏与来自不同文化背景人员合作的经验；通常只有一些人员全力投入这种关系，其他人则站在他们的责任范围内来评估，常常忽视了与新联盟有关的责任和义务。

9. 简述公司紧缩战略的方式。

答案要点 （1）资产剥离：公司为实现利润最大化或整体战略，将现有的某些子公司、部门、固定资产或无形资产等出售给其他公司，并取得现金或有价证券的回报。

（2）资产置换：指一家公司将自己的部分或全部资产与另一家公司的资产进行置换。这一交易可以理解为公司在剥离资产的同时获得了收购方以资产形式给予的回报。

（3）员工持股计划：指由企业内部员工出资购买本公司部分或全部股份，委托员工持股管理委员会（或托管金融机构）作为社团法人托管运作，集中管理，员工持股管理委员会作为社团法人进入董事会参与按股分享红利的一种股权形式。

（4）管理层收购：指目标公司的管理层利用借贷所融资本购买本公司的股份，从而改变本公司所有者结构、控制权结构和资本结构，进而达到重组本公司的目的，并获得预期收益的一种收购行为。

（5）公司分立：一个母公司将其在子公司中所拥有的股份按母公司股东在母公司中的持股比例分配给现有的母公司股东，从而在法律上将子公司的经营从母公司的经营中分离出来。

10. 简述企业并购的动机。

答案要点 企业并购的动机主要包括：

（1）管理协同，向被并购方派驻管理团队。

（2）规模经济，越过市场障碍，增强市场力量。

（3）实施多元化战略，降低企业的经营风险。

（4）发挥财务协同避税作用。

11. 简述公司实施多元化的战略利益。

答案要点　（1）通过在不同行业经营来分散风险。

（2）可以引导金融资源投向能提供最佳利润的产业。

（3）有利于盈利的稳定性，当企业在一个行业面临困难的时候，可以通过其他行业的经营加以补偿。

（4）如果以优惠价格购买了具有较高盈利率的企业，股东的价值就得到了增强。

12. 论述母公司创造价值的四种类型。

答案要点　（1）业务影响：通过这种影响，母公司增进了独立的业务单位的绩效，而这些业务单位被视为独立的利润中心。

（2）连接影响：通过这种影响，母公司增进了各业务单位之间的价值连接。当连接影响使各业务单位通过内部交易、技术与资源共享，协调产品范围或者其他互利关系而受益时，它就创造了价值。

（3）职能和服务影响：通过这种影响，母公司为各业务单位提供职能上的领导和具有成本有效性的服务。诸如财务、人事、营销、工程以及技术服务等总职能部门为各个业务单位提供职能性的专业指导，同时协助母公司的高级执行经理管理各业务单位或者建立各业务间的连接影响。

（4）公司发展活动：通过改变业务单位组合构成的方式创造价值。公司发展决策改变着业务组合的定义、本质和数量。兼并或剥离业务的决策被大多数母公司视为公司战略抉择的关键。

13. 简述分拆上市的优点。

答案要点　分拆上市的优点：使子公司获得自主的融资渠道；有效激励公司管理层的工作积极性；解决投资不足问题；子公司利益最大化；压缩公司层阶结构，使企业更加灵活；子公司的价值由市场评价。

五、案例分析题

案例一：

苏宁电器收购香港激光公司

2009年12月30日晚，苏宁电器（002024）在南京举行媒体通报会，正式宣布以3 500万港元收购位列香港电器零售连锁前三甲的 Citicall Retail Management Ltd.（以下简称"激光公司"），以此启动在香港的连锁发展，并计划在三年内实现50家店的网络布局，占据25%以上的市场份额。这也是苏宁电器继6月份控股日本老牌家电连锁企业LAOX之后，成功实施的第二例并购，标志着苏宁国际化进入纵深发展阶段。

2009年年初，苏宁启动香港市场的开拓工作，组建专门项目组，着手进行市场调研及选址开发。在获悉苏宁在香港的发展计划后，多家香港家电零售企业均与苏宁进行接洽，其中激光公司于 5 月初向苏宁提出拟进行合作的意向。创建于 1976 年的激光公司，前身是香港旺角相机中心，后在香港地区开展连锁经营，主要从事各类摄像器材、电子产品、通讯、影音、电脑等产品的零售和代理业务，年销售规模约 13 亿港元，位列香港电器连锁零售商前三甲。

双方协议约定，由苏宁电器出资 3 500 万港元收购激光公司的品牌、业务、网络，同时按照双方约定的价格收购其存货及相关资产。双方约定，最迟在 2010 年 3 月底前完成具体交割，苏宁电器将全面接收激光品牌、业务及网络，原有人员也将转入新的公司，届时苏宁将正式进入香港市场。

苏宁电器连锁发展总部执行总裁蒋勇强调，并购只是苏宁连锁发展的一种方式，在香港未来连锁发展上，苏宁将对现有网络基础进行进一步优化，并开始实施自主开店。针对目前香港家电零售业普遍存在的店面过小、消费者购物体验和产品选择不足等问题，苏宁将会在核心商圈选择合适的物业，开出 4~5 家 2 000 平方米左右的旗舰店。

根据上述的连锁发展和经营思路，苏宁电器计划 3 年内在香港新开 30 家店面，完成香港市场店面网点开发规划，实现 50 家门店规模，占香港电器消费市场 25% 以上的份额。

问题：
（1）简述企业并购的类型以及意义。
（2）简述整体并购的特点。

答案要点 （1）苏宁电器收购香港激光公司属于整体并购、善意并购、有偿并购、现金并购、国内资金并购、场外并购、横向和纵向并购。苏宁电器收购香港激光公司的意义：①苏宁电器收购香港激光公司后，获得了新的经营资源，扩大了经营规模，开拓了新市场。②苏宁电器收购香港激光公司后，香港激光公司可以把企业的人力、物力、财力投入其他更有吸引力的领域。③企业并购的意义还在于企业改革的深化、经济结构的调整、资源的整合盘活。

（2）整体并购的特点是：①企业以资产来确定并购价格，而不是以股权来确定。
②并购行为结束以后，企业拥有目标公司的全部产权。
③并购后，企业一般将目标公司改组为分公司、子公司，在有吸收投资的情况下改组为控股子公司。

案例二：

吉利收购沃尔沃

2010 年 3 月 28 日，浙江吉利控股集团和美国福特汽车公司签署了吉利集团收购沃尔沃轿车集团 100% 股权以及相关资产（包括知识产权）的正式协议，双方最终用行动履行了在 2012 年 3 月底之前完成最终签约的承诺。这桩跨国并购交易，成为中国汽车业有史以来规模最大的一次海外并购。

这是一场门第相差悬殊的跨国婚姻。2009 年，吉利总营业收入刚刚超过 20 亿美元，而沃尔沃的总收入则高达 124 亿美元。把总收入超过自己 5 倍的豪华汽车巨头沃尔沃收入囊中，吉利此举堪称"蛇吞象"。而更大的差距则体现在品牌价值上：根据《福布斯》公布的国际品牌榜显示，拥有百年历史的沃尔沃，品牌价值高达20亿美元，名列世界汽车十大品牌，而名不见经传的吉利只是一个拥有十多年历史的民营汽车制造商。

海外主流媒体认为，这次交易的完成也意味着，"中国已经正式成为全球汽车行业一股不可忽视的力量"。据了解，在过去两年中，吉利与福特及沃尔沃一直就此交易不断进行磋商及谈判，对于福特而言，这也是该公司自出售阿斯顿马丁和路虎之后，所进行的又一次非核心资产剥离。自福特于1999年完成对沃尔沃的收购以来，后者的经营就一直处于低迷。根据计划，这桩交易的剩余部分将在未来几个月内完成。分析师认为，此次交易能够帮助福特公司进一步改善其现金流状况，同时将使福特更好地专注于福特、林肯等核心品牌的经营。

目前，吉利集团以18亿美元收购沃尔沃轿车的收购资金已经到位。此外，备受沃尔沃工会关注的沃尔沃今后业务运营所需的资金也已经筹集完毕。据了解，吉利集团与福特汽车公司签订的协议中，除了对沃尔沃轿车公司100%的股权收购，还涉及沃尔沃轿车、吉利集团以及福特汽车三方之间的知识产权、零部件供应和研发方面的重要条款，这将充分保证沃尔沃轿车未来的独立运营，继续执行既有商业计划，保障可持续发展。

问题：

（1）结合案例，讨论整体并购方式的特点。

（2）结合案例，分析整体并购的主要优缺点。

答案要点　（1）吉利收购沃尔沃是整体并购，其特点是：①以资产来确定并购价格，而不是以股权来确定。②并购成功后，企业拥有目标公司全部产权。③并购后，企业一般会将目标公司改组为自己的分公司。

（2）吉利整体并购沃尔沃的优点是：并购后在不受任何股东干预的情况下，对目标公司进行改造。

吉利整体并购沃尔沃的缺点是：在并购过程及并购后要投入大量的资金，不宜发挥低成本并购的资金效率。

第六章 全球市场竞争战略

  大纲重点、难点提示

1. 全球竞争的表现形式

①竞争条件跨越各国市场，并且相互之间紧密关联。②一个企业在一个国家的竞争地位受到它在其他国家市场竞争地位的影响。③竞争优势或劣势基于一个企业的全球运作以及在全球市场上的地位。

2. 全球竞争的特点与趋势

全球行业的产品通常是资金和技术密集性的，所要求的产品开发费用和固定资产投资规模都是巨大的。全球竞争的规模经济效应和经验曲线效应较为明显。全球竞争的行业结构通常表现为几个跨国企业占统治地位的"寡头竞争"结构，产量小、资本少的地方企业很难生存。全球行业的国际竞争不是在一国一地之间展开，而是表现为跨国公司体系与跨国公司体系之间的"牵一发动全身"的整体竞争。在全球竞争中，企业还必须在全球范围内组织生产和采购。

3. 多国竞争的特点

（1）从竞争的规模看，由于多国市场行业的产品贸易可行性低，一国内部对这种产品的需求主要只能通过本地市场的供应来满足，跨国经营主要采取跨国公司在目标市场国直接投资，组织生产，满足本地需求，企业在一个市场竞争的成败主要取决于当地市场的供求情况。

（2）从竞争的焦点看，由于在多国市场销售的产品制造技术相对比较简单，尖端技术和生产环节的规模经济对竞争成败的影响不如全球竞争明显，决定竞争成败的主要因素在于价值链的下游环节以及行之有效的管理机制和经验。

4. 国际竞争优势及其来源

（1）国际生产要素的最优组合：①垄断优势理论。②区位理论。③产品生命周期理论。④内部化理论。⑤国际生产折中理论。

（2）寡占市场的反应理论：①尼克博格的寡占反应理论。②修正的产品周期理论。

（3）竞争优势理论：波特钻石模型。

5. 钻石模型

①生产要素。生产要素的划分有两种：一是基本生产要素和高等要素；二是通用要素和特殊要素。②需求状况。对绝大多数企业来说，最初的销售是从国内市场开始的。这种以本国需求为基本出发点而发展起来的生产方式、组织形式、营销经验是否有利于本国企业打入国际市场、建立竞争优势，取决于本国需求状况与国际需求状况的相对优劣势。③相关产业。任一行业要在国际市场领先，必须要求其供货商和其他相关行

业也是世界一流的，任何国家的优势行业往往表现为优势行业群。④组织战略和竞争。主要包括人力资源的影响、企业战略的影响、财务战略的影响、组织结构的影响。

6. 企业国际化进程及其战略途径

（1）国际经营的渐进理论。①市场扩张的地理顺序：本地市场—地区市场—全国市场—海外相邻市场—全球市场。②跨国经营方式：纯国内经营—通过中间商间接出口—企业自行直接出口—设立海外销售分部—设立海外跨国公司。

（2）国际经营的带动理论。一个企业在任何时点上的跨国经营现状，都可以被认为是跨国经营推动力和阻力之间的均衡状态。①订单带动论：送上门的订单大大降低了初始出口的风险，给原先犹豫不决的企业提供了一种动力。②客户带动论：由于客户在海外发展，为了不失去客户，企业相应地扩展自己的业务，追随客户在海外经营（美国洛伦泽公司）。③竞争带动论：由于一个行业中的主要企业打出国界，其他企业也就跟上（寡头垄断行业）。④关键企业带动论。

7. 新兴市场中当地企业的战略

（1）最优的战略主要考虑：一个公司的战略资产是否仅仅适用于国内市场，或者能否转移到国外以及迫使企业向全球竞争发展的产业压力是否很强大。

（2）当地企业特点：根据全球化的产业压力和资源竞争能力的不同，对抗全球挑战者的当地企业的战略选择可以分为以下四个：通过转向新业务或缝隙市场避开竞争、通过在全球竞争发动进攻、利用国内市场的优势防卫、将企业的经验转移到周边市场。

大纲习题解答

一、单项选择题

1. 国际竞争优势分析方法中的钻石模型是（　　）提出的。
   A. 迈克尔·波特　　　　　　B. 德鲁克
   C. 钱德勒　　　　　　　　　D. 普拉哈拉得

2. 在国家竞争优势的钻石模型中，自然资源、地理位置、气候、人口、通信设备、熟练的高技术的劳动力、科研设施和技术诀窍等是指（　　）。
   A. 生产要素　　　　　　　　B. 需求状况
   C. 相关产业　　　　　　　　D. 组织战略和竞争

3. （　　）主要用于国际竞争优势的分析。
   A. 钻石模型法　　　　　　　B. 波士顿矩阵分析法
   C. 通用矩阵分析法　　　　　D. 产品/市场矩阵分析法

参考答案　1. A　2. A　3. A

二、多项选择题

1. 在国际竞争优势中，国际生产要素的最优组合包括（　　）。
   A. 垄断优势理论　　　　　　B. 区位理论
   C. 产品生命周期理论　　　　D. 内部化理论
   E. 国际生产折中理论

2. 影响组织战略和竞争的因素包括（　　）。
   A. 人力资源的影响　　　　　　B. 企业战略的影响
   C. 企业组织结构的影响　　　　D. 企业财务的影响
   E. 全球化的影响

参考答案　　1. ABCDE　　2. ABCD

三、名词解释

1. 国际化经营战略：指企业从国内经营走向跨国经营，从国内市场进入国外市场，在国外设立多种形式的组织，对国内外的生产要素进行配置，在一个或若干个经济领域进行经营的活动的战略。

2. 全球化战略：指某些超级大国企图称霸世界的扩张计划，也指某些跨国企业试图垄断世界经济市场的战略计划。

3. 跨国战略：在全球激烈竞争的情况下，形成以经验为基础的成本效益和区位效益，转移企业的核心竞争力，同时注意当地市场的需要。

4. 钻石模型：迈克尔·波特的钻石模型分析工具是国家竞争优势的分析工具，他认为一个国家影响某个行业的竞争优势主要取决于四个因素：生产要素、需求状况、相关产业、组织战略和竞争。

四、简答题

1. 试用迈克尔·波特的钻石模型阐述国际竞争优势的来源。

答案要点　　国际竞争优势分析模型又叫钻石模型，是由迈克尔·波特提出的，他认为国际竞争优势主要取决于以下几个因素：

（1）生产要素。生产要素的划分有两种：一是基本生产要素和高等要素；二是通用要素和特殊要素。

（2）需求状况。对绝大多数企业来说，最初的销售是从国内市场开始的。这种以本国需求为基本出发点而发展起来的生产方式、组织形式、营销经验是否有利于本国企业打入国际市场，建立竞争优势，取决于本国需求状况与国际需求状况的相对优劣势。

（3）相关产业。任一行业要在国际市场领先，必须要求其供货商和其他相关行业也是世界一流的，任何国家的优势行业往往表现为优势行业群。

（4）组织战略和竞争。主要包括人力资源的影响、企业战略的影响、财务战略的影响、组织结构的影响。

2. 本土企业应当如何迎接跨国公司的挑战？

答案要点　　最优的战略主要考虑：一个公司的战略资产是否仅仅适用于国内市场，或者能否转移到国外以及迫使企业向全球竞争发展的产业压力是否很强大。

（1）利用本土优势进行防御：把目光集中在喜欢本国产品的客户上；频繁地调整产品和服务，以适应客户特别的需要；加强分销网络的建设和管理。

(2) 向海外延伸本土优势：通过合理运用可移植的优势资源，并以其在本地市场的成功为平台，向其他市场扩张。在向海外延伸本土优势时应当注意寻找在消费者偏好、地缘关系、分销渠道或政府管制等方面与本国市场相类似的市场。

(3) 避开跨国公司的冲击：重新考虑自己的商业模式；与跨国公司建立合资、合作企业；将企业出售给跨国公司。

(4) 在全球范围内对抗：找到一个定位明确易于防守的市场；不再拘泥于成本的竞争，而是学着从发达国家获取资源。

3. 简述国际经营的带动理论。

答案要点 一个企业在任何时点上的跨国经营现状，都可以被认为是跨国经营推动力和阻力之间的均衡状态。

(1) 订单带动论：送上门的订单大大降低了初始出口的风险，给原先犹豫不决的企业提供了一种动力。

(2) 客户带动论：由于客户在海外发展，为了不失去客户，企业相应地扩展自己的业务，追随客户在海外经营（美国洛伦泽公司）。

(3) 竞争带动论：由于一个行业中的主要企业打出国界，其他企业也就跟上（寡头垄断行业）。

(4) 关键企业带动论。

4. 简述全球竞争的特点以及趋势。

答案要点 全球竞争的特点与趋势：

(1) 全球行业的产品通常是资金和技术密集性的，所要求的产品开发费用和固定资产投资规模都是巨大的。

(2) 全球竞争的规模经济效应和经验曲线效应较为明显。

(3) 全球竞争的行业结构通常表现为几个跨国企业占统治地位的"寡头竞争"结构，产量小、资本少的地方企业很难生存。

(4) 全球行业的国际竞争不是在一国一地之间展开，而是表现为跨国公司体系与跨国公司体系之间的"牵一发动全身"的整体竞争。

(5) 在全球竞争中，企业还必须在全球范围内组织生产和采购。

5. 简述多国竞争的特点。

答案要点 (1) 从竞争的规模看，由于多国市场行业的产品贸易可行性低，一国内部对这种产品的需求只能通过本地市场的供应来满足，跨国经营主要采取跨国公司在目标市场国直接投资，组织生产，满足本地需求，企业在一个市场竞争的成败主要取决于当地市场的供求情况。

(2) 从竞争的焦点看，由于在多国市场销售的产品，制造技术相对比较简单，尖端技术和生产环节的规模经济对竞争成败的影响不如全球竞争明显，决定竞争成败的主要因素在于价值链的下游环节以及行之有效的管理机制和经验。

第七章 战略控制与组织结构

✓ 大纲重点、难点提示

1. 战略控制

战略控制是监督战略实施进程、及时纠正偏差、确保战略有效实施、使战略实施结果基本上符合预期的计划的必要手段。

2. 战略控制的基本原则

（1）领导与战略相适应。

（2）组织与战略相适应。

（3）执行计划与战略相适应。

（4）资源分配与战略相适应。

（5）企业文化与战略相适应。

（6）战略具有可行性。

（7）企业要有战略控制的预警系统。

（8）严格执行完整的奖惩制度。

3. 战略控制的特点

（1）企业战略活动必须考虑企业的外部环境，因而控制具有开放性。

（2）战略控制是企业高层管理对战略实施过程进行的总体控制。

（3）战略控制所依据的标准是企业的总体目标，而不是战略计划本身的目标。

（4）战略控制要使战略计划保持稳定性，又要具有灵活性。

（5）战略控制根据企业的效益，客观地评价与衡量战略行为的正确性。但很难用一个短期见效的定量形式评价衡量战略行为。

4. 战略控制的制约因素

（1）人员。

（2）组织。

（3）企业文化。

5. 四种主要的控制类型

完善的控制可以通过避免一些行为问题，或者通过运用其他的控制类型来实现。

（1）回避控制问题。

在许多情况下，管理人员可以采取适当的手段，避免不合适的行为发生，从而达到避免控制的目的。具体的做法有自动化、集中化、与外部组织共担风险、转移或放弃某种经营活动。

（2）具体活动控制。

具体活动控制,是保证企业职工个人能够按照企业的期望进行活动的一种控制手段。具体做法有三种形式:行为限制、工作责任制、事前审查。

(3) 成果控制。

这是以企业的成果为中心的控制形式。这种控制方式只有一种基本形式,即成果责任制。就是说,职工要对自己的工作成果负责。成果责任制控制系统要求:①确定期望成果的范围。②根据成果范围衡量效益。③根据效益,对那些实现成果的行为给予奖励,对不能实现成果的行为给予惩罚。

(4) 人员控制。

这种控制是依靠所涉及的人员为企业做出最大的贡献。在必要的时候,人员控制系统还可以对这些人员提供帮助。在控制出现问题时,该系统可以采取以下措施加以解决:

①实施职工训练计划,改善工作分配,提高关键岗位上人员的能力。

②改进上下级的沟通,使企业职工更清楚地知道与理解自己的作用,将自己的工作与企业中其他群体的工作很好地加以协调。

③成立具有内在凝聚力的共享的工作小组,促成同事间的互相控制。

6. 战略控制的过程

战略控制的一个重要目标就是使企业实际的效益尽量符合战略计划。为了达到这一点,战略控制过程可以分为四个步骤:

(1) 制定效益标准。

(2) 衡量实际效益。

(3) 评价实际效益。

(4) 纠正措施和权变计划。

企业在采取纠正措施时有三种选择方式:

(1) 常规模式:企业按照常规的方式去解决所出现的差距。这种模式花费的时间较多。

(2) 专题解决模式:就目前所出现的问题进行专题重点解决。这种模式反应较快,节约时间。

(3) 预先计划模式:事先对可能出现的问题有所计划,从而减少反应的时间,增强处理战略意外事件的能力。

7. 战略控制的设计

(1) 控制的方式。

战略控制的方式基本上有以下几种形式:

①事前控制:在战略计划实施前,正确地、有效地设计和选择战略计划。

②事后控制:在部分实施战略计划后,比较结果与目标,并分析、研究、确定所采取的措施。

③过程控制:连续控制战略实施的过程,以过程的实施来达到目标的实现。

④实时控制:在实际工作过程中,比较预测的最终结果与标准,以此来决定所采取的行动。

⑤开放控制：在活动过程中，依据某一标准来评价正在进行中的工作，以此确定工作是否继续进行。

（2）控制方式的可行性。

关于成果控制，最主要的问题是企业是否真正具备有效衡量预期成果的能力。一般来讲，这种评价能力包括：

①正确性。即被评价的成果是企业所期望的成果。

②精确性。控制时，要有科学的手段，不能只凭大概的估计评价企业的成果。

③及时性。企业要及时衡量所要评价的成果。

④客观性。评价成果时要避免主观随意性。

这四个方面，如果有一个方面没有达到，整个成果控制系统就会失去作用。

（3）控制方式的选择。

（4）控制选择的因素。

管理人员在选择一种或多种控制方式时，一般考虑三种控制因素，即控制的要求、控制量以及控制的成本。

（5）设计过程与反馈。

在设计控制系统的过程中，反馈是一个重要的因素。

①反馈对于加强成果责任制十分必要，即使反馈不能用于调整输入量，也可以表明整个过程的结果受到监控。

②在环境变化重复发生时，反馈可以根据对成果的评价指出创新的需要。

③管理人员如果很好地掌握了输入与结果的关系，他们的着眼点就会从成果控制系统转向具体活动控制系统，从而有效地发挥整个控制系统的作用。如果要进一步保证反馈的效果，则需要一个学习的过程。

8. 企业组织设计的基本理论

组织设计有两项基本要求，即分工和协调。在组织设计的过程当中，企业高层管理人员要对企业组织活动和组织结构进行设计。其任务是为实现企业组织的目标而建立信息沟通、权力和职责的正式系统。目前，在组织设计理论研究中主要有六个基本学派：古典设计学派、人际关系和组织行为学派、卡内基学派、权变理论、人口学派、市场机制和行政等级管理学派。

9. 组织结构的构成要素

组织结构是组织为实现共同目标而进行的各种分工和协调的系统。它可以平衡企业组织内专业化与整合两个方面的要求，运用集权和分权的手段对企业生产经营活动进行组织和控制。因此，组织结构的基本构成要素是分工与整合。

（1）分工。

分工是指企业为创造价值而对其人员和资源的分配方式。一般地讲，企业组织内部不同职能或事业部的数目越多、越专业化，企业的分工程度就越高。

（2）整合。

整合是指企业为实现预期的目标而用来协调人员与职能的手段。为此，企业必须建立组织结构，协调不同职能与事业部的生产经营活动，以便有效地执行企业的战略。

10. 纵向分工

（1）纵向分工是指企业高层管理人员为了有效地贯彻执行企业的战略，选择适当的管理层次和正确的控制幅度，并说明连接企业各层管理人员、工作以及各项职能的关系。

（2）在纵向分工中，基本有两种形式：一种是高长型组织结构；另一种是扁平型组织结构。

①高长型组织结构：具有一定规模的企业的内部有很多管理层次。

②扁平型组织结构：具有一定规模的企业的内部管理层次较少。

11. 集权与分权

（1）集权：是指企业的高层管理人员拥有最重要的决策权力。

（2）分权：是指将权力分配给事业部、职能部门以及较低层次的管理人员。

12. 横向分工结构的基本类型

（1）简单直线式结构。

（2）职能结构。

（3）事业部结构。

（4）战略经营单位结构。

（5）矩阵组织结构。

13. 横向分工结构的基本协调机制

协调机制就是建立在企业的分工与协调之上的制度。有的战略学者认为，企业组织的协调机制基本上有六种类型：

（1）相互适应，自行调整。

（2）直接指挥，直接控制。

（3）工作过程标准化。

（4）工作成果标准化。

（5）技艺（知识）标准化。

（6）共同价值观。

14. 组织结构与战略的关系

（1）战略前导性与结构滞后性。

①战略前导性：指企业战略的变化快于组织结构的变化。

②结构滞后性：指企业组织结构的变化常常慢于战略的变化速度。

（2）组织的战略类型。

①防御型战略组织。

防御型战略组织主要是要追求一种稳定的环境，试图通过解决开创性问题来达到自己的稳定性。防御型战略组织适合较为稳定的行业。但是，该行业也有潜在的危险，不可能对市场环境做出重大的改变。

②开拓型战略组织。

开拓型战略组织与防御型战略组织不同,它追求一种更为动态的环境,将其能力表现在探索和发现新产品和市场的机会上。开拓型战略组织缺乏效率性,很难获得最大利润。

③分析型战略组织。

防御型战略组织与开拓型战略组织分别处于一个战略调整序列的两个极端。分析型战略组织处于中间,可以说是开拓型战略组织与防御型战略组织的结合体。

④反应型战略组织。

反应型战略组织在对其外部环境的反应上采取一种动荡不定的调整模式,缺少在变化的环境中随机应变的机制。

 大纲习题解答

一、单项选择题

1. 通过改进上下级的沟通,使企业职工更清楚地知道与理解自己的作用,将自己的工作与企业中其他群体的工作很好地加以协调,这是(　　)。
   A. 回避控制问题　　　　　　　　B. 具体活动控制
   C. 成果控制　　　　　　　　　　D. 人员控制

2. 根据所定标准奖励或惩罚职工的行为,属于(　　)。
   A. 回避控制问题　　　　　　　　B. 具体活动控制
   C. 成果控制　　　　　　　　　　D. 人员控制

3. 在部分实施战略计划后,比较结果与目标,并分析、研究、确定所采取的措施,这是指(　　)。
   A. 事前控制　　B. 事后控制　　C. 过程控制　　D. 实时控制

4. 在活动过程中,依据某一标准来评价正在进行中的工作,以此确定工作是否继续进行,这是指(　　)。
   A. 事前控制　　B. 开放控制　　C. 过程控制　　D. 实时控制

5. 在实际工作过程中,比较预测的最终结果与标准,以此来决定所采取的行动,这是指(　　)。
   A. 事前控制　　B. 开放控制　　C. 过程控制　　D. 实时控制

6. 在组织控制方式的战略选择中,管理人员在有关预期具体活动方面的知识比较贫乏,但有较好的评价成果控制能力,这种情况下企业选择(　　)。
   A. 成果控制　　　　　　　　　　B. 人员控制
   C. 具体活动控制　　　　　　　　D. 具体活动控制与成果控制

7. (　　)研究组织间的差异,探讨不同结构的组织取得成功的原因,力图解决组织设计与权变因素之间的配合问题。
   A. 古典学派　　B. 人际关系学派　　C. 卡内基学派　　D. 权变理论

8. (　　)是指具有一定规模的企业的内部有很多管理层次。在每个层次上,管理人员的控制幅度较窄。这种结构有利于企业内部的控制,但对市场变化的反应较慢。

A. 高长型组织结构　　　　　　B. 扁平型组织结构

C. 简单直线结构　　　　　　　D. 事业总结构

参考答案　　1. D　2. B　3. B　4. B　5. D　6. A　7. D　8. A

二、多项选择题

1. 以下属于战略控制的基本原则的是（　　）。

   A. 领导与战略相适应　　　　　B. 组织与战略相适应

   C. 执行计划与战略相适应　　　D. 战略具有可行性

   E. 企业文化与战略相适应

2. 组织战略控制的制约因素有（　　）。

   A. 人员　　　B. 组织　　　C. 企业文化　　　D. 营销策略

   E. 财务制度

3. 完善的控制可以通过避免一些行为问题,或者通过运用其他的控制类型来实现,主要的控制类型有（　　）。

   A. 回避控制问题　　　　　　　B. 具体活动控制

   C. 成果控制　　　　　　　　　D. 财务控制

   E. 人员控制

4. 在许多情况下,管理人员可以采取适当的手段,避免不合适的行为发生,从而达到避免控制的目的。具体的做法有（　　）。

   A. 自动化　　　　　　　　　　B. 集中化

   C. 与外部组织共担风险　　　　D. 正规化

   E. 转移或放弃某种经营活动

5. 组织战略控制的方式基本上有（　　）。

   A. 事前控制　　　B. 事后控制　　　C. 过程控制　　　D. 实时控制

   E. 开放控制

6. 关于成果控制,最主要的问题是企业是否真正具备有效衡量预期成果的能力。一般来讲,这种评价能力包括（　　）。

   A. 正确性　　　B. 精确性　　　C. 及时性　　　D. 客观性

   E. 系统性

7. 管理人员在选择一种或多种控制方式时,一般考虑（　　）控制因素。

   A. 控制的要求　　B. 控制量　　C. 控制的成本　　D. 控制时间

   E. 控制过程

8. 协调机制就是建立在企业的分工与协调之上的制度。有的战略学者认为,企业组织的协调机制基本上有（　　）。

   A. 相互适应,自行调整　　　　B. 直接指挥,直接控制

C. 共同价值观　　　　　　　　D. 工作过程标准化

E. 工作成果、技艺（知识）标准化

9. 企业发展到一定阶段，其规模、产品和市场都发生了变化。这时，企业会采用合适的战略，并要求组织结构做出相应的反应。主要战略有（　　）。

A. 增大数量战略　B. 扩大地区战略　C. 纵向整合战略　D. 多种经营战略

E. 横向整合战略

10. 组织的战略类型包括（　　）。

A. 防御型战略组织　　　　　　B. 开拓型战略组织

C. 分析型战略组织　　　　　　D. 反应型战略组织

E. 灵活型战略组织

参考答案　1. ABCDE　2. ABC　3. ABCE　4. ABCE　5. ABCDE

6. ABCD　7. ABC　8. ABCDE　9. ABCD　10. ABCD

三、名词解释

1. 战略控制：指监督战略实施进程、及时纠正偏差、确保战略有效实施、使战略实施结果基本上符合预期计划的必要手段。

2. 权变计划：指企业在战略控制过程中为了在发生重大意外情况时采用的备用应变计划。

3. 分工：指企业为创造价值而对其人员和资源的分配方式。一般地讲，企业组织内部不同职能或事业部的数目越多、越专业化，企业的分工程度就越高。

4. 整合：指企业为实现预期的目标而用来协调人员与职能的手段。

5. 高长型组织结构：指具有一定规模的企业的内部有很多管理层次。在每个层次上，管理人员的控制幅度较窄。这种结构有利于企业内部的控制，但对市场变化的反应较慢。

6. 扁平型组织结构：指具有一定规模的企业的内部管理层次较少。在每个层次上，管理人员的控制幅度较宽。这种结构可以及时地反应市场的变化，并做出相应的反应，但容易造成管理的失控。

四、简答（论述）题

1. 什么是战略控制？其特征是什么？为什么要进行战略控制？

答案要点　（1）战略控制是监督战略实施进程、及时纠正偏差、确保战略有效实施、使战略实施结果基本上符合预期计划的必要手段。

（2）战略控制的特征：

企业战略活动必须考虑企业的外部环境，因而控制具有开放性；战略控制是企业高层管理对战略实施过程进行的总体控制；战略控制所依据的标准是企业的总体目标，而不是战略计划本身的目标；战略控制要使战略计划保持稳定性，又要具有灵活性；战略控制根据企业的效益，客观地评价与衡量战略行为的正确性。但很难用一个短期见效的定量形式评价衡量战略行为。

(3) 战略控制是利用一些标准来评价企业在外部环境和竞争优势的条件下，战略运用是否恰当。战略控制关注的是企业可以做（由企业外部环境机会决定）和企业所能做的（由企业自身竞争优势表明）是否相符。有效的战略控制可以帮助企业取得成功。战略控制还可以用来对战略执行所需条件的集中程度做出评价。

2. 简述组织结构的构成要素。

答案要点 组织结构是组织为实现共同目标而进行的各种分工和协调的系统。它可以平衡企业组织内专业化与整合两个方面的要求，运用集权和分权的手段对企业生产经营活动进行组织和控制。因此，组织结构的基本构成要素是分工与整合。

(1) 分工是指企业为创造价值而对其人员和资源的分配方式。一般地讲，企业组织内部不同职能或事业部的数目越多、越专业化，企业的分工程度就越高。为了更好地创造效益，企业在组织分工上有两种选择：一是企业高层管理人员必须在如何分配组织的决策权上做出选择，以便较好地控制企业创造价值的活动。这种选择就是纵向分工的选择。二是企业高层管理人员必须在如何分配人员、职能部门以及事业部方面做出选择，以便增加企业创造价值的能力。这种选择是横向分工选择。

(2) 整合是指企业为实现预期的目标而用来协调人员与职能的手段。为此，企业必须建立组织结构，协调不同职能与事业部的生产经营活动，以便有效地执行企业的战略。

3. 横向分工结构的基本类型有哪些？各自的优缺点是什么？

答案要点 横向分工结构的基本类型有：

(1) 简单直线式结构。其特点是所有的战略决策和业务决策高度集中，由企业所有者兼经营者一人做出。最小型的企业多采用这种结构。优点是：便于控制全部业务活动；对产品和市场的变化反应灵敏，能迅速做出决策；激励、奖励和控制系统简便灵活。缺点是：对业主兼经营者要求苛刻；不利于培养未来的管理人员；业主兼经营者忙于日常事务，无暇集中注意力于未来战略。

(2) 职能结构。这种结构的特点是组织中相同的任务和活动分别集中为不同的专业职能，如生产作业、市场营销、研究开发等。它们在各自的职责范围内，对下级行使管理职能。企业将生产经营活动集中在一个产品和市场，当有少数几个相关产品和市场时，多使用这种结构。优点是：职能专业化，可提高企业效率；有利于培养职能专家；可对日常业务决策进行区分和授权；保持对战略决策的集中控制。缺点是：容易导致专业分工过细以及职能部门之间发生竞争或冲突；职能难以协调，职能间决策难以做出；直线职能与参谋职能之间有矛盾；企业内部难以培养出全面的管理人才。

(3) 事业部结构。这种结构的特点是把企业的生产经营活动，按照产品或地区等划分建立生产经营事业部。每个事业部都是一个利润中心，在总部的领导下实行独立核算、自负盈亏。这种结构体现出"政策制定与行政管理分开"的原则，使公司总部能集中精力进行全局性战略决策，不为日常具体行政事务所干扰。优点是：把协调工作和必要的权力下放到适当的层次，有利于对环境做出快速反应；战略的制定与实施更切合于事业部的特定环境;使业务最高负责人可集中精力考虑范围更广的战略决策;各事业部经济责任明确;事业部里仍保留职能专业化的功能;事业部是培训战略管理人员的良好场所。缺点是:各事业部会在企业资源分配上形成不良竞争;总部向事业部管理人员授权的程度问题不易解决;各事业部的政策可能出现不协调;不易找到能使负有盈利责任的不同事业部经理都感到满意的分摊企业间接费用的方法。

(4) 战略经营单位结构。这种结构的特点是根据共同的战略因素,将若干个事业部或其某些部分组合成一个单位,通常是以企业经营单位所服务的独立的产品或市场部分为基础构成。优点是:战略经营单位内,各事业部具有同样的战略利害关系和产品、市场环境,它们之间容易协调一致;可以加强大型多种经营企业的战略管理和控制;有利于区别和深化企业一级和经营单位一级的计划;明确了不同经营单位的经济责任。缺点是:企业总部与事业部之间又增加了一个管理层次;总部资源分配上的不良竞争可能会增加;集团副总裁的职责难以确定;集团副总裁与事业部经理的自主程度很难确定。

(5) 矩阵组织结构。这种结构的特点是在原有按直线指挥系统与职能部门组成纵向垂直领导系统的基础上,又建立一个横向的以产品(项目)为中心的领导系统,二者合成一矩阵形结构。矩阵结构在权力、效益责任、评价和控制上都有两个渠道,旨在兼取职能专业化和产品(项目)专业化之所长。这种结构常见于拥有许多同具重大战略意义的产品或业务项目的大公司。优点是:适于进行大量以项目为中心的经营活动;是培训战略管理人员的良好场所;能最有效地发挥职能部门管理人员的作用;能激发创造性,利于开展多种业务项目;中层管理人员可以更多地接触企业战略问题。缺点是:双重负责易导致政策的混乱和矛盾;必须进行大量横向与纵向的协调工作。

4. 试从企业的发展阶段角度分析战略与结构的关系。

答案要点 战略与结构的关系基本上是受产业经济发展制约的。在不同的发展阶段,企业应有不同的战略,企业的组织结构也相应做出反应。应该指出,企业最先对经济发展做出反应的是战略,而不是组织结构,即在反应的过程中存在着战略的前导性和结构的滞后性现象。

企业发展到一定阶段,其规模、产品和市场都发生了变化。这时,企业会采用合适的战略,并要求组织结构做出相应的反应。主要战略有:

(1) 增大数量战略。在行业处于发展阶段、外部环境竞争不激烈的条件下,企业要增大生产的数量,只需采用简单的结构或形式。

(2) 扩大地区战略。随着行业进一步发展,在一个地区的生产或销售已不能满足企业的发展速度和需要时,则要求企业将产品或服务扩展到其他地区去。为了协调这些产品和服务,形成标准化和专业化,企业组织要求有职能部门结构。

(3) 纵向整合战略。在行业增长阶段后期,竞争更加激烈,为了减少竞争的压力,企业需要拥有一部分原材料的生产能力,或拥有销售产品的渠道。在这种情况下,组织应运用事业部制结构。

(4) 多种经营战略。在行业进入成熟期，企业为了避免投资或经营风险，便开发与企业原有产品不相关的新产品系列，或到其他行业里经营自己原有的产品。这时企业应根据规模和市场的具体情况，分别采用矩阵结构或经营单位结构。

5. 简述战略控制的制约因素。

答案要点 战略控制的制约因素一般有以下三个方面：

(1) 人员。

人员既是执行战略控制的主体，又是战略控制的对象。为实现企业战略目标，使战略实施获得预期效果，企业首先选择或培训能胜任新战略实施的领导人；其次，改变企业中所有人员的有关行为习惯，使之适合新战略的要求。

(2) 组织。

企业的人事系统、权力与控制结构、领导体制及方式等。企业战略发生变化时，其组织结构通常要进行调整。否则，企业很难实现预期的目标。

(3) 企业文化。

企业文化是企业组织成员共有的价值观念、传统习惯、行为准则等系统，影响着企业成员的态度和行为方式。这种影响根深蒂固，如何加以诱导利用，使之有利于战略的实现，是战略控制中的难点。

6. 简述战略控制的过程。

答案要点 战略控制的一个重要目标就是使企业实际的效益尽量符合战略计划。为了达到这一点，战略控制过程可以分为四个步骤：

(1) 制定效益标准。

战略控制过程的第一个步骤就是评价计划，制定出效益标准。企业可以根据预期的目标或计划制定出应当实现的战略效益。经过一系列的评价，企业可以找出成功的关键因素，并据此作为企业实际效益的衡量标准。企业常用的衡量标准有销售额、销售增长、净利润、资产、销售成本、市场占有率、价值增值、产品质量和劳动生产率等。

(2) 衡量实际效益。

在战略控制的第二个步骤里，企业主要是判断和衡量实现企业效益的实际条件。管理人员需要收集数据和处理数据，进行具体的职能控制，并且监测环境变化时所产生的信号。

企业管理人员在判断和衡量实际效益时，应尽可能及早而且正确地捕捉到弱信号，从而减少意外，增加对强信号的反应时间。企业一旦发现了环境变化的弱信号，则应对此进行监控，并制订采取反应措施的计划。此外，为了更好地衡量实际效益，企业还要制定出具体的衡量方法以及衡量的范围，保证衡量的有效性。

(3) 评价实际效益。

在这一步骤里，企业要把实际的效益与计划的效益相比较，确定二者之间的差距，并尽量分析出形成差距的原因。

(4) 纠正措施和权变计划。

在战略控制的最后一个步骤里，企业应考虑采取纠正措施或实施权变计划。在生产经营活动中，一旦企业判断出外部环境的机会或威胁可能造成的结果，则必须采取相应的纠正或补救措施。当然，当企业的实际效益与标准效益出现了很大的差距时，也应及时采取纠正措施。

7. 简述组织的战略类型。

答案要点 战略的一个重要特性就是适应性。这种适应是一种复杂的动态的调整过程，要求企业在加强内部管理的同时，不断推出适应环境的有效组织结构。在选择的过程中，企业可以考虑以下四种类型：

(1) 防御型战略组织。

防御型战略组织主要是追求一种稳定的环境，试图通过解决开创性问题来达到自己的稳定性。在这个有限的市场中，防御型战略组织常采用竞争性定价或高质量产品等经济活动来阻止竞争对手进入它们的领域，保持自己的稳定。防御型战略组织适合于较为稳定的行业。但是，该行业也有潜在的危险，不可能对市场环境做出重大的改变。

(2) 开拓型战略组织。

开拓型战略组织与防御型战略组织不同，它追求一种更为动态的环境，将其能力表现在探索和发现新产品和市场的机会上。这就要求开拓型战略组织在寻求新机会的过程中必须具有一种从整体上把握环境变化的能力。开拓型战略组织在不断求变当中可以减少环境动荡的影响，但它要冒利润较低与资源分散的风险。总之，开拓型战略组织缺乏效率性，很难获得最大利润。

(3) 分析型战略组织。

这是开拓型战略组织与防御型战略组织的结合体。这种战略组织总是对各种战略进行理智的选择，试图以最小的风险、最大的机会获得利润。在寻求新的产品和市场机会的同时，保持传统的产品和市场。如果分析型战略组织不能保持战略与结构关系的必要平衡，那么它最大的危险就是既无效能又无效率。

(4) 反应型战略组织。

反应型战略组织在对其外部环境的反应上采取一种动荡不定的调整模式，缺少在变化的环境中随机应变的机制。它往往会对环境变化和不确定性做出不适当的反应，随后又会执行不力，对以后的经营行动犹豫不决。

五、案例分析题

案例一：

海天冰茶的战略调整

人们记忆中的海天"冰茶"是1993年以一个供销社为基础发展起来的饮料巨头，初期发展迅猛。1995年，海天冰茶销量达到5 000万元。1996年，这个数字骤然升至5个亿，翻了10倍。在市场销售最高峰的1998年，海天的销售额达到了30亿元。短短几年间，海天集团一跃成为中国茶饮料市场的龙头老大。

海天的成功引来了众多跟风者的竞争。康师傅、统一、可口可乐、娃哈哈等一群"冰红茶""冰绿茶"相继出现在消费者面前。海天"冰茶"的独家生意很快就被分食、弱化了。2001年，海天的市场份额从最初的70%跌至30%，销售额也随之大幅下降。

伴随着产品先行者的优势被削弱，管理上的问题也越来越多地暴露出来。据介绍，在渠道建设方面，不论进入哪一个城市，不论什么职位，海天集团都从本地派遣人马。但是，管理这些网点的制度规范却很滞后，总部与网点之间更多的是激励机制，少有约束机制。

海天集团实行按照回款多少来考核工作业绩的制度。有报道说，有些从集团派出的业务人员为了达到考核要求，私自和经销商商定：只要你答应我的回款要求，我就答应你的返利条件；可以向集团要政策，甚至允许经销商卖过期产品。更有业务人员，其主要精力除了用于催款和许诺外，就是和经销商一起坑骗企业。

面对如此严峻的形势，海天集团开始了变革。变革的力度可以用"大破大立"来形容。

第一步是企业高层大换血。目标是将原来粗放、经验主义的管理转为量化、标准化管理。集团引进了30多位博士、博士后和高级工程师，开始接手战略管理、市场管理、品牌策划和产品研发方面的工作。

第二步是把1 000多名一线的销售人员重新安排到生产部门，试图从平面管理向垂直管理转变。集团总部建立了物流、财务、技术三个垂直管理系统，直接对大区公司进行调控，各大区公司再对所属省级公司进行垂直管理。这样的人员调动是集团成立8年来最大的一次。

第三步是把集团的组织结构重新划分为五大事业部，包括饮料事业部、冰茶红酒事业部、茶叶事业部、资本经营事业部和纺织及其他事业部，实现多元化经营。

令人意想不到的是，大刀阔斧的变革并没有让产品的市场表现有所好转，相反，组织内部却先乱了起来。

在"空降兵"进入集团并担任要职后，新老团队之间的隔阂日益加深。由于公司最初没有明确的股权认证，大家都不愿意自己的那一份被低估，元老们心里想的是"当初我的贡献比你多"，而新人则认为"今天我的作用比你大"。同时，1 000多名一线业务人员被调回生产部门，不仅关系到个人利益的重新分配，而且关系到销售渠道的稳定性和持续性。于是，矛盾不可避免地尖锐起来，企业出现了混乱。自2001年，如日中天的海天开始出现明显的滑落，2002年下半年，海天停止销货。一度风光无限的"海天"渐渐成为人们脑海中的一个回忆。

问题：

(1) 结合案例材料，分析海天集团进行战略调整的动因。

(2) 你认为海天集团战略调整失败的原因有哪些？

(3) 假如你是当时海天集团的决策人，你会如何进行战略调整？

答案要点 (1) 一般来讲，战略调整的动因有外部动因和内部动因两个方面。

就本案例来说，外在的动因主要是来自竞争对手的挑战（如海天的成功引来了众多跟风者的竞争，康师傅、统一、可口可乐、娃哈哈等一群"冰红茶""冰绿茶"相继出现在消费者面前）和外部环境的变化（如海天"冰茶"的独家生意很快就被分食、弱化了，2001年，海天的市场份额从最初的70%跌至30%，销售额也随之大幅下降）。内在的动因则主要来自公司本身的变化，如战略动机的变化、公司层战略、职能层战略、业务层战略的调整以及内部环境条件的变化。

（2）海天集团战略调整失败的原因：①企业高层的大换血，加深了新老团队之间的隔阂；②公司最初没有明确的股权认证，激励机制不健全，高层管理团队凝聚力下降，没能有效地洞察到机会和威胁，从而导致其不能做出最佳的战略决策；③一线人员的调整换岗是职能战略的失误；④公司实施多元化战略的时机错误；⑤组织内部结构与组织战略、市场变化不匹配。

（3）作为海天的战略决策者，应该确定一个明确的战略方向，有效地管理企业的资源组合，维持一个有效的组织文化，强调道德实施和确立均衡的组织控制系统。

案例二：

奔驰是这样做起来的

名列世界品牌500强的第五、雄踞全球最大工业公司500家的第十、有着120年历史的世界顶级品牌车奔驰，一直是精英达人的向往、成功人士的象征。其品牌形象、外观设计、产品质量及售后服务等都无与伦比。你知道吗？奔驰是这样做起来的。

一天，一位新员工到德国奔驰中国分公司报到，按规定，他要到公司二楼行政部领取办公用品。也许是听到了进来的脚步声，正埋头工作的女职员突然抬起了头，满脸微笑看着他。新员工走到女职员跟前，轻声问道："请问，你是徐小姐吗？是在这里领办公用品吗？"

"是的。"说完，女文员立即站了起来，"有什么可以帮到您？"

新员工翻了翻自己的胸牌，说道："我来领一支笔。"

"好的，请稍等。"说完，徐小姐转身打开后面的柜子，拿出一支签字笔，先在纸上试了一下，然后双手递给新员工说："麻烦您在这里签个字。"

新员工接过登记簿，唰唰唰潦草地签了名，正准备转身离去，却听徐小姐说："刘先生，请您将日期写得更清楚点。"

听此，新员工讪笑了一下，待重新签字落款后，开玩笑似地问道："这个很重要吗？"

"当然很重要。"徐小姐一脸正色地说，"因为从今天开始到两个月后，您才能到这里领第二支笔。"

新员工有点好奇了，惊讶地问道："公司对员工领用这种廉价的签字笔也有规定？"

"当然，两个月内，对您不再发放第二支笔。"

"那如果我领用的这支笔坏了，写不出来怎么办？"

"那您可以用坏的来这里换，没有坏的，你依然不能领用新的签字笔。"

"那如果我的笔写完了呢?"

"您可以拿用完的笔芯来换,但一个月内只可以换一支。"

"倘若我提前用完了怎么办?"

"费用自理!"

"可是,假如我真的是因为工作将笔用完了呢?"

"那是不可能的,你们主管部门不是写字很多的部门,公司对每个部门用笔的情况都做过认真评估,所以才制定了这个标准。"

当新员工还想继续发问的时候,却不经意地看到了对面玻璃墙上的标语,那是用中英文对照写着的一句话"细节决定成败"。新员工暗自点了点头,略有所悟地说:"明白。"

"谢谢!"说完,徐小姐依然是笑容可掬地站在那里,目送这位新员工健步离开……

美国质量管理专家菲利普·克劳斯比曾经说过:"一个由数以百万计的个人行动所构成的公司(想想看,每个人每天要执行多少不同的行动)经不起其中1%或2%的行动偏离正轨。"麦当劳前总裁特纳更是一语道破天机:"我们的成功表明,我们的竞争者的管理层对下层的介入未能坚持下去,他们缺乏对细节的深层关注。"

是啊,管理无大事,于细微处见精神。一支小小的签字笔都能管得如此到位,难怪世界到处跑的都是奔驰!

问题:

根据以上案例,请简述企业文化的构成要素以及企业战略与企业文化的关系。

答案要点 (1)企业文化的构成要素主要包括:①思维方式。共同的思维方式表现为组织的模式化。组织中共有的思维方式通常难以察觉,组织成员自己也未必有明确的意识。但在一定程度上支配着组织成员的判断和行为。②价值观念。它是企业及全体员工一致认同的关于客观事物对于企业是否具有价值,以及价值大小的共同认识或看法。它体现了一个企业的基本概念和信仰,反映了企业内部衡量事物重要程度及是非优劣的根本标准,因而是组织文化的核心和基石。价值观念体现了企业的最高目标和宗旨。任何企业,总是把自认为对自己最有价值的对象作为本企业努力追求的最高目标、最高理想和最高宗旨。具有稳定的、为全体员工共享的价值观念体系是组织文化发育成熟的重要标志。③行为规范。价值观念和思维方式是抽象的东西。抽象的东西有几大特点,即一般性、融通性、普遍适用性。只要有共同的价值观和思维方式,基本的看待和处理问题的方式就不会变,就有解决问题的一般准则存在。管理者往往需要把价值观和思维方式具体化为具体的政策,组织的规程、制度、管理体系。通过这些手段,告诉组织成员在具体情况下应该如何来行动,即确定明确的行为规范。④组织文化三个层次的要素,关键在于共有。从理论上讲,未必需要三个方面都共有,但由于价值观念、思维方式、行为规范的内在一致性,文化生长、熏染的结果必然是共有化。

（2）企业战略与企业文化的关系：①企业文化是企业战略的基石。文化为战略制定提供动力，企业文化是企业战略实施的关键，企业文化是企业战略控制的软性黏合剂。②企业文化是维持企业战略优势的条件，文化优势是特有的，是不易被模仿的，一旦企业文化优势消失，其战略优势也会很快消失。③企业文化与企业战略的适应与协调。企业文化具有较强的历史延续性和变迁的迟缓性，在企业的战略管理过程中，企业内部的新旧文化必须相互适应、相互协调，为战略的成功提供保障。

第三部分 市场营销

第一章 市场营销导论

 大纲重点、难点提示

1. 市场营销学的性质

①经济学对市场营销思想的贡献。②心理学对市场营销思想的贡献。③社会学对市场营销思想的贡献。④管理学对市场营销思想的贡献。

2. 市场营销学的特点

①市场营销学的研究对象。②市场的含义。③市场营销的含义及其最新定义。④市场营销与销售的区别。⑤人们获取所需产品的主要方式。⑥交换与交易。⑦交换需具备的条件。⑧交易与转让。⑨交易的实质内容。

3. 交易市场营销和关系市场营销的区别

①市场营销网络。②市场营销者的含义。③相互市场营销的含义。

4. 传统观念与市场营销观念的划分

①生产观念的含义及其产生背景。②产品观念的含义。③"市场营销近视"的含义。④推销观念的含义及其产生背景。⑤市场营销观念的含义。⑥客户观念的含义。⑦顾客让渡价值的含义。⑧社会市场营销观念的产生背景及其含义。

5. 绿色市场营销的兴起

①绿色市场营销的实质。②市场营销方式的新进展：CRM（顾客关系管理）和交叉销售。

 大纲习题解答

一、单项选择题

1. 市场营销学是在20世纪初从（　　）的母体中脱胎出来的。
   A. 经济学　　　　B. 管理学　　　　C. 心理学　　　　D. 社会学

2. 现代市场营销学是一门应用科学，属于（　　）的范畴。
   A. 经济学　　　　B. 管理学　　　　C. 心理学　　　　D. 社会学
3. （　　）为市场营销思想发展提供的概念，比其他任何一门社会学科都多。
   A. 经济学　　　　B. 管理学　　　　C. 心理学　　　　D. 社会学
4. 某种产品的现实购买者与潜在购买者需求的总和是指（　　）。
   A. 市场　　　　　B. 欲望　　　　　C. 需求　　　　　D. 需要
5. 下列哪种观念认为，消费者喜欢那些可以随处买得到而且价格低廉的产品，企业应致力于提高生产效率和分销效率，扩大生产，降低成本以扩展市场？（　　）
   A. 生产观念　　　B. 产品观念　　　C. 推销观念　　　D. 客户观念
6. 下列哪种观念认为，消费者最喜欢高质量、多功能和具有某种特色的产品，企业应致力于生产高价值产品，并不断加以改进？（　　）
   A. 客户观念　　　B. 产品观念　　　C. 推销观念　　　D. 市场营销观念
7. （　　）最容易导致"市场营销近视"。
   A. 生产观念　　　B. 产品观念　　　C. 推销观念　　　D. 市场营销观念
8. 下列哪种观念认为，消费者通常表现出一种购买惰性或抗衡心理，如果听之任之的话，消费者一般不会足量购买某一企业的产品，因此企业必须积极推销和大力促销，以刺激消费者大量购买企业产品？（　　）
   A. 客户观念　　　B. 产品观念　　　C. 推销观念　　　D. 市场营销观念
9. 产生于资本主义国家由"卖方市场"向"买方市场"过渡阶段的营销观念是（　　）。
   A. 生产观念　　　B. 产品观念　　　C. 推销观念　　　D. 市场营销观念
10. 实现企业各种目标的关键在于正确地确定目标市场的需求和欲望，并且比竞争者更有效地传送目标市场所期望的产品或服务，进而比竞争者更有效地满足目标市场的需求和欲望。这是指（　　）。
    A. 生产观念　　　B. 产品观念　　　C. 客户观念　　　D. 市场营销观念
11. 企业注重收集每一个客户以往的交易信息、人口统计信息、心理活动信息、媒体习惯信息以及分销偏好信息等，根据由此确认的不同客户终生价值，分别为每一个客户提供各自不同的产品或服务，传播不同的信息。通过提高客户忠诚度，增加每一个客户的购买量，从而确保企业的利润增长是指（　　）。
    A. 生产观念　　　B. 产品观念　　　C. 客户观念　　　D. 市场营销观念
12. 强调满足每一个细分市场需求的营销观念是（　　）。
    A. 生产观念　　　B. 产品观念　　　C. 客户观念　　　D. 市场营销观念
13. 强调满足每一个客户的特殊需求的营销观念是（　　）。
    A. 生产观念　　　B. 产品观念　　　C. 客户观念　　　D. 市场营销观念
14. 要求市场营销者在制定市场营销政策时，要统筹兼顾企业利润、消费者需要的满足和社会利益是指（　　）。
    A. 生产观念　　　B. 产品观念　　　C. 社会营销观念　D. 市场营销观念

15. 顾客总价值与顾客总成本之间的差额是指（　　）。
    A. 顾客让渡价值　　　　　　　　B. 顾客总价值
    C. 顾客总成本　　　　　　　　　D. 顾客生命周期价值

16. 顾客购买某一产品或服务所期望获得的一组利益是指（　　）。
    A. 顾客让渡价值　　　　　　　　B. 顾客总价值
    C. 顾客总成本　　　　　　　　　D. 顾客生命周期价值

17. 顾客为购买某一产品所耗费的时间、精力、体力以及所支付的货币资金等是指（　　）。
    A. 顾客让渡价值　　　　　　　　B. 顾客总价值
    C. 顾客总成本　　　　　　　　　D. 顾客生命周期价值

18. 企业价值链理论是由（　　）首次提出来的。
    A. 迈克尔·波特　　　　　　　　B. 德鲁克
    C. 科特勒　　　　　　　　　　　D. 麦卡锡

19. 企业内创造价值的不同单位、但有互相关联的经济活动的集合是指（　　）。
    A. 企业价值链　　　　　　　　　B. 核心竞争力
    C. 学习能力　　　　　　　　　　D. 产业价值链

20. 在企业价值链中，材料供应、生产加工、成品储运、市场营销、售后服务等活动属于（　　）。
    A. 基本增值活动　　　　　　　　B. 辅助性增值活动
    C. 竞争增值活动　　　　　　　　D. 商流

21. 在企业价值链中，设施、组织建设、人事管理、技术开发和采购管理等属于（　　）。
    A. 基本增值活动　　　　　　　　B. 辅助性增值活动
    C. 竞争增值活动　　　　　　　　D. 商流

22. 强调企业在进行市场营销活动时，要努力把经济效益与环境效益结合起来，尽量保持人与环境的和谐，不断改善人类的生存环境。这属于（　　）活动。
    A. 绿色市场营销　　　　　　　　B. 关系市场营销
    C. 网络市场营销　　　　　　　　D. 社会市场营销

参考答案　1. A　2. B　3. A　4. A　5. A　6. B　7. B　8. C　9. C　10. D　11. C
12. D　13. C　14. C　15. A　16. B　17. C　18. A　19. A　20. A　21. B　22. A

二、多项选择题

1. 下列学科中，对市场营销思想的贡献最为显著的是（　　）。
    A. 经济学　　B. 心理学　　C. 社会学　　D. 管理学
    E. 金融学

2. 市场营销思想的发展是一个兼容并蓄的过程，市场营销学作为一门独立的学科，具有（　　）的特点。

A. 综合性　　　　B. 边缘性　　　　C. 实践性　　　　D. 结构性

E. 社会性

3. 市场是指某种产品的现实购买者与潜在购买者需求的总和，主要包括（　　）。

A. 人口　　　　　B. 购买力　　　　C. 购买欲望　　　D. 产品

E. 商标

4. 促使国内外企业意识到市场营销重要性的主要因素有（　　）。

A. 销售额下降　　　　　　　　　B. 增长缓慢

C. 购买行为的改变　　　　　　　D. 竞争的加剧

E. 销售成本的提高

5. 企业经营观念是指企业在开展市场经营的过程中，在处理企业、顾客和社会三者利益方面所持的态度、思想和意识，它可以归纳为（　　）。

A. 生产观念　　　B. 产品观念　　　C. 推销观念　　　D. 市场营销观念

E. 客户观念

6. 顾客总价值是指顾客为购买某一产品或服务所期望获得的一组利益，主要包括（　　）。

A. 产品价值　　　B. 服务价值　　　C. 人员价值　　　D. 形象价值

E. 其他价值

7. 顾客总成本是指顾客为购买某一产品所耗费的时间、精力、体力以及所支付的货币资金等，主要包括（　　）。

A. 货币成本　　　B. 时间成本　　　C. 精力成本　　　D. 体力成本

E. 其他成本

8. 在企业价值链中，基本增值活动包括（　　）。

A. 材料供应　　　B. 生产加工　　　C. 成品储运　　　D. 市场营销

E. 售后服务

9. 在企业价值链中，企业辅助性增值活动包括（　　）。

A. 设施　　　　　B. 组织建设　　　C. 人事管理　　　D. 技术开发

E. 采购管理

10. 总体上讲，CRM 的主要功能集中体现在（　　）。

A. 顾客的获取　　B. 顾客的开发　　C. 顾客的保持　　D. 顾客的联系

E. 顾客的需求

参考答案　　1. ABCD　　2. ABC　　3. ABC　　4. ABCDE　　5. ABCDE

6. ABCD　　7. ABCD　　8. ABCDE　　9. ABCDE　　10. ABC

三、名词解释

1. 市场：具有特定需要和欲望，而且愿意并能够通过交换来满足这种需要或欲望的全部潜在顾客。

2. 市场营销：指与市场有关的人类活动，即以满足人类各种需要和欲望为目的，通过市场变潜在交换为现实交换的活动。

3. 企业经营观念：指企业在开展市场营销的过程中，在处理企业、顾客和社会三者利益方面所持的态度、思想和意识。

4. 生产观念：指导销售者行为的最古老的观念之一，是指企业给顾客提供廉价产品的观念。生产观念认为，消费者喜欢那些可以随处买得到而且价格低廉的产品，企业应致力于提高生产效率和分销效率，扩大生产、降低成本以扩展市场。

5. 产品观念：认为消费者最喜欢高质量、多功能和具有某种特色的产品，企业应致力于生产高价值产品，并不断加以改进，但这最容易导致"市场营销近视"。

6. 推销观念：指被许多企业所采用的一种观念。它认为，消费者通常表现出一种购买惰性或抗衡心理，如果听之任之的话，消费者一般不会足量购买某一企业的产品，因此，企业必须积极推销和大力促销，以刺激消费者大量购买本企业产品。推销观念在现代市场经济条件下被大量用于推销那些非渴求物品，即购买者一般不会想到要去购买的产品或服务。许多企业在产品过剩时，也常常奉行推销观念。

7. 市场营销观念：认为实现企业各项目标的关键在于正确确定目标市场的需要和欲望，并且比竞争者更有效地传送目标市场所期望的产品或服务，进而比竞争者更有效地满足目标市场的需要和欲望。

8. 客户观念：指企业注重收集每一个客户以往的交易信息、人口统计信息、心理活动信息、媒体习惯信息以及分销偏好信息等，根据由此确认的不同客户终生价值，分别为每一个客户提供各自不同的产品或服务，传播不同的信息。通过提高客户忠诚度，增加每一个客户的购买量，从而确保企业的利润增长。

9. 社会市场营销：提出企业的任务是确定各个目标市场的需要、欲望和利益，并以保护或提高消费者和社会福利的方式，比竞争者更有效、更有利地向目标市场提供能够满足其需要、欲望和利益的产品或服务。社会市场营销观念要求市场营销者在制定市场营销政策时，要统筹兼顾三方面的利益，即企业利润、消费者需要的满足和社会利益。

10. 关系市场营销：企业与其顾客、分销商、经销商、供应商等相关组织或个人建立、保持并加强联系，通过互利交换及共同履行诺言，促使有关各方实现各自目的。企业与顾客之间的长期关系是关系市场营销的核心概念。

11. 顾客让渡价值：指顾客总价值与顾客总成本之间的差额。顾客总价值是指顾客购买某一产品或服务所期望获得的一组利益，它包括产品价值、服务价值、人员价值和形象价值等。顾客总成本是指顾客为购买某一产品所耗费的时间、精神、体力以及所支付的货币资金等，因此，顾客总成本包括货币成本、时间成本、精神成本和体力成本等。

12. 企业价值链理论：指在企业内创造价值的不同单位但有互相关联的经济活动的集合。

13. 绿色市场营销：指企业在市场营销中要重视保护地球生态环境，防治污染以保护生态，充分利用并回收再生资源以造福后代。

14. CRM：一种市场导向的企业营销理念，也是面向顾客优化市场、服务、销售业务流程，增强企业部门间集成协同能力，加快顾客服务的响应速度，提高顾客满意度和忠诚度的一整套解决方案。

15. 交叉销售：CRM 的一个重要应用领域。一般来讲，交叉销售是指借助 CRM，发现现有顾客的多种需求，并通过满足其需求而销售多种相关服务或产品的一种新兴营销方式。

16. 网络营销：指以互联网为媒介，并用相关的方式、方法和理念实施营销活动以更有效地促成交易活动的实现。

17. 体验营销：指企业从感官、情感、思考、行动和关联诸方面设计营销理念，以产品或服务为道具，激发并满足顾客的体验需求，从而达到企业目标的营销模式。

18. 口碑营销：指由个人或群体发起并进行的，关于某一特定产品、服务、品牌或组织的一种双向的信息沟通行为。

19. 数据库营销：营销领域的一次重要变革，是一个全新的营销概念。所谓数据库营销，就是企业通过搜集和积累消费者的大量信息，经过处理后预测消费者购买某种产品的概率，借助这些信息给产品以精确定位，有针对性地传播营销信息，以达到说服消费者购买产品的目的。

20. 文化营销：指企业在营销活动中有意识地通过发现、培养或创造某种核心价值观念，并且针对企业面临的目标市场的文化环境，采取一系列的文化适应和沟通策略，以实现企业经营目标的一种营销方式。

四、简答（论述）题

1. 简述交易市场营销与关系市场营销的区别。

答案要点 关系市场营销是指企业与其顾客、分销商、经销商、供应商等相关组织或个人建立、保持并加强联系，通过互利交换及共同履行诺言，使有关各方实现各自目的。企业与顾客之间的长期关系是关系市场营销的核心概念。

交易市场营销是指与交易有关的市场营销活动，是关系市场营销的一部分。

关系市场营销和交易市场营销的区别是：

（1）关系市场营销关注企业与顾客之间的长期关系，为交易节省时间和成本。

（2）交易市场营销强调企业的获利行为，关注的是企业长期利益。

（3）交易市场营销强调市场占有率，关系市场营销强调顾客忠诚度。

2. 论述市场营销观念的含义及其与推销观念的区别。

答案要点 市场营销观念认为，实现企业各项目标的关键在于正确确定目标市场的需要和欲望，并且比竞争者更有效地传送目标市场所期望的产品或服务，进而比竞争者更有效地满足目标市场的需要和欲望。

推销观念注重卖方需要，市场营销观念则注重买方需要。推销观念以卖方需要为出发点，考虑如何把产品变成现金，而市场营销观念则考虑如何通过制造、传送产品以及与最终消费产品有关的所有事物，来满足顾客的需要。推销观念和市场营销观念可以通过以下四点来区别：

（1）出发点不同：推销观念以卖方需要为出发点，而市场营销观念是以制造、传送产品以及与最终消费产品有关的事物来满足顾客需要。

（2）营销的重点不同：推销观念以产品为重点，而市场营销观念是以顾客需要为重点。

（3）营销手段不同：推销观念认为消费者通常对购买产品具有抗衡心理，不会足量购买产品，所以必须加大推销和促销力度。市场营销观念认为必须致力于顾客服务和顾客满意，其手段主要以整合营销为主。

（4）营销的目的不同：推销观念是通过增加销售量来实现利润的增长，而市场营销观念则是通过顾客的满意来实现利润的增长。

3. 简述绿色市场营销的实质。

答案要点 所谓绿色市场营销，是指企业在市场营销中要重视保护地球生态环境，防治污染以保护生态，充分利用并回收再生资源以造福后代。具体来讲，有以下四个要求：

（1）企业在选择生产技术、生产原料、制造程序时，应符合环境保护标准。

（2）在产品设计和包装装潢设计时，应尽量降低产品包装或产品使用的剩余物，以降低对环境的不利影响。

（3）在分销和促销过程中，应积极引导消费者尽量减少环境污染。

（4）在产品售前、售中、售后服务中，应注意节省资源、减少污染。

可见绿色市场营销的实质，就是强调企业在进行市场营销活动时，要努力把经济效益与环境效益结合起来，尽量保持人与环境的和谐，不断改善人类的生存环境。

4. 简述客户观念的主要内容。

答案要点 所谓客户观念，是指企业根据客户信息确认不同客户的终生价值，分别为每一个客户提供各自不同的产品或服务，传播不同的信息。通过提高客户忠诚度，增加每一个客户的购买量，从而确保企业的利润增长。

客户观念以单个客户为起点，以客户需要和客户价值为焦点，通过一对一营销整合和价值链的手段提升客户占有率、客户忠诚度和客户终身价值，进而实现利润增长的目标。

5. 论述提升顾客让渡价值的意见及途径。

答案要点 顾客让渡价值是指顾客总价值与顾客总成本之间的差额。顾客总价值是指顾客购买某一产品或服务所期望获得的一组利益，它包括产品价值、服务价值、人员价值和形象价值等。顾客总成本是指顾客为购买某一产品所耗费的时间、精神、体力以及所支付的货币资金等，因此，顾客总成本包括货币成本、时间成本、精神成本和体力成本等。

由于顾客在购买产品时，总希望把有关成本包括货币、时间、精神和体力等降到最低限度，而同时又希望从中获得更多的实际利益，以使自己的需要得到最大限度的满足。因此，顾客在选购产品时，往往从价值与成本两个方面进行比较分析，从中选择出价值最高、成本最低的产品,即顾客让渡价值最高的产品作为优先选购的对象。

企业为在竞争中战胜竞争对手,吸引更多的潜在顾客,可从两个方面改进自己的工作:一是通过改进产品、服务、人员与形象,提高产品的总价值;二是通过降低生产与销售成本,减少顾客购买产品的时间、精神与体力的耗费,从而降低货币与非货币成本。

6. 如何借助顾客关系管理进行客户开发?

答案要点 CRM 即顾客关系管理,是一种市场导向的企业营销理念,同时也是面向顾客优化市场、服务、销售业务流程,增强企业部门间集成协同能力,加快顾客服务的响应速度,提高顾客满意度和忠诚度的一整套解决方案。借助 CRM,企业可站在顾客的立场上,研究顾客需要什么产品,在什么时候、以何种付款方式来满足具体的服务需求,并据此运用分销、促销、服务等营销战略和策略来改进服务,降低成本,赢得忠诚。

做好顾客开发,需做好以下工作:

(1) 在顾客需要的时间与地点提供顾客切实需要的产品和服务,以便最大限度地获得利润收入。

(2) 了解顾客价值及其行为特征,以此为基础,优先安排营销方案,有效配置服务资源。

(3) 借助多种营销手段、促销方式和服务渠道,改进服务并降低成本。

(4) 通过销售产品,向顾客个人或家庭实施更大规模的市场渗透,以不断提高企业的市场占有率。

7. 简述提高顾客忠诚度对企业营销的影响。

答案要点 为本企业的顾客提供周到全面的服务,可以提高顾客满意度和忠诚度,从而不断提高企业营销效益。

(1) 提高顾客忠诚度可以给企业创造更多的利润与销售。美国哈佛商学院的一项研究报告显示:多次光顾的顾客比初次登门者可为企业多带来 20%~35% 的利润;固定顾客数量每增长 5%,企业的利润则增加 25%~95%。

(2) 顾客忠诚度的提高,不仅可以使顾客重复购买,而且可以产生口碑效应,吸引更多的消费者惠顾,使企业的业绩得以提升。企业 80% 的销售业绩往往来自 20% 的顾客,一个老顾客比一个新顾客可为企业多带来 20%~85% 的利润。

(3) 顾客忠诚度的提高,可以树立良好的企业形象,取得口碑传播的独特效果。在美国,银行新顾客中有 20%~40% 是通过原有顾客推荐而赢得的。

(4) 提高顾客的忠诚度还可以降低顾客流失率。研究表明,公司每减少 5% 的顾客流失率,所带来的利润将增长 25%~85%。

8. 简述企业大数据营销的意义。

答案要点 企业将顾客数据充分利用起来,至少可以在以下几个方面取得显著成效:

（1）为本企业的顾客提供周到全面的服务，提高顾客满意度和忠诚度，不断提高企业营销效益。

（2）为本企业开展富有成效的市场调研，更加精确地掌握顾客需求现状、发展趋势、满足程度等数据资料，借以改善营销管理。

（3）向其他企业提供有关的名单租赁服务，不仅可以从客户关系资源中获取更多的经济价值，还可以借此密切与战略合作方的互利关系，增进相互信任。

（4）为本企业拓展新业务和维持顾客关系提供数据支持，促进企业提高市场营销工作的精准度。

总之，在大数据库的支持下，交叉销售的精确性将会提高，实现手段将更加多样化和更富灵活性。

五、案例分析题

案例一：

在美国的爱德华州，有一家叫 Flying Pie 的比萨小店。店主人有一家网站，做得很乱，很不好看，网站充满资讯，大大小小花色的字体，让人完全不知道该如何使用。然而就是这么烂的网站、这么少的网络资源，竟然推出了一套很有趣的线上营销方案，而且，已经默默地推行了好几年，让城里的每个人都知道了这家小店。

Flying Pie 这个成功的线上营销方案叫 It's Your Day。店主人每周都会在网站上写出一个人的名字，在比萨店不忙的时候，邀请这些名字的主人来比萨店免费制作一份10寸的比萨。例如，2月16日是 Ross，2月19日则是 Joey，2月20日是 Tamarra，他们每天邀请五位名叫这个名字的幸运市民，在当天下午2:00—4:00时或晚上8:00—10:00时这两个比萨店比较空闲的时间来 Flying Pie 的厨房，制作属于他们自己免费的10寸比萨。

当然，每一个来的人都必须带上身份证，证明自己真的叫这个名字。Flying Pie 还要求他们和自己制作的比萨合影，并上传到网络上。按照这个行销方案，在 Flying Pie 网站上，每周都要公布新一周的名字，并提醒大家常常回来看这个列表。如果你看到你朋友的名字，欢迎告诉他，然后叫他过来！

一个名叫 Kendra 的顾客介绍，当初她知道 Flying Pie，就是她老板告诉的。她的老板每周都会上一次这个网站，只因为他喜欢 Flying Pie 上的"合影"，认为它们很好笑。有天老板就告诉她，Kendra 日来了，赶快去吧！那么，新的名字又怎么选？是 Flying Pie 乱选的吗？不，Flying Pie 会请每个来参加过的人提供名字，并且投票，他们会把这个票数当参考，决定下一周的幸运名字。

这样做是希望这些参加者想想他们还有哪些朋友会过来，甚至让参加者"回报"当初介绍他来参加的那个看到网站的人。更有趣的是，美国的一个研究电子商务专栏的作家还将这个案例实地调查了一下。这位作者当初是通过他的朋友知道 Flying Pie 比萨店的，他先收到一封信，通知他这家比萨店将在几月几日办 Armando 日，他的名字正是 Armando Rdquo。

这位作者先是非常惊奇这家比萨店的存在，还打电话给寄信的朋友，朋友说她吃过这家的比萨，还不错，她每天都会去检查有哪些新名字出现，这会让她想起某几位这个名字的朋友，也就养成了每天寄信给这些朋友的习惯，通知他们提到你的名字啰！

就这样，Flying Pie 所在的城市，不知有多少市民在不知不觉中成了网站的义务宣传员！实际上，看起来 Flying Pie 每天只让 5 个人来参加免费比萨活动，其实大家都忙，真来的不多；就算这些人不来，也并无妨碍这些人四处传播的消息。

问题：

（1）Flying Pie 的主要传播策略是什么？

（2）分析 Flying Pie 营销策略成功的原因有哪些？

答案要点 （1）根据案例，Flying Pie 比萨小店在品牌的营销传播过程中，主要使用的传播策略有：①网络营销手段，这种手段是以互联网为载体，使用相关的方法和理念开展营销活动来促进销售的实现。②体验营销手段，这种手段是让顾客加入比萨的制作过程中，借顾客的体验来激发需求，从而达到实现销售的目的。③口碑营销手段，这种手段是借助个人或群体对 Flying Pie 的服务、品牌的自觉传播来吸引更多的消费者加入营销的过程，从而扩大市场。

（2）营销策略成功的原因可以结合网络广告的优势和宣传的作用来谈。Flying Pie 营销策略成功的原因有：①Flying Pie 比萨店通过线上线下的互动活动成功地借助互联网的传播速度快、受众面广、价格便宜、不受时间约束的优势将营销手段融入了企业的日常经营中。②成功地将体验营销引入了企业的销售经营中，让顾客参与比萨的制作过程，促进顾客自觉地传播新品牌、新产品，从而打开市场。③通过网络营销、口碑营销、体验营销手段来提高企业的知名度和企业形象。

案例二：

皮尔斯堡面粉公司营销观念的变化

美国皮尔斯堡面粉公司（以下简称皮尔斯堡公司）成立于 1869 年。从成立到 20 世纪 20 年代以前，这家公司提出"本公司旨在制造面粉"的口号。因为在那个年代，人们的消费水平很低，面粉公司无须做太多宣传，只要保持面粉质量，降低成本与售价，销量就会大增，利润也会增加，而不必研究市场需求特点和推销方法。1930 年左右，美国皮尔斯堡公司发现，竞争加剧，销量开始下降。公司为扭转这一局面，第一次在公司内部成立商情调研部门，并选派大量推销员，扩大销售量，同时把口号变为"本公司旨在推销面粉"，更加注意推销技巧，进行大量的广告宣传，甚至开始硬性兜售。然而随着人们生活水平的提高，各种强力推销未能满足顾客变化的新需求，这迫使该公司从满足顾客心理需求向实际需求的角度出发，对市场进行分析研究。1950 年前后，公司根据第二次世界大战后美国人的生活需要，开始生产和推销各种成品和半成品的食品，使销量迅速上升。

1958 年后，公司着眼于长期占领市场，着重研究今后 3～30 年的市场消费趋势，不断设计和制造新产品，培训新的推销人员。

问题:

根据案例,分析皮尔斯堡公司的营销观念转变的特点有哪些?该公司未来可能采取哪些营销观念?

答案要点 (1)皮尔斯堡公司的营销观念转变的特点有:

①生产观念。从成立到20世纪20年代以前,这家公司提出"本公司旨在制造面粉"的口号。

②产品观念。因为在那个年代,人们的消费水平很低,面粉公司无须做太多宣传,只要保持面粉质量,降低成本与售价,销量就会大增,利润也会增加,而不必研究市场需求特点和推销方法。

③推销观念。1930年左右,美国皮尔斯堡公司发现,竞争加剧,销量开始下降。公司为扭转这一局面,第一次在公司内部成立商情调研部门,并选派大量推销员,扩大销售量,同时把口号变为"本公司旨在推销面粉",更加注意推销技巧,进行大量的广告宣传,甚至开始硬性兜售。

④客户观念。随着人们生活水平的提高,各种强力推销未能满足顾客变化的新需求,这迫使该公司从满足顾客心理需求转向满足顾客的实际需求,对市场进行分析研究。

⑤市场营销观念。1950年前后,公司根据第二次世界大战后美国人的生活需要开始生产和推销各种成品和半成品的食品,使销量迅速上升。

(2)皮尔斯堡公司未来可能采取的营销观念:

①社会市场营销。社会市场营销观念提出,企业的任务是确定各个目标市场的需要、欲望和利益,并以保护或提高消费者和社会福利的方式,比竞争者更有效、更有利地向目标市场提供能够满足其需要、欲望和利益的产品或服务。社会市场营销观念要求市场营销者在制定市场营销政策时,要统筹兼顾三方面的利益,即企业利润、消费者需要的满足和社会利益。

②绿色市场营销。企业在市场营销中更重视保护地球生态环境,防治污染以保护生态,充分利用并回收再生资源以造福后代。

第二章　企业战略计划过程与市场营销管理过程

✓ 大纲重点、难点提示

1. 战略计划过程的含义

①规定企业使命须考虑的主要因素。②有效的使命报告书应具备的条件。③企业目标必须符合的要求。④战略业务单位的划分。

2. 企业发展新业务的三种方法

密集增长、一体化增长、多角化增长。

3. 市场渗透、市场开发、产品开发、前向一体化、后向一体化、水平一体化、同心多元化、水平多元化、集团多元化等的含义

4. 市场营销管理的含义与实质

5. 八种不同的需求状况

负需求、无需求、潜伏需求、下降需求、不规则需求、充分需求、过量需求、有害需求。

6. 市场营销管理的任务

改变市场营销、刺激市场营销、开发市场营销、重振市场营销、协调市场营销、维持市场营销、降低市场营销、反市场营销。

7. 市场营销管理过程的含义

①寻找、发现市场机会的主要方法。②市场营销组合的含义与特点。③大市场营销的含义。④市场营销计划执行。

✓ 大纲习题解答

一、单项选择题

1. 企业的最高管理层通过制定企业的使命、目标、业务组合计划和新业务计划，在企业的目标、资源（或能力）与迅速变化的经营环境之间发展和保持一种切实可行的战略适应的管理过程是指（　　）。

　　A. 企业战略计划过程　　　　B. 市场营销管理过程
　　C. 投资组合过程　　　　　　D. 市场分析过程

2. 回答本企业的业务是什么的问题属于（　　）。

　　A. 企业使命　　B. 企业远景　　C. 企业目标　　D. 企业计划

3. 企业通过改进广告、宣传和推销工作，在某些地区增设商业网点，借助多渠道将同一产品送达同一市场，采取短期削价等措施，在现有市场上扩大现有产品的销售。这是指（　　）。

A. 市场渗透　　B. 市场开发　　C. 产品开发　　D. 多元化

4. 企业通过在新地区或国外增设新商业网点或利用新分销渠道，加强广告促销等措施，在新市场上扩大现有产品的销售。这是指（　　）。
   A. 市场渗透　　B. 市场开发　　C. 产品开发　　D. 多元化

5. 企业通过增加花色、品种、规格、型号等，向现有市场提供新产品或改进产品。这是指（　　）。
   A. 市场渗透　　B. 市场开发　　C. 产品开发　　D. 多元化

6. 企业通过收购或兼并若干原材料供应商，拥有和控制其供应系统，实行供产一体化。这是指（　　）。
   A. 后向一体化　　B. 前向一体化　　C. 水平一体化　　D. 密集一体化

7. 企业通过收购或兼并若干商业企业，或者拥有和控制其分销系统，实行产销一体化。这是指（　　）。
   A. 后向一体化　　B. 前向一体化　　C. 水平一体化　　D. 密集一体化

8. 企业收购、兼并竞争者的同种类型的企业，或者在国内外与其他同类企业合资生产经营等。这是指（　　）。
   A. 后向一体化　　B. 前向一体化　　C. 水平一体化　　D. 密集一体化

9. 企业尽量增加产品种类，跨行业生产经营多种产品和业务，扩大企业的生产范围和市场范围，使企业的特长得到充分发挥，使企业的人力、物力、财力等资源得到充分利用，从而提高经营效益。这是指（　　）。
   A. 密集增长　　B. 一体化增长　　C. 多元化增长　　D. 国际化增长

10. 企业利用原有的技术、特长、经验等发展新产品，增加产品种类，从同一圆心向外扩大业务经营范围。这是指（　　）。
    A. 同心多元化　　B. 水平多元化　　C. 集团多元化　　D. 纵向多元化

11. 企业原产品与新产品的基本用途不同，但存在较强的市场关联性，可以利用原来的分销渠道销售新产品。这是指（　　）。
    A. 同心多元化　　B. 水平多元化　　C. 集团多元化　　D. 纵向多元化

12. 大企业收购、兼并其他行业的企业，或者在其他行业投资，把业务扩展到其他行业中去，新产品、新业务与企业的现有产品技术市场毫无关系。这是指（　　）。
    A. 同心多元化　　B. 水平多元化　　C. 集团多元化　　D. 纵向多元化

13. 绝大多数人对某个产品感到厌恶，甚至愿意出钱回避的需求状况是（　　）。
    A. 负需求　　B. 无需求　　C. 潜在需求　　D. 下降需求

14. 在负需求情况下，市场营销管理的任务是（　　）。
    A. 改变市场营销　　　　B. 刺激市场营销
    C. 开发市场营销　　　　D. 重振市场营销

15. 目标市场对产品毫无兴趣或漠不关心的一种需求状况是（　　）。
    A. 负需求　　B. 无需求　　C. 潜在需求　　D. 下降需求

16. 在无需求情况下，市场营销管理的任务是（　　）。

A. 改变市场营销　　　　　　　　B. 刺激市场营销
C. 开发市场营销　　　　　　　　D. 重振市场营销

17. 相当一部分消费者对某物品有强烈的需求，而现有产品或服务又无法使之满足的一种需求状况是指（　　）。
　　A. 负需求　　　B. 无需求　　　C. 潜在需求　　　D. 下降需求

18. 在潜在需求的情况下，市场营销管理的任务是（　　）。
　　A. 改变市场营销　　　　　　　　B. 刺激市场营销
　　C. 开发市场营销　　　　　　　　D. 重振市场营销

19. 市场对一个或几个产品的需求呈下降趋势的一种需求状况是指（　　）。
　　A. 负需求　　　B. 无需求　　　C. 潜在需求　　　D. 下降需求

20. 在下降需求情况下，市场营销管理的任务是（　　）。
　　A. 改变市场营销　　　　　　　　B. 刺激市场营销
　　C. 开发市场营销　　　　　　　　D. 重振市场营销

21. 某些物品或服务的市场需求在一年的不同季节或一周的不同日子甚至一天的不同时间上下波动很大的一种需求状况是指（　　）。
　　A. 负需求　　　B. 无需求　　　C. 潜在需求　　　D. 不规则需求

22. 在不规则需求情况下，市场营销管理的任务是（　　）。
　　A. 协调市场营销　B. 维持市场营销　C. 降低市场营销　D. 反市场营销

23. 某种物品或服务的目前需求水平和时间等于预期的需求水平和时间的一种需求状况是指（　　）。
　　A. 下降需求　　　B. 不规则需求　　　C. 充分需求　　　D. 过量需求

24. 在企业面对的需求类型中，哪种需求是企业最理想的一种需求状况？（　　）
　　A. 下降需求　　　B. 不规则需求　　　C. 充分需求　　　D. 过量需求

25. 在充分需求情况下，市场营销管理的任务是（　　）。
　　A. 协调市场营销　　　　　　　　B. 维持市场营销
　　C. 降低市场营销　　　　　　　　D. 反市场营销

26. 某种物品或服务的市场需求超过了企业所能供给或所愿供给的水平的一种需求状况是指（　　）。
　　A. 下降需求　　　B. 不规则需求　　　C. 充分需求　　　D. 过量需求

27. 在过量需求情况下，市场营销管理的任务是（　　）。
　　A. 协调市场营销　　　　　　　　B. 维持市场营销
　　C. 降低市场营销　　　　　　　　D. 反市场营销

28. 市场对某些有害物品或服务的需求是指（　　）。
　　A. 下降需求　　　B. 不规则需求　　　C. 充分需求　　　D. 有害需求

29. 对于有害需求，市场营销管理的任务是（　　）。
　　A. 协调市场营销　　　　　　　　B. 维持市场营销
　　C. 降低市场营销　　　　　　　　D. 反市场营销

30. 企业根据某些变量把整个市场划分为若干小市场，使每一个小市场具有相同或者相似的需求特征的活动是（　　）。
   A. 市场细分　　B. 市场选择　　C. 目标市场　　D. 市场营销组合

31. 企业按照消费者所在的地理位置以及其他地理变量（包括城市、农村、地形、气候、交通、运输等）来细分消费者市场的活动是（　　）。
   A. 地理细分　　B. 人口细分　　C. 心理细分　　D. 行为细分

32. 企业按照人口变量（包括年龄、性别、收入、职业、教育水平、家庭规模、家庭生命周期阶段、宗教、种族、国籍等）来细分消费者市场的活动是（　　）。
   A. 地理细分　　B. 人口细分　　C. 心理细分　　D. 行为细分

33. 企业按照消费者的生活方式、个性等心理变量来细分消费者市场的活动是（　　）。
   A. 地理细分　　B. 人口细分　　C. 心理细分　　D. 行为细分

34. 企业按照消费者购买或使用某种产品的时机、消费者所追求的利益、使用者情况、消费者对某种产品的使用率、消费者对品牌（或商店）的忠诚程度、消费者待购阶段和消费者对产品的态度等行为变量来细分消费者市场的活动是（　　）。
   A. 地理细分　　B. 人口细分　　C. 心理细分　　D. 行为细分

35. 企业拟投其所好，为之服务的那个顾客群是企业的（　　）。
   A. 目标市场　　B. 市场　　C. 潜在市场　　D. 现实市场

36. 企业在市场细分之后，不考虑各子市场的特性，而只注重子市场的共性，决定只推出单一产品，运用单一的市场营销组合，力求在一定程度上适合尽可能多的顾客的需求。这是（　　）。
   A. 无差异市场营销　　　　B. 差异市场营销
   C. 集中市场营销　　　　　D. 市场定位

37. 企业决定同时为几个子市场服务，设计不同的产品，并在渠道、促销和定价方面都加以相应的改变，以适应各个子市场的需要。这是（　　）。
   A. 无差异市场营销　　　　B. 差异市场营销
   C. 集中市场营销　　　　　D. 市场定位

38. 企业集中所有力量，以一个或少数几个性质相似的子市场作为目标市场，试图在较少的子市场上拥有较大的市场占有率。这是（　　）。
   A. 无差异市场营销　　　　B. 差异市场营销
   C. 集中市场营销　　　　　D. 市场定位

39. 企业为了使自己生产或销售的产品获得稳定的销路，要从各方面为产品培养一定的特色，树立一定的市场形象，以求在顾客心目中形成一种特殊的偏爱，这是指（　　）。
   A. 市场定位　　B. 市场机会　　C. 产品策略　　D. 企业形象

40. 某消费者购买行为的特点是A、A、A、A、A、A，该消费者属于（　　）。
   A. 铁杆品牌忠诚者　　　　B. 几种品牌忠诚者
   C. 转移的忠诚者　　　　　D. 非忠诚者

41. 某消费者购买行为的特点是 A．A．B．B．A．B，该消费者属于（   ）。
    A. 铁杆品牌忠诚者   B. 几种品牌忠诚者
    C. 转移的忠诚者   D. 非忠诚者

42. 某消费者购买行为的特点是 A．A．A．B．B．B，该消费者属于（   ）。
    A. 铁杆品牌忠诚者   B. 几种品牌忠诚者
    C. 转移的忠诚者   D. 非忠诚者

43. 某消费者购买行为的特点是 A．C．E．B．D．B，该消费者属于（   ）。
    A. 铁杆品牌忠诚者   B. 几种品牌忠诚者
    C. 转移的忠诚者   D. 非忠诚者

44. 市场营销管理者采取一系列行动，使实际市场营销工作与原规划尽可能一致，在控制中通过不断评审和信息反馈，对战略不断修正，这是指（   ）。
    A. 年度计划控制   B. 盈利能力控制
    C. 效率控制   D. 战略控制

参考答案　1. A 2. A 3. A 4. B 5. C 6. A 7. B 8. C 9. C
10. A 11. B 12. C 13. A 14. A 15. B 16. B 17. C 18. C
19. D 20. D 21. D 22. A 23. C 24. C 25. B 26. D 27. C
28. D 29. D 30. C 31. A 32. B 33. C 34. D 35. A 36. A
37. B 38. C 39. A 40. A 41. B 42. C 43. D 44. D

二、多项选择题

1. 战略计划过程是企业及其各业务单位为生存和发展而制定长期总战略所采取的一系列重大步骤，主要包括（   ）。
   A. 制定企业使命   B. 确定企业目标   C. 安排业务组合   D. 制定新业务计划
   E. 控制计划的执行

2. 企业在规定企业的使命时，需要考虑（   ）。
   A. 企业过去历史的突出特征   B. 企业的业主和最高管理层的意图
   C. 企业周围环境的发展变化   D. 企业的资源情况
   E. 竞争对手的资源

3. 为了指引全体员工朝着一个方向前进，企业的最高管理层根据确定的企业使命，形成一个正式的使命报告书。一个有效的使命报告书应具有(   )等条件。
   A. 市场导向   B. 切实可行   C. 富有鼓动性   D. 具体明确
   E. 具体目标

4. 企业的常用目标有（   ）。
   A. 投资收益率   B. 销售增长率
   C. 市场占有率   D. 产品创新
   E. 降低成本目标

5. 企业目标必须符合（　　）的基本特点。
   A. 层次化　　　B. 数量化　　　C. 现实性　　　D. 协调一致性
   E. 真实性

6. 企业战略业务单位具有的基本特征有（　　）。
   A. 它是单独的业务或一组有关的业务　　B. 它有不同的使命
   C. 它有其竞争者　　　　　　　　　　　D. 它有认真负责的经理
   E. 它掌握一定的资源

7. 企业发展新业务的方法主要有（　　）。
   A. 密集增长　　B. 一体化增长　　C. 多元化增长　　D. 市场开发
   E. 差异化发展

8. 密集增长战略主要有（　　）。
   A. 市场渗透　　B. 市场开发　　C. 产品开发　　D. 一体化增长
   E. 全面铺开

9. 一体化增长方式主要有（　　）。
   A. 后向一体化　　B. 前向一体化　　C. 水平一体化　　D. 同心一体化
   E. 混合一体化

10. 多元化增长的主要形式有（　　）。
    A. 同心多元化　　B. 水平多元化　　C. 集团多元化　　D. 密集多元化
    E. 混合多元化

11. 市场营销管理过程主要包括（　　）。
    A. 分析市场机会　　　　　　B. 选择目标市场
    C. 设计市场营销组合　　　　D. 管理市场营销活动
    E. 设定营销目标

12. 目标市场营销的步骤主要是（　　）。
    A. 市场细分　　　　　　　　B. 选择目标市场
    C. 进行市场定位　　　　　　D. 营销组合
    E. 选择营销渠道

13. 消费者市场的细分变量主要有（　　）。
    A. 地理变量　　B. 人口变量　　C. 心理变量　　D. 行为变量
    E. 文化变量

14. 下列属于地理细分变量的是（　　）。
    A. 城市农村　　B. 地形气候　　C. 交通运输　　D. 性别
    E. 社会经济

15. 下列属于人口细分变量的是（　　）。
    A. 年龄　　　　B. 性别　　　　C. 收入　　　　D. 职业
    E. 教育水平

16. 下列属于心理细分变量的是（　　）。
    A. 生活方式　　B. 个性　　C. 年龄　　D. 教育水平
    E. 兴趣爱好

17. 下列属于行为细分变量的是（　　）。
    A. 购买某种产品的时机　　　　B. 所追求的利益
    C. 使用者情况　　　　　　　　D. 对某种产品的使用率
    E. 对品牌的忠诚程度

18. 产业市场的细分变量除了与消费者市场细分变量相同的变量外，还包括（　　）。
    A. 最终用户　　B. 顾客规模　　C. 地理　　D. 收入
    E. 营销方式

19. 细分市场的有效标志主要有（　　）。
    A. 可测量性　　B. 可进入性　　C. 可营利性　　D. 可竞争性
    E. 社会制约性

20. 企业确定其目标市场涵盖战略主要有（　　）。
    A. 无差异市场营销　　　　B. 差异市场营销
    C. 集中市场营销　　　　　D. 市场定位营销
    E. 终端市场营销

21. 企业在选择目标市场涵盖战略时需考虑的要素是（　　）。
    A. 企业资源　　　　　　　B. 产品同质性
    C. 市场同质性　　　　　　D. 产品所处的生命周期阶段
    E. 竞争对手目标市场涵盖战略

22. 市场营销组合中所包含的可控制的4P变量是（　　）。
    A. 产品　　B. 价格　　C. 地点　　D. 促销
    E. 权力

23. 大市场营销组合要素是指（　　）。
    A. 产品　　B. 价格　　C. 地点　　D. 促销
    E. 权力

24. 市场营销控制计划主要包括（　　）。
    A. 年度计划控制　　　　B. 盈利能力控制
    C. 效率控制　　　　　　D. 战略控制
    E. 职能控制

25. 年度计划控制的主要步骤是（　　）。
    A. 制定标准　　B. 绩效测量　　C. 因果分析　　D. 改正行动
    E. 事前分析

参考答案　　1. ABCD　　2. ABCD　　3. ABCD　　4. ABCD　　5. ABCD
　　　　　　6. ABCDE　　7. ABC　　8. ABC　　9. ABC　　10. ABC

11. ABCD　　12. ABC　　13. ABCD　　14. ABC　　15. ABCDE
16. AB　　　17. ABCDE　18. AB　　　19. ABC　　20. ABC
21. ABCDE　22. ABCD　　23. ABCDE　24. ABCD　　25. ABCD

三、名词解释

1. 市场渗透：企业通过改进广告、宣传和推销工作，在某些地区增设商业网点，借助多渠道将同一产品送达同一市场，采取短期削价等措施，在现有市场上扩大现有产品的销售。

2. 市场开发：企业通过在新地区或国外增设新商业网点或利用新分销渠道，加强广告促销等措施，在新市场上扩大现有产品的销售。

3. 产品开发：企业通过增加花色、品种、规格、型号等，向现有市场提供新产品或改进产品。

4. 市场营销管理：指为了实现企业目标，创造、建立和保持与目标市场之间的互利交换关系，而对设计方案的分析、计划、执行和控制。市场营销管理的实质是需求管理。

5. 市场细分：企业可以根据目标市场需求变化，及时、正确地调整产品结构和市场营销组合，使产品适销对路，扩大销售，还可以集中使用企业资源，以最少的经营费用取得最大的经营效益。

6. 目标市场：就是企业决定要进入的那个市场部分，也就是企业拟投其所好，为之服务的那个顾客群（这个顾客群有颇为相似的需要）。

7. 无差异市场营销：指企业在市场细分之后，不考虑各子市场的特性，而只注重子市场的共性，决定只推出单一产品，运用单一的市场营销组合，力求在一定程度上适合尽可能多的顾客的需求。

8. 差异市场营销：指企业决定同时为多个子市场服务，设计不同的产品，并在渠道、促销和定价方面都加以相应的改变，以适应各个子市场的需要。差异市场营销的主要缺点是会使企业的生产成本和市场营销费用增加。

9. 集中市场营销：指企业集中所有力量，以一个或少数几个性质相似的子市场作为目标市场，试图在较少的子市场上占较大的市场占有率。

10. 市场定位：企业为了使自己生产或销售的产品获得稳定的销路，要从各方面为产品培养一定的特色，树立一定的市场形象，以求在顾客的心目中形成一种特殊的偏爱，这就是市场定位。

11. 市场营销战略：企业根据可能的机会，选择一个目标市场，并试图为目标市场提供一个有吸引力的市场营销组合。

12. 大市场营销：要运用政治力量和公共关系打破国际或国内市场上的贸易壁垒，为企业的市场营销开辟道路。菲利普·科特勒把这种新的战略思想称为大市场营销（Mega Marketing）。

13. 负需求：指绝大多数人对某个产品感到厌恶，甚至愿意出钱回避它的一种需求状况。在负需求情况下，市场营销管理的任务是改变市场营销。

14. 潜伏需求：指相当一部分消费者对某物有强烈的需求，而现有产品或服务又无法使之满足的一种需求状况。在潜伏需求情况下，市场营销管理的任务是开发市场营销。

15. 不规则需求：指某些物品或服务的市场需求在一年不同季节，或一周不同日子，甚至一天不同时间上下波动很大的一种需求状况。在不规则需求情况下，市场营销管理的任务是协调市场营销。

16. 充分需求：指某种物品或服务的目前需求水平和时间等于预期的需求水平和时间的一种需求状况。在充分需求情况下，市场营销管理的任务是维持市场营销。

17. 过量需求：指某种物品或服务的市场需求超过了企业所能供给或所愿供给的水平的一种需求状况。在过量需求情况下，市场营销管理的任务是降低市场营销。

18. 市场营销组合：公司为了满足这个目标顾客群的需要而加以组合的可控制的变量。市场营销组合中所包含的可控制的变量有很多，可以概括为四个基本变量，即产品、价格、地点和促销。

四、简答题

1. 简述市场营销管理过程。

答案要点 所谓市场营销管理过程，也就是企业为实现企业使命和目标而发现、分析、选择和利用市场机会的管理过程。更具体地说，市场营销管理过程包括以下步骤：寻找和分析、评价市场机会，选择目标市场，设计市场营销组合，管理市场营销活动。

（1）寻找和分析、评价市场机会，是市场营销管理人员的主要任务，也是市场营销管理过程的首要步骤。在现代市场经济条件下，由于市场需要不断变化，任何产品都有其生命周期，因此任何企业都不能永远依靠其现有产品过日子。正因为这样，所以每一个企业都必须经常寻找、发现新的市场机会。

（2）市场营销管理人员发现和选择了有吸引力的市场机会之后，还要进一步进行市场细分和目标市场选择。这是市场营销管理过程的第二个主要步骤。市场细分、选择目标市场以及之后将要提到的市场定位，构成了目标市场营销的全过程。目标市场营销由三个步骤组成：一是市场细分；二是选择目标市场；三是进行市场定位。

（3）设计市场营销组合是市场营销管理过程的第三步，市场营销组合是企业的市场营销战略的一个重要组成部分。市场营销组合是现代市场营销理论中的一个重要概念。市场营销组合中所包含的可控制的变量很多，可以概括为四个基本变量，即产品、价格、地点和促销。市场营销组合又是一个动态组合。每一个组合因素都是不断变化的，是一个变量；同时又是互相影响的，每个因素都是另一因素的潜在替代者。市场营销组合要受企业市场定位战略的制约，即根据市场定位战略设计、安排相应的市场营销组合。

（4）企业的市场营销管理过程的第四个主要步骤是管理市场营销活动，即执行和控制市场营销计划。这是整个市场营销管理过程的一个带有关键性的、极其重要的步骤。执行计划，企业要贯彻执行市场营销计划、有效地进行各种市场营销工作，就必须建立和发展市场营销组织。市场营销计划控制包括年度计划控制、盈利能力控制、效率控制和战略控制。

2. 简述目标市场涵盖战略。

答案要点 目标市场就是企业决定要进入的那个市场部分，即企业拟投其所好、为之服务的那个顾客群。企业确定其目标市场涵盖战略包括无差异市场营销、差异市场营销、集中市场营销三种选择方案。

(1) 无差异市场营销是指企业在市场细分之后，不考虑各子市场的特性，而只注重子市场的共性，决定只推出单一产品，运用单一的市场营销组合，力求在一定程度上满足尽可能多的顾客的需求。这种战略的优点是产品的品种、规格、款式简单，有利于标准化与大规模生产，有利于降低生产、存货、运输、研发、促销等成本费用。其主要缺点是：单一产品要以同样的方式广泛销售并受到所有购买者的欢迎。

(2) 差异市场营销是指企业决定同时为多个子市场服务，设计不同的产品，并在渠道、促销和定价方面都加以相应的改变，以适应各个子市场的需要。差异市场营销的主要缺点是会使企业的生产成本和市场营销费用增加。

(3) 集中市场营销是指企业集中所有力量，以一个或少数几个性质相似的子市场作为目标市场，试图在较少的子市场上拥有较大的市场占有率。实行集中市场营销的企业，一般是资源有限的中小企业，或是初次进入新市场的大企业。由于服务对象比较集中，对一个或几个特定的子市场有较深的了解，而且在生产和市场营销方面实行专业化，企业可以比较容易地在这一特定市场取得有利地位。

上述三种目标市场涵盖战略各有利弊，企业在选择时需考虑五个方面的主要因素，即企业资源、产品同质性、市场同质性、产品所处的生命周期阶段、竞争对手的目标市场涵盖战略。

3. 简述消费者市场细分的主要变量。

答案要点 消费市场细分要依据一定的细分变量来进行。消费者市场的细分变量主要有地理、人口、心理和行为四类变量。

(1) 地理细分。所谓地理细分，就是企业按照消费者所在的地理位置以及其他地理变量（包括城市农村、地形气候、交通运输等）来细分消费者市场。

地理细分的主要理论根据是：处在不同地理位置的消费者对企业的产品各有不同的需要和偏好，对企业所采取的市场营销战略以及产品价格、分销渠道、广告宣传等市场营销措施也各有不同的反应。市场潜量和成本费用会因市场位置不同而有所不同，企业应选择那些本企业能最好地为之服务的、效益较高的地理市场为目标市场。

(2) 人口细分。所谓人口细分，就是企业按照人口变量（包括年龄、性别、收入、职业、教育水平、家庭规模、家庭生命周期阶段、宗教、种族、国籍等）来细分消费者市场。人口变量很久以来一直是细分消费者市场的重要变量。这是因为，人口变量比其他变量更容易测量。

消费者的欲望和需要不仅受人口变量的影响,而且受其他变量特别是心理变量的影响,所以人口细分不完全可靠。

(3) 心理细分。所谓心理细分,就是按照消费者的生活方式、个性等心理变量来细分消费者市场。从上面的事例可以看出,消费者的欲望、需要和购买行为不仅受人口变量的影响,而且受心理变量的影响,所以还要进行心理细分。

(4) 行为细分。所谓行为细分,就是企业按照消费者购买或使用某种产品的时机、消费者所追求的利益、使用者情况、消费者对某种产品的使用率、消费者对品牌(或商店)的忠诚程度、消费者待购阶段和消费者对产品的态度等行为变量来细分消费者市场。

4. 简述无差异市场营销的基本特点和优缺点。

答案要点 无差异市场营销是指企业在市场细分之后,不考虑各子市场的特性,而只注重子市场的共性,决定只推出单一产品,运用单一的市场营销组合,力求在一定程度上适合尽可能多的顾客的需求。

这种战略的优点是产品的品种、规格、款式简单,有利于标准化与大规模生产,有利于降低生产、存货、运输、研究、促销等成本费用。

其主要缺点是:单一产品要以同样的方式广泛销售并受到所有购买者的欢迎,这几乎是不可能的。特别是当同行业中如果有几家企业都实行无差异市场营销时,在较大的子市场中的竞争将会日益激烈,而在较小的子市场中的需求将得不到满足。由于较大的子市场内的竞争异常激烈,因而往往是子市场越大,利润越小。

5. 简述差异市场营销的基本特点和优缺点。

答案要点 差异市场营销是指企业决定同时为几个子市场服务,设计不同的产品,并在渠道、促销和定价方面都加以相应的改变,以适应各个子市场的需要。

企业的产品种类如果同时在几个子市场都占有优势,就会提高消费者对企业的信任感,进而提高重复购买率,而且,通过多样化的渠道和多样化的产品线进行销售,通常会使总销售额增加。

差异市场营销的主要缺点是会使企业的生产成本和市场营销费用(如产品改进成本、生产成本、管理费用、存货成本、促销成本等)增加。有些企业曾实行"超细分战略",即许多市场被过分地细分,而导致产品价格不断增加,影响产销数量和利润。于是,一种叫作"反市场细分"的战略应运而生。

6. 简述企业在选择目标市场时需考虑的主要因素。

答案要点 企业在选择目标市场时需考虑五个方面的主要因素,即企业资源、产品同质性、市场同质性、产品所处的生命周期阶段、竞争对手的目标市场涵盖战略。

(1) 企业资源。如果企业资源雄厚,可以考虑实行差异市场营销;反之,最好实行无差异市场营销或集中市场营销。

(2) 产品同质性。产品同质性是指产品在性能、特点等方面的差异性的大小。对于同质产品或需求上共性较大的产品,宜实行无差异市场营销;反之,对于异质产品,则宜实行差异市场营销或集中市场营销。

(3) 市场同质性。如果市场上所有顾客在同一时期偏好相同，购买的数量相同并且对市场营销刺激的反应相同，则可视为同质市场，宜实行无差异市场营销；反之，如果市场需求的差异较大，则为异质市场，宜实行差异市场营销或集中市场营销。

(4) 产品所处的生命周期阶段。处在介绍期和成长期的新产品，市场营销的重点是启发和巩固消费者的偏好，最好实行无差异市场营销或针对某一特定子市场实行集中市场营销；当产品进入成熟期时，市场竞争剧烈，消费者需求日益多样化，可改用差异市场营销战略以开拓新市场，满足新需求，延长产品生命周期。

(5) 竞争对手的目标市场涵盖战略。一般说来，企业的目标市场涵盖战略应与竞争者有所区别，反其道而行之。如果强大的竞争对手实行的是无差异市场营销，企业则应实行集中市场营销或更深一层的差异市场营销；如果企业面临的是较弱的竞争者，必要时可采取与之相同的营销战略，凭借实力击败竞争对手。

7. 简述市场营销组合的基本要素。

答案要点 市场营销组合是现代市场营销理论中的一个重要概念。市场营销组合中所包含的可控制的变量很多，可以概括为四个基本变量，即产品、价格、地点和促销。

市场营销组合中的"产品"代表企业提供给目标市场的货物和劳务的组合，其中包括产品质量、外观、买卖权（即在合同规定期间内按照规定的价格买卖某种货物等的权利）、式样、品牌名称、包装、尺码或型号、服务、保证、退货等。

市场营销组合中的"价格"代表顾客购买商品时的价格，其中包括价目表所列的价格、折扣、折让、支付期限、信用条件等。

市场营销组合中的"地点"代表企业使其产品可进入和到达目标市场（或目标顾客）所进行的各种活动，其中包括渠道选择、中间商管理以及仓储、运输等物流管理活动等。

市场营销组合中的"促销"代表企业宣传介绍其产品的优点和说服目标顾客来购买其产品所进行的种种活动，其中包括广告、销售促进、宣传、人员推销等。

市场营销组合是一个复合结构，此外，市场营销组合又是一个动态组合。每一个组合因素都是不断变化的，是一个变量，同时又是互相影响的，每个因素都是另一因素的潜在替代者。在四个大的变量中，又各自包含着若干小的变量，每一个变量的变动，都会引起整个市场营销组合的变化，形成一个新的组合。

市场营销组合要受企业市场定位战略的制约，即根据市场定位战略设计、安排相应的市场营销组合。除市场营销组合的"4P"之外，还应该再加上两个"P"，即"权力"（Power）与"公共关系"（Public Relations），成为"6P"。这就是说，要运用政治力量和公共关系，打破国际或国内市场上的贸易壁垒，为企业的市场营销开辟道路。这种新的战略思想，被称为大市场营销（Mega Marketing）。

8. 简述年度计划控制的主要目的和步骤。

答案要点 年度计划控制的主要目的在于：①促使年度计划产生连续不断的推动力；②控制的结果可以作为年终绩效评估的依据；③发现企业潜在问题并及时予以妥善解决；④高层管理人员可借此有效地监督各部门的工作。

年度计划控制包括四个主要步骤：①制定标准，即确定本年度各个季度（或月）的目标，如销售目标、利润目标等；②绩效测量，即将实际成果与预期成果相比较；③因果分析，即研究发生偏差的原因；④改正行动，即采取最佳的改正措施，努力使成果与计划相一致。企业经理人员可运用五种绩效工具以核对年度计划目标的实现程度，即销售分析、市场占有率分析、市场营销费用对销售额比率分析、财务分析、顾客态度追踪。

9. 简述企业产品在市场上重新定位的原因。

答案要点 企业产品在市场上的定位即使很恰当，但在出现下列情况时也需考虑重新定位：

（1）竞争者推出的产品与本企业产品市场定位相似，侵占了本企业产品的部分市场，使本企业产品的市场占有率有所下降。

（2）消费者偏好发生变化，从喜爱本企业的某产品转移到喜爱竞争对手的某产品。

10. 简述企业产品在市场上重新定位前须考虑的因素。

答案要点 企业在重新定位前，须考虑两个主要因素。

（1）企业将自己的品牌定位从一个子市场转移到另一个子市场时的全部费用。

（2）企业将自己的品牌重新定位后的收入有多少，而收入多少又取决于该子市场上的购买者和竞争者情况，取决于在该子市场上销售价格能定多高等。

五、案例分析题

案例一：

格兰仕微波炉的营销战略

格兰仕经过激烈的竞争，攻占国内市场60%以上的份额，成为中国微波炉市场的代名词。在国家质量检测部门历次全国质量抽查中，格兰仕几乎是唯一一个全部合格的品牌，与众多洋品牌频频在抽检中不合格被曝光形成鲜明对比。2000年，格兰仕投入上亿元技术开发费用，获得了几十项国家专利和专有技术；2001年，继续加大投入，使技术水平始终保持世界前列。

由于格兰仕的价格挤压，近几年微波炉的利润空间降到了低谷。2001年春节前夕，甚至出现个别韩国品牌价格低于300元的情况，堪称世界微波炉最低价格。国内品牌的主要竞争对手一直是韩国产品，它们由于起步早，曾经一度占据先机。在近几年的竞争中，韩国品牌落在了下风。韩国公司在我国的微波炉生产企业，屡次在一些重要指标上被查出不符合标准，并且屡遭投诉，这在注重质量管理的韩国公司是不多见的。业内人士认为，200多元的价格水平不正常，是一种明显的倾销行为。它有两种可能：一是韩国受金融危机影响，急需扩大出口，向外转嫁经济危机；二是抛库套现，做退出前的准备。

面对洋品牌可能出现的大退却，格兰仕不是进攻，而是选择了暂时退却。格兰仕总部发出指令，有秩序地减少东北地区的市场宣传，巩固和发展其他市场。这一决策直接导致了春节前后一批中小企业进军东北，争夺沈阳及天津市场。这些地区已经平息的微波炉大战，有重新开始的趋势。

格兰仕经理层在解释这种战略性退让时指出，其目的在于让出部分市场，培养民族品牌，使它们能够利用目前韩国个别品牌由于质量问题引起信誉危机的有利时机，在某一区域获得跟洋品牌直接对抗的实力，形成相对的针对洋品牌的统一战线，消除那些搞不正当竞争的进口品牌。

从长远看，格兰仕保持一些竞争对手，也是对自己今后的鼓励和鞭策。格兰仕的目标是打出国门。1998年，格兰仕微波炉出口额5 000万美元，比上年增长两倍，在国内家电行业名列前茅，其国际市场价格平均高于韩国同类产品25%。在世界最高水平的德国科隆家电展中，第二次参展的格兰仕不仅获得大批订单，而且赢得了世界微波炉经销商的广泛关注。2001年格兰仕的出口目标是再翻一番。

为继续扩大规模，格兰仕将有选择地在国内微波炉企业中展开收购工作。1998年收购安宝路未果后，公司总结了经验教训，2002年将重点联合政府部门实现新的目标。鉴于亚洲金融危机的影响短期内可能不会消除，格兰仕表示，并购工作对海外品牌企业一视同仁。

问题：

（1）面对市场竞争，格兰仕制定了什么发展战略？为什么？

（2）通常而言，企业可以选择的发展方式主要有哪些？并分析其优缺点。

答案要点　（1）提示：结合案例从差异市场营销策略进行分析。

（2）提示：结合案例，从密集增长、一体化增长、多元化增长进行分析。

案例二：

从"苗条淑女"看饮料产品的市场细分

在2006年成都"春交会"上，国内著名制药企业"哈药集团制药六厂"（以下简称"哈六"）虽然只是低调亮相，但所推出的"苗条淑女"动心饮料还是吸引了不少经销商，令许多业界人士为之震惊的是"哈六"此举不仅意在表示将正式进军全国饮料市场，且从其市场表现来看，可以说已经成功打响了2006年功能饮料市场的第一枪，因为糖酒会还没有正式召开，"苗条淑女"就已经在蓉城呈火爆销售之势，其"铺市率"亦达70%以上。

饮料市场可以简单地划分为碳酸饮料、水饮料、果汁饮料、茶饮料、功能饮料、含乳饮料，等等。从一定程度上讲，以"减肥"功效定位的"苗条淑女"饮料能满足相当一部分消费群体的需求，我们都知道，随着当今物质生活水平的日益提高，社会上的肥胖人群越来越庞大，有减肥功能产品的需求者也就会越来越多！这是因为肥胖已成为世界面临的一个严重的公共健康问题，据最近发布的中国健康状况的调查结果显示：在7~18岁这个年龄段中，10%的男孩和5%的女孩属于肥胖人群，是1995年的两倍；同时，2005年的一项调查显示，20岁以上的中国成年人中有3 000万肥胖人口，目前我国肥胖者已远远超过9 000万名，超重者高达2亿名，有专家预测说，未来十年，中国肥胖人群将会超过2亿。

在现代社会中，胖人越来越多，有男人有女人，有老人有少儿，面对消费结构复杂的消费群体，一瓶大众化饮料该由谁来买？少儿不是领导型，老人不是主动型……在男人与女人组成的大千世界里，"哈六"首先选择了女人作为减肥产品的消费主体，而针对女性消费群体，又进行了深入细分，因为在女性肥胖人群中18~25岁的年轻女性又是最怕胖的，她们正处于女人最美丽的年龄阶段，不仅希望自己年轻漂亮，更希望自己能长期保持一个苗条淑女般的身材，而这部分消费者可以说又是时尚型、冲动型消费者。这样"哈六"以"苗条淑女"四个字来为产品命名，便真正找到了最喜欢喝减肥饮料的对象——最怕胖的青春女孩。总体分析，"苗条淑女"达到了"名实相符"与"名市相符"，所谓"名实相符"，是"苗条淑女"这四个字能深刻诠释产品的功能特征，消费者很容易联想到"减肥"二字；而"名市相符"则是指符合目标市场的消费环境，准确地锁定了目标消费群体，这里说它是"国内第一女性化饮料"并不为过。

　　市面上的各类饮料包装大同小异，无论是塑瓶装、PET易拉罐，还是复合纸包装等都十分近似，包装颜色也千篇一律，缺乏个性，怎样做到让自己的包装新奇夺目，同时又能突显产品的特征？在这方面，"哈六"就比较有特色，结合产品的"减肥"功能与目标消费群体定位，其推出的"淑女"造型瓶可谓十分迷人。

　　在品牌传播方面，广告诉求究竟应该表达什么？就好比作为功能饮料究竟是该突出功能，还是淡化功能，或者是突出其他方面，这一点恐怕多数人都在困惑。从一个功能饮料产品来讲，笔者认为绝对不能太突出功能，因为饮料毕竟是一个大众化产品，太突出了，反而会让消费者质疑你的功能，同时也局限了"功能需求以外"的部分消费群体。而这方面，"哈六"做到了微妙的回避，可谓恰到好处，一句"怕胖喝苗条"！通过暗示的手法有效诠释了产品的减肥功效，有效激发了消费者的购买欲望，特别是在代言人范冰冰拍摄的15秒舞台广告片中，一句"怕胖的女孩跟我来"更是打动了无数消费者的心，可谓有效地满足了目标消费群体的心理需求。而在产品包装上，"哈六"在产品名称下面并没有标注"减肥饮料"，而是标注了"动心饮料"四个字，只是在后面的产品说明文字里做了减肥功效的阐述。试想，一瓶能让消费者"动心"的饮料难道不比"减肥"二字更具有说服力吗？

　　在饮料产品中，2元左右的产品是主流，3.5元以上的产品基本上就属于中高档了。但相对而言，5元以上价格的产品较少，如果只是一瓶普通饮料，肯定价格不能太高，而如果是功能饮料，且是面对有一定经济收入或冲动型、时尚型消费者的话，那么，这个价位层面还是很有市场的。所以，虽然"苗条淑女"在超市、商场高达5.2元一瓶，而有的零售店还卖到了6元一瓶，但购买者依然很多，其成功就在于，"哈六"针对产品独特的功效，通过合理的价格定位，准确锁定了功能饮料市场的中高档消费人群。

　　综上所述，"哈六"的"苗条淑女"动心饮料的成功上市，主要是很好地运用了市场细分策略，把自家产品打造成了一个非常具有个性的差异化产品，以其崭新的视觉形象、独特的功能诉求和独到的营销手法，得到了市场与消费者的认同。

　　问题：

　　根据案例，分析"苗条淑女"在消费者市场上，企业细分市场的变量主要有哪些？评价有效细分的依据是什么？

　　答案要点　提示：市场细分要依据一定的细分变量来进行。结合案例从消费者市场的细分变量：地理变量、人口变量、心理变量和行为变量进行分析。细分市场的有效标志是可测量性、可进入性、可营利性。

第三章　市场营销环境分析

 大纲重点、难点提示

1. 市场营销环境的含义

分析市场营销环境的重要意义。

2. 相关环境

①环境威胁与市场营销机会。②理想业务、冒险业务、成熟业务、困难业务的含义。

3. 慎重评价市场机会的质量

企业面对威胁可能采取的对策：反抗、减轻、转移。

4. 微观环境的含义

企业本身、市场营销部门与其他职能部门的配合、市场营销部门与最高管理层的沟通。

5. 市场营销渠道企业

供应商、商人中间商、代理中间商、辅助商。

6. 市场

消费者市场、生产者市场、中间商市场、政府市场、国际市场。

7. 竞争者

愿望竞争者、一般竞争者、产品形式竞争者、品牌竞争者。

8. 各种公众

金融公众、媒体公众、政府公众、市民行动公众、地方公众、一般群众、企业内部公众。

9. 宏观环境

①人口环境。②经济环境：消费者收入的构成、可支配的个人收入、可随意支配的个人收入、货币收入与实际收入、恩格尔定律的主要内容。

10. 自然环境

《21世纪议程》与可持续发展。

11. 技术环境

 大纲习题解答

一、单项选择题

1. 市场营销学认为，企业市场营销环境包括（　　）。

　　A. 人口环境和经济环境　　　　B. 自然环境和文化环境
　　C. 微观环境和宏观环境　　　　D. 政治环境和法律环境

2. 企业的微观环境包括市场营销渠道企业、市场、竞争、各种公众和（　　）。
   A. 企业本身　　　　　　　　　　B. 国外的消费者
   C. 渠道企业　　　　　　　　　　D. 社会文化

3. 广告公司属于市场营销渠道企业中的（　　）。
   A. 供应商　　　　　　　　　　　B. 商人中间商
   C. 代理中间商　　　　　　　　　D. 辅助商

4. 市场营销学对市场进行划分的依据是（　　）。
   A. 产品类型　　　　　　　　　　B. 竞争形势
   C. 购买者及其购买目的　　　　　D. 购买行为

5. 市场营销观念表明：企业要想在市场竞争中获得成功，就必须（　　）。
   A. 能满足目标顾客的需要与欲望
   B. 能进行有效的产品定位
   C. 能比竞争者更有效地满足消费者的需要与欲望
   D. 能提供满足购买者某种愿望的各种型号的产品

6. 能满足购买者某种愿望的竞争者是（　　）。
   A. 愿望竞争者　　　　　　　　　B. 一般竞争者
   C. 产品形式竞争者　　　　　　　D. 品牌竞争者

7. 影响消费者购买力和消费支出的决定性因素是（　　）。
   A. 消费者收入　　　　　　　　　B. 可支配的个人收入
   C. 可随意支配的个人收入　　　　D. 消费者储蓄和信贷

8. 影响汽车、旅游等奢侈品销售的主要因素是（　　）。
   A. 可支配的个人收入　　　　　　B. 可随意支配的个人收入
   C. 消费者储蓄和信贷　　　　　　D. 消费者支出模式

9. "在家购物"的不断发展，主要是由于（　　）。
   A. 新技术革命的发展　　　　　　B. 政治和法律环境的改善
   C. 经济发展水平的提高　　　　　D. 人口环境的变化

参考答案　　1. C　2. C　3. D　4. C　5. C　6. A　7. B　8. B　9. A

二、多项选择题

1. 对企业服务其顾客的能力构成直接影响的各种微观环境力量主要包括（　　）。
   A. 企业本身　　　　　　　　　　B. 市场营销渠道企业
   C. 市场　　　　　　　　　　　　D. 竞争者
   E. 各种公众

2. 市场营销渠道企业包括（　　）。
   A. 供应商　　B. 商人中间商　　C. 代理中间商　　D. 辅助商
   E. 二级代理商

3. 企业市场营销中的竞争者包括（　　）。

A. 愿望竞争者 B. 一般竞争者
C. 产品形式竞争者 D. 品牌竞争者
E. 商标竞争者

4. 企业市场营销中的宏观环境包括（ ）。
A. 人口和经济环境 B. 自然和技术环境
C. 政治和法律环境 D. 社会和文化环境
E. 财务管理和人力资源环境

5. 对社会购买力产生直接或间接影响的因素有（ ）。
A. 消费者收入 B. 价格水平 C. 储蓄 D. 信贷
E. 市场规模大小

6. 企业营销管理部门在进行经济环境分析时应着重分析的经济因素有（ ）。
A. 消费者需求的变化 B. 消费者收入的变化
C. 消费者支出模式的变化 D. 消费者储蓄情况的变化
E. 消费者信贷情况的变化

7. 影响消费者支出模式的主要因素有（ ）。
A. 消费者收入 B. 消费者储蓄
C. 消费者信贷 D. 家庭生命周期的阶段
E. 消费者家庭所在地点

8. 企业对所面临的环境威胁可供选择的对策有（ ）。
A. 反抗 B. 减轻 C. 保持 D. 收割
E. 转移

✎ 参考答案 1. ABCDE 2. ABCD 3. ABCD 4. ABCD 5. ABCD 6. BCDE
7. ADE 8. ABE

三、名词解释

1. **市场营销环境**：指影响企业市场营销活动及其目标实现的各种因素和动向，可分为宏观市场营销环境和微观市场营销环境。

2. **环境威胁**：指环境中一种不利的发展趋势所形成的挑战，如果不采取果断的市场营销行动，这种不利趋势将伤害到企业的市场地位。

3. **市场营销机会**：指对企业市场营销管理富有吸引力的领域。在该领域内，企业将拥有竞争优势。这些机会可以按其吸引力以及每一个机会可能获得成功的概率来加以分类。

4. **微观环境**：指对企业服务其顾客的能力构成直接影响的各种力量，包括企业本身及其市场营销渠道企业、市场、竞争者和各种公众，这些都会影响到企业为其目标市场服务的能力。

5. **宏观环境**：指那些给企业造成市场机会和环境威胁的主要社会力量，包括人口环境、经济环境、自然环境、技术环境、政治和法律环境以及社会和文化环境。这些主要社会力量代表企业不可控制的变量。

四、简答（论述）题

1. 简述企业对所面临的威胁可能选择的对策。

答案要点 环境发展趋势基本上分为两大类：一类是环境威胁；另一类是市场营销机会。所谓环境威胁，是指环境中一种不利的发展趋势所形成的挑战，如果不采取果断的市场营销行动，这种不利趋势将伤害到企业的市场地位。企业市场营销经理应善于识别所面临的威胁，并按其严重性和出现的可能性进行分类，之后，为那些严重性大且出现可能性也大的威胁制订应变计划。

企业对所面临的主要威胁有三种可能选择的对策：

（1）反抗，即试图限制或扭转不利因素的发展。例如，西方国家的烟草公司可以疏通议员通过一个法令，允许人们在公共场所随意抽烟。

（2）减轻，即通过调整市场营销组合等来改善和适应环境，以减轻环境威胁的严重性。例如，烟草公司大力宣传在公共场所设单独的吸烟区。

（3）转移，即决定转移到其他盈利更多的行业或市场。例如，烟草公司可以适当减少香烟业务，增加食品和饮料等业务，实行多元化经营。

2. 简述市场的分类。

答案要点 市场营销学是根据购买者及其购买目的进行市场划分的，包括：

（1）消费者市场。由为了个人消费而购买的个人和家庭所构成的市场。

（2）生产者市场。由为了生产、取得利润而购买的个人和企业所构成的市场。

（3）中间商市场。由为了转卖、取得利润而购买的批发商和零售商所构成的市场。

（4）政府市场。由为了履行职责而购买的政府机构所构成的市场。

（5）国际市场。由国外的消费者、生产者、中间商、政府机构等所构成的市场。

3. 简述对企业实现其市场营销目标构成影响的公众的组成。

答案要点 公众是指对企业实现其市场营销目标构成实际或潜在影响的任何团体，包括：

（1）金融公众。如影响企业取得资金能力的任何集团，如银行、投资公司等。

（2）媒体公众。如报纸、杂志、广播、电视等具有广泛影响的大众媒体。

（3）政府公众。如负责管理企业业务经营活动的有关政府机构。

（4）市民行动公众。如各种消费者权益保护组织、环境保护组织、少数民族组织等。

（5）地方公众。如企业附近的居民群众、地方官员等。

（6）一般群众。

（7）企业内部公众。如董事会、经理、员工等。

4. 试比较可支配的个人收入和可随意支配的个人收入的差异。

答案要点 消费者收入包括消费者个人工资、红利、租金、退休金、馈赠等收入。消费者的购买力来自消费者收入，所以消费者收入是影响社会购买力、市场规模以及消费者支出和支出模式的一个重要因素。

消费者并不是将其全部收入都用来购买商品（包括货物和劳务）。消费者的购买力只是其收入的一部分。因此，要区别可支配的个人收入和可随意支配的个人收入。可支配的个人收入是指扣除消费者个人缴纳的各种税款和交给政府的非商业性开支后可用于个人消费和储蓄的那部分个人收入。可支配的个人收入是影响消费者购买力和消费者支出的决定性因素。可随意支配的个人收入是指可支配的个人收入减去消费者用于购买生活必需品的固定支出（如房租、保险费、分期付款、抵押借款）所剩下的那部分个人收入。西方国家家庭的可随意支配的个人收入一般都用来购买奢侈品、汽车、大型器具及度假等，所以这部分消费者个人收入是影响奢侈品、汽车、旅游等商品销售的重要因素。

5. 简述市场营销渠道企业。

答案要点 市场营销渠道企业包括：

（1）供应商，即向企业供应原材料、部件、能源、劳动力和资金等资源的企业和组织。

（2）商人中间商，即从事商品购销活动，并对所经营的商品拥有所有权的中间商，如批发商、零售商等。

（3）代理中间商，即协助买卖成交，推销产品，但对所经营的产品没有所有权的中间商，如经纪人、制造商代表等。

（4）辅助商，即辅助执行中间商的某些职能，为商品交换和物流提供便利，但不直接经营商品的企业或机构，如运输公司、仓储公司、银行、保险公司、广告公司、市场营销研究公司、市场营销咨询公司等。

在现代市场经济条件下，生产企业一般都通过市场营销中介机构（即代理中间商、商人中间商、辅助商等）来进行市场营销研究、推销产品、储存产品、运输产品等，因为这样分工比较经济。

五、案例分析题

案例：

某烟草公司的宇宙牌香烟基本上处于无库存状态，销路畅通，但近年来形势发生了变化，不容乐观。市场部经过市场调查和市场试验得到以下信息：

（1）越来越多的城市禁止在公共场所吸烟。

（2）发达地区吸烟人数在减少，落后地区吸烟人数在增加。

（3）实验表明，高档香烟由每包10元升至每包12元，销量变化不大，而低档香烟由5元降至4元，销量能提高18%。

据此，其市场部提出如下应对策略：①将高档香烟过滤嘴加长，同时由10元调升至12元；②低档香烟价格不变；③研制利用莴苣叶制造无害烟叶；④推出不同档次的产品，将价格低廉的产品重点推向不发达地区。

问题：

(1) 该公司市场部需要考虑的环境因素主要有哪些？
(2) 面对市场威胁，企业可以采取的应对策略有哪些？
(3) 企业市场营销的宏观环境主要有哪些？
(4) 企业市场营销的微观环境主要有哪些？

答案要点 (1) 该公司市场部需要考虑的环境因素主要有宏观环境和微观环境。

(2) 面对市场威胁，企业可以采取的应对策略有：

①反抗，即试图限制或扭转不利因素的发展。例如，西方国家的烟草公司可以疏通议员通过一个法令，允许人们在公共场所随意抽烟。

②减轻，即通过调整市场营销组合等来改善和适应环境，以减轻环境威胁的严重性。例如，烟草公司大力宣传在公共场所设单独的吸烟区。

③转移，即决定转移到其他盈利更多的行业或市场。例如，烟草公司可以适当减少香烟业务，增加食品和饮料等业务，实行多元化经营。

(3) 企业市场营销的宏观环境主要有人口环境、经济环境、自然环境、技术环境、政治和法律环境以及社会和文化环境。这些主要社会力量代表着企业不可控制的变量。

(4) 企业市场营销的微观环境主要有企业本身及其市场营销渠道企业、市场、竞争者和各种公众，这些都会影响到企业为其目标市场服务的能力。

第四章 市场购买行为分析

 大纲重点、难点提示

1. 影响消费者行为的主要因素
（1）文化因素。①文化的含义。②亚文化群体的类型。③社会阶层的含义。
（2）社会因素。①参照群体的含义及其类型。②家庭对消费者购买行为的影响。
（3）个人因素：生活方式的含义。
（4）心理因素。①动机的含义。②知觉的含义。③学习的含义。④信念和态度的含义。
2. 消费者购买决策过程
（1）参与决策的角色：发起者、影响者、决策者、购买者、使用者。
（2）购买者行为类型：习惯型购买行为、变换型购买行为、协调型购买行为、复杂型购买行为。
（3）购买者决策过程：引起需要、收集信息、评价方案、决定购买、购后行为。
3. 组织市场的构成
产业市场、中间商市场、政府市场。
4. 产业市场的特点
5. 产业购买者的决策参与者
企业采购中心的主要成员：使用者、影响者、采购者、决定者、信息控制者。
6. 产业购买者的行为类型
直接重购、修正重购、全新采购。
7. 影响产业购买者决策的主要因素
环境因素、组织因素、人际因素、个人因素。
8. 产业购买者的决策过程
认识需要、确定需要、说明需要、物色供应商、征求建议、选择供应商、选择订货程序、检查合同履行情况。

 大纲习题解答

一、单项选择题
1. 某人所属的群体或与其有直接关系的群体是（　　）。
　　A. 直接参照群体　　　　　　　　B. 间接参照群体
　　C. 非成员群体　　　　　　　　　D. 向往群体

2. 与某人直接、经常接触的一群人,如家庭成员、亲戚朋友、同事、邻居属于( )。
   A. 首要群体　　B. 次要群体　　C. 向往群体　　D. 厌恶群体

3. 消费者不可能在真空里做出自己的购买决策,其购买决策在很大程度上受到文化、社会、个人和心理等因素的影响。其中,社会角色与地位属于( )。
   A. 文化因素　　B. 社会因素　　C. 个人因素　　D. 心理因素

4. 人们之所以对同一刺激物产生不同的知觉,是因为人们要经历三种知觉过程,即选择性注意、选择性曲解和( )。
   A. 选择性记忆　　　　　　　B. 选择性专业化
   C. 选择分销　　　　　　　　D. 选择定位

5. 对于价格低廉、经常购买、品牌差异小的产品,消费者不需要花时间进行选择,也不需要经过搜集信息、评价产品特点等复杂过程,因此其购买行为最简单。消费者只是被动地接收信息,出于熟悉而购买,也不一定进行购后评价。这种购买行为属于( )。
   A. 协调型购买行为　　　　　B. 习惯型购买行为
   C. 变换型购买行为　　　　　D. 复杂型购买行为

6. 对消费者的购买行为具有最广泛、最深远影响的因素是( )。
   A. 文化因素　　　　　　　　B. 社会因素
   C. 个人因素　　　　　　　　D. 心理因素

7. 家庭成员对人们的购买行为影响颇大,家庭成员属于( )。
   A. 直接参照群体　　　　　　B. 间接参照群体
   C. 向往参照群体　　　　　　D. 次要参照群体

8. 下列影响消费者购买行为的因素中,( )不属于社会因素。
   A. 收入　　　　　　　　　　B. 参照群体
   C. 社会角色和地位　　　　　D. 家庭

9. 根据参与者的介入程度和品牌间的差异程度,消费者购买食盐这一行为属于( )。
   A. 复杂型购买行为　　　　　B. 变换型购买行为
   C. 协调型购买行为　　　　　D. 习惯型购买行为

10. 根据参与者的介入程度和品牌间的差异程度,习惯型购买行为的基本特点是( )。
    A. 品牌差异大,高度介入　　B. 品牌差异大,低度介入
    C. 品牌差异小,高度介入　　D. 品牌差异小,低度介入

11. 根据参与者的介入程度和品牌间的差异程度,变换型购买行为的基本特点是( )。
    A. 品牌差异大,高度介入　　B. 品牌差异大,低度介入
    C. 品牌差异小,高度介入　　D. 品牌差异小,低度介入

12. 根据参与者的介入程度和品牌间的差异程度，协调型购买行为的基本特点是（   ）。
    A. 品牌差异大，高度介入   B. 品牌差异大，低度介入
    C. 品牌差异小，高度介入   D. 品牌差异小，低度介入

13. 根据参与者的介入程度和品牌间的差异程度，复杂型购买行为的基本特点是（   ）。
    A. 品牌差异大，高度介入   B. 品牌差异大，低度介入
    C. 品牌差异小，高度介入   D. 品牌差异小，低度介入

14. 购买决策过程为（   ）。
    A. 收集信息—引起需要—评价方案—决定购买—买后行为
    B. 收集信息—评价方案—引起需要—决定购买—买后行为
    C. 引起需要—收集信息—评价方案—决定购买—买后行为
    D. 引起需要—决定购买—收集信息—评价方案—买后行为

15. 产业市场和消费市场比较，产业市场上（   ）。
    A. 购买力的数量较多，购买力的规模较大
    B. 购买力的数量较少，购买力的规模较大
    C. 购买力的数量较多，购买力的规模较小
    D. 购买力的数量较少，购买力的规模较小

16. 各种组织机构形成的对企业产品和劳务需求的总和是指（   ）。
    A. 组织市场   B. 消费者市场   C. 政府市场   D. 竞争者市场

17. 由一切购买产品和服务并将之用于生产其他产品或劳务，以供销售、出租或供应给他人的个人和组织所组成的市场是（   ）。
    A. 产业市场   B. 中间商市场   C. 政府市场   D. 国际市场

18. 通过购买商品和劳务以转售或出租给他人获取利润为目的的个人和组织是（   ）。
    A. 产业市场   B. 中间商市场   C. 政府市场   D. 国际市场

19. 那些为执行政府的主要职能而采购或租用商品的各级政府单位组成的市场是（   ）。
    A. 产业市场   B. 中间商市场   C. 政府市场   D. 国际市场

20. 直接购买属于（   ）的基本特点。
    A. 产业市场   B. 消费者市场   C. 个人市场   D. 家庭市场

21. 在产业市场所有参与购买决策过程的人员中，在企业外部和内部能控制市场信息流到决定者、使用者的人员是（   ）。
    A. 信息控制者   B. 发起者   C. 使用者   D. 决定者

22. 在影响产业购买者决策的因素中，企业的目标、政策、步骤、组织结构、系统等属于（   ）。
    A. 环境因素   B. 组织因素   C. 人际因素   D. 个人因素

（3）协调型购买行为。协调型购买行为是指对于品牌差异不大的产品经常购买，而购买时又有一定的风险，所以，消费者一般要比较、看货，道、购买方便、机会合适，消费者就会决定购买；购买以后，消费者也许会不协调或不够满意，在使用过程中，会了解更多情况，并寻求种种理由来减轻这种不协调，以证明自己的购买决定是正确的购买者行为类型。经过由不协调到这一过程，消费者会有一系列的心理变化。

（4）复杂型购买行为。复杂型购买行为是指消费者对于不常购买的贵重产品，于产品品牌差异大，购买风险大，消费者需要有一个学习过程，广泛了解产品性能特点，从而对产品产生某种看法，最后决定是否购买的购买者行为类型。

3. 论述购买者的决策过程。

答案要点 在复杂购买行为中，购买者的决策过程由引起需要、收集信息、评价方案、决定购买和购后行为五个阶段构成。

（1）引起需要。购买者的需要往往由两种刺激引起，即内部刺激和外部刺激。

（2）收集信息。一般来讲，引起的需要不是马上就能满足的，消费者需要寻找某信息。

（3）评价方案。消费者对产品的判断大都是建立在自觉和理性基础之上的。

（4）决定购买。评价行为会使消费者对可供选择的品牌形成某种偏好，从而形成图，进而购买所偏好的品牌。

购后行为。消费者在购买产品后会产生某种程度的满意感或不满意感，进而使市场营销人员感兴趣的买后行为。

者对其购买的产品是否满意，将影响到以后的购买行为。如果对产品满意，购买中可能继续采购该产品，并向其他人宣传该产品的优点。如果对产品会尽量减少不和谐感，因为人的机制存在一种在自己的意见、知识和价值调性、一致性或和谐性的驱使力。具有不和谐感的消费者可以通过放弃和谐感，也可以通过寻求证实产品价值比其价格高的有关信息来减少营销人员应采取有效措施尽量减少购买者买后不满意的程度。过去的品牌偏好起强化作用。

业购买者决策的主要因素。

业购买者作购买决策时受一系列因素的影响：

一个企业外部周围环境的因素。诸如一个国家的经济前景、市市场竞争、政治和法律等情况。例如，如果经济前景不佳，者就不会增加投资，甚至会减少投资，减少原材料采购量和

业本身的因素。诸如企业的目标、政策、步骤、组织结构、素也会影响产业购买者的购买决策和购买行为。

购中心通常包括使用者、影响者、采购者、决定者和信

参考答案

1. A 2. A 3. B 4. A 5. B 6. A 7. A 8. A 9. D 10. D 11. B 12. C 13. A 14. C 15. B 16. A 17. A 18. B 19. C 20. A 21. A 22. B

二、多项选择题

1. 影响消费者购买行为的主要因素为（　　）。
   A. 文化因素　　　B. 环境因素　　　C. 社会因素　　　D. 个人因素
   E. 心理因素

2. "哪里有世界冠军，哪里就有阿迪达斯公司的产品。"这一广告语所利用的对消费者购买行为具有影响的因素是（　　）。
   A. 直接参照群体　　　　　　　　B. 间接参照群体
   C. 向往参照群体　　　　　　　　D. 首要参照群体
   E. 次要参照群体

3. 人们之所以对同一刺激物产生不同的知觉，是因为人们要经历三种知觉过程，即（　　）。
   A. 选择性注意　　B. 选择性分析　　C. 选择性曲解　　D. 选择性记忆
   E. 选择性遗忘

4. 在消费者购买决策过程中，参与购买的角色有（　　）。
   A. 发起者　　　B. 影响者　　　C. 信息控制者　　　D. 使用者
   E. 决策者

5. 在产业市场购买决策过程中，参与购买的角色有（　　）。
   A. 发起者　　　B. 影响者　　　C. 信息控制者　　　D. 使用者
   E. 决策者

6. 消费者对产品的判断大都是建立在自觉和理性基础之上的，消费者的评价行为一般要涉及（　　）问题。
   A. 产品属性　　B. 品牌信念　　C. 属性权重　　D. 效用函数
   E. 评价模型

7. 下列对于产业市场的有关论述正确的是（　　）。
   A. 产业市场和消费者市场比较，产业市场上购买者的数量较多，购买者的规模较大
   B. 产业市场上的购买者往往集中在少数地区
   C. 产业市场的需求是引申需求
   D. 产业市场的需求是稳定需求
   E. 由专业人员购买

8. 消费者信息的主要来源渠道有（　　）。
   A. 个人来源　　B. 生理来源　　C. 公共来源　　D. 经验来源
   E. 商业来源

9. 根据参与者的介入程度和品牌间的差异程度,可将消费者购买行为分为( )。
   A. 习惯型购买行为   B. 变换型购买行为
   C. 协调型购买行为   D. 复杂型购买行为
   E. 自然型购买行为

10. 在复杂型购买行为中,购买者的购买决策过程由( )阶段构成。
    A. 引起需要   B. 收集信息   C. 评价方案   D. 决定购买
    E. 买后行为

11. 影响产业购买者决策的主要因素有( )。
    A. 环境因素   B. 组织因素   C. 人际因素   D. 个人因素
    E. 社会因素

参考答案
1. ACDE   2. BC   3. ACD   4. ABDE   5. ABCE
6. ABCDE   7. BDE   8. ACDE   9. ABCD   10. ABCDE
11. ABCD

三、名词解释

1. 组织市场:指由各种组织机构形成的对企业产品和劳务需求的总和。它可分为三种类型,即产业市场、中间商市场和政府市场。

2. 产业市场:又叫生产者市场或组织市场。它是指一切购买产品和服务并将之用于生产其他产品或劳务,以供销售、出租或供应给他人的个人和组织所组成的市场。

3. 中间商市场:指那些通过购买商品和劳务以转售或出租给他人获取利润为目的的个人和组织。中间商不提供形式效用,而是提供时间效用、地点效用和占有效用。中间商市场由各种批发商和零售商组成。

4. 政府市场:指那些为执行政府的主要职能而采购或租用商品的各级政府单位,也就是说,一个国家政府市场上的购买者是该国各级政府的采购机构。

5. 采购中心:所有参与购买决策过程的人员构成采购组织的决策单位,市场营销学称之为采购中心。企业采购中心通常包括五种成员:使用者、影响者、采购者、决定者、信息控制者。

6. 直接重购:企业的采购部门根据过去和许多供应商打交道的经验,从供应商名单中选择供货企业,并直接重新订购过去采购过的同类产业用品。

7. 修正重购:企业的采购经理为了更好地完成采购工作任务,适当改变要采购的某些产业用品的规格、价格等条件或供应商。

8. 全新采购:指企业第一次采购某种产业用品。新购的成本费用越高、风险越大,那么需要参与购买决策过程的人数和需要掌握的市场信息就越多。

四、简答(论述)题

1. 简述影响消费者行为的主要因素。

答案要点 消费者不可能在真空里做出自己的购买决策,其购买决策在很大程度上受到文化、社会、个人和心理等因素的影响。

息控制者,这五种成员都参与购买决策过程。这些参与者在企业中的地位、职权、说服力以及他们之间的关系有所不同。这种人事关系也不能不影响产业购买者的购买决策、购买行为。

(4) 个人因素。诸如各个参与者的年龄、受教育程度、个性等。这些个人的因素会影响各个参与者对要采购的产业用品和供应商的感觉、看法,从而影响购买决策、购买行动。

5. 简述产业购买者的决策过程。

答案要点 在直接重购这种最简单的行为类型下,产业购买者的购买过程的阶段最少;在修正重购的情况下,购买过程的阶段多一些;而在新购这种最复杂的情况下,购买过程的阶段最多,要经过八个阶段。

(1) 认识需要。在全新采购和修正重购的情况下,购买过程是从企业的某些人员认识到要购买某种产品以满足企业的某种需要开始的。

(2) 确定需要。确定所需品种的特征和数量。标准品没有问题,至于复杂品种,采购人员要和使用者、工程师等共同研究,确定所需品种的特征和数量。供货企业的市场营销人员在此阶段要帮助采购单位的采购人员确定所需品种的特征和数量。

(3) 说明需要。企业的采购组织确定需要以后,要指定专家小组,对所需品种进行价值分析,做出详细的技术说明,作为采购人员取舍的标准。供货企业的市场营销人员也要运用价值分析技术,向顾客说明其产品有良好的功能。

(4) 物色供应商。在新购情况下,采购复杂的、价值高的品种,需要花较多的时间物色供应商。供货企业的最高管理层要加强广告宣传,千方百计提高本公司的知名度。

(5) 征求建议。企业的采购经理邀请合格的供应商提出建议。如果采购复杂的、价值高的品种,采购经理应要求每个潜在的供应商都提交详细的书面建议。采购经理还要从合格的供应商中挑选最合适的供应商,要求他们提出正式的建议书。

(6) 选择供应商。采购中心根据供应商的产品质量、产品价格、信誉、及时交货能力、技术服务等来评价供应商,选择最有吸引力的供应商。采购中心做最后决定以前,也许还要和那些较中意的供应商谈判,争取较低的价格和更好的条件。最后,采购中心选定一个或几个供应商。

(7) 选择订货程序。采购经理开订货单给选定的供应商,在订货单上列举技术说明、需要数量、期望交货期等。采购经理通过和某一供应商签订"一揽子合同",和这个供应商建立长期供货关系,这个供应商应承诺当采购经理需要时即按照原来约定的价格条件随时供货。

(8) 检查合同履行情况。采购经理最后还要向使用者征求意见,了解他们对购进的产品是否满意,以此来检查和评价各个供应商履行合同的情况。然后根据这种检查和评价,决定以后是否继续向某个供应商采购产品。

6. 论述产业市场的特点。

答案要点 （1）产业市场和消费者市场比较，产业市场上购买者的数量较少，购买者的规模较大。

（2）产业市场上的购买者往往集中在少数地区。

（3）产业市场的需求是引申需求。这就是说，产业购买者对产业用品的需求，归根结底是从消费者对消费品的需求引申出来的。

（4）产业市场的需求是缺乏弹性的需求。在产业市场上，产业购买者对产业用品和劳务的需求受价格变动的影响不大。

（5）产业市场的需求是波动的需求。产业购买者对于产业用品和劳务的需求比消费者的需求更容易发生变化。

（6）由专业人员购买。由于产业用品特别是主要设备的技术性强，企业通常都雇佣经过训练的、内行的专业人员，负责采购工作。

（7）直接购买。产业购买者往往向生产者直接采购所需产业用品（特别是那些单价高、有高度技术性的机器设备），而不通过中间商采购。

（8）互惠。产业购买者往往这样选择供应商："你买我的产品，我就买你的产品。"互惠有时表现为三角形或多角形。例如，假设有 A、B、C 三家公司，C 是 A 的顾客，A 就可能提出这种互惠条件：如果 B 购买 C 的产品，A 就购买 B 的产品。

（9）产业购买者往往通过租赁方式取得产业用品。机器设备、车辆、飞机等产业用品单价高，通常用户需要融资才能购买，而且技术设备更新快，因此企业所需要的机器设备等有越来越大的部分不采取完全购买方式，而是通过租赁的方式取得。

7. 简述产业购买者的行为类型。

答案要点 产业购买者的行为类型大体有三种：

（1）直接重购。企业的采购部门根据过去和许多供应商打交道的经验，从供应商名单中选择供货企业，并直接重新订购过去采购的同类产业用品。

（2）修正重购。企业的采购经理为了更好地完成采购工作任务，适当改变要采购的某些产业用品的规格、价格等条件或供应商。

（3）全新采购。企业第一次采购某种产业用品。新购的成本费用越高、风险越大，那么需要参与购买决策过程的人数和需要掌握的市场信息就越多。

五、案例分析题

案例：

一次难忘的购买经历

我记忆很深的一次购买是在一个秋冬时节，独自在 Jack Jones（简称 JJ）男装店购买衣服。当时确实有些情绪化，想通过购物改变一下心情。当路过 JJ 商店的时候，我稍稍停留了一下，被强烈的色彩和动感的音乐所吸引。之前，也了解过 JJ 是一个很受欢迎的北欧品牌，也曾有朋友送过一件我很喜欢的 JJ 牌衣服。

正当我打算往里迈步的时候，店内的导购带着阳光般的笑容迎了上来："我叫晓菲

（化名），想看些什么？很高兴为你服务。"我立刻就有了好感，因为很少有商店的服务员会主动报姓名。在我试服装的时候，她主动帮我提包，让我觉得很温暖（因为之前曾要求罗宾逊的导购帮忙拿一下，但是她以担心我的物品会遗失为理由拒绝了）。当我选择了一件英伦双色条纹衬衫后，她又向我推荐了一条紫色的围巾和乳白色的牛皮带，后两者其实完全不在我的购物初衷里。然而，她详细地向我介绍了围巾的多种不同系法以及分别适用的场合，甚至皮带与衣服搭配中的一些小技巧。在此过程中，她总是主动地帮我整理衣服，就像一位默契的朋友，她也总是强化她推荐衣服的优点，而不是让我自己去选择……她甚至拉来其他的导购来共同赞美这样的着装，然后一次次帮我设计如何购买能够实现最大的折扣。

随着我购买的东西越来越多，她帮我提的东西也越来越多。看着她抱着那么多衣服，我居然忘记了自己是消费者，当时就想赶紧付账，别让她抱这么重的东西了。

问题：

在整个购买过程中，购买者受到了哪些因素的影响？

答案要点　整个购买过程中，购买者受到的影响因素有：

（1）文化因素。在一个秋冬时节，独自在 Jack Jones（简称 JJ）男装店购买衣服。当路过 JJ 商店的时候，我稍稍停留了一下，被强烈的色彩和动感的音乐所吸引。

（2）社会因素。之前，也了解过 JJ 是一个很受欢迎的北欧品牌，也曾有朋友送过一件我很喜欢的 JJ 牌衣服。

（3）心理因素。当时确实有些情绪化，想通过购物改变一下心情。

第五章 市场竞争战略

 大纲重点、难点提示

1. 竞争者的含义

①识别竞争者的主要方法：产业竞争观念、市场竞争观念。②竞争者的主要目标。

2. 竞争者的市场反应

从容不迫型竞争者、选择型竞争者、凶猛型竞争者、随机型竞争者。

3. 市场主导者的含义、市场主导者所具备的优势

4. 市场主导者战略、扩大市场需求总量的主要途径

5. 防御战略的主要形式

阵地防御、侧翼防御、以攻为守、反击防御、运动防御、收缩防御。

6. 企业提高市场占有率应考虑的因素

7. 市场挑战者的含义

挑战对象的主要类型：市场主导者、实力相当者、地方性小企业。

8. 挑战者的主要进攻战略

正面进攻、侧翼进攻、包围进攻、迂回进攻、游击进攻。

9. 产品模仿的意义、市场跟随者与挑战者的差异

①市场跟随者面临的任务与挑战。②市场跟随者的三种跟随战略：紧密跟随、距离跟随、选择跟随。

10. 市场补缺者的含义、补缺基点的含义、补缺基点的特征

11. 市场补缺者战略及其可采取的专业化方案

最终用户专业化、垂直层面专业化、顾客规模专业化、特定顾客专业化、地理区域专业化、产品或产品线专业化、客户订单专业化、质量和价格专业化、服务项目专业化、分销渠道专业化。

12. 市场补缺者要完成的三个任务

创造补缺市场、扩大补缺市场、保护补缺市场。

 大纲习题解答

一、单项选择题

1. 那些与本企业提供的产品或服务相类似，并且所服务的目标顾客也相似的其他企业是指（   ）。

  A. 竞争者   B. 合作者   C. 独立者   D. 联盟者

2. 在相关产品的市场上占有率最高的企业是指（　　）。
   A. 市场主导者　　B. 市场挑战者　　C. 市场跟随者　　D. 市场补缺者
3. 一些反应不强烈、行动迟缓的竞争者是指（　　）。
   A. 从容不迫型竞争者　　　　　　B. 选择型竞争者
   C. 凶猛型竞争者　　　　　　　　D. 随机型竞争者
4. 一些竞争者可能会在某些方面反应强烈，但对其他方面（如增加广告预算、加强促销活动等）却不予理会，因为他们认为这对自己威胁不大。这是（　　）。
   A. 从容不迫型竞争者　　　　　　B. 选择型竞争者
   C. 凶猛型竞争者　　　　　　　　D. 随机型竞争者
5. 一些竞争者对任何方面的进攻都迅速强烈地做出反应，同行企业都避免与他直接交锋。这是指（　　）。
   A. 从容不迫型竞争者　　　　　　B. 选择型竞争者
   C. 凶猛型竞争者　　　　　　　　D. 随机型竞争者
6. 有些企业的反应模式难以捉摸，它们在特定场合可能采取也可能不采取行动，并且无法预料它们将会采取什么行动。这是（　　）。
   A. 从容不迫型竞争者　　　　　　B. 选择型竞争者
   C. 凶猛型竞争者　　　　　　　　D. 随机型竞争者
7. 在现有阵地周围建立防线，是一种静态的防御，是防御的基本形式。这是（　　）。
   A. 阵地防御　　B. 侧翼防御　　C. 以攻为守　　D. 反击防御
8. 市场主导者除保卫自己的阵地外，还应建立某些辅助性的基地作为防御阵地，或必要时作为反攻基地。这是（　　）。
   A. 阵地防御　　B. 侧翼防御　　C. 以攻为守　　D. 反击防御
9. "先发制人"式的防御，在竞争者尚未进攻之前，先主动攻击它。这是（　　）。
   A. 阵地防御　　B. 侧翼防御　　C. 以攻为守　　D. 反击防御
10. 当市场主导者遭到对手发动降价或促销攻势，或改进产品、占领市场阵地等进攻时，不能只是被动应战，应主动反攻入侵者的主要市场阵地。这是（　　）。
    A. 阵地防御　　B. 侧翼防御　　C. 以攻为守　　D. 反击防御
11. 不仅防御目前的阵地，而且要扩展到新的市场阵地，作为未来防御和进攻的中心。这是（　　）。
    A. 阵地防御　　B. 侧翼防御　　C. 运动防御　　D. 收缩防御
12. 放弃某些疲软的市场阵地，把力量集中用到主要的市场阵地上去。这是（　　）。
    A. 阵地防御　　B. 侧翼防御　　C. 运动防御　　D. 收缩防御
13. 那些在市场上处于次要地位（第二、第三甚至更低的地位），并积极争取市场领先地位，向竞争者挑战的企业。这是（　　）。
    A. 市场主导者　　　　　　　　　B. 市场挑战者
    C. 市场跟随者　　　　　　　　　D. 市场补缺者

14. 集中全力向对手的主要市场阵地发动进攻，进攻对手的强项而不是弱点。这是（　　）。
   A. 正面进攻　　B. 侧翼进攻　　C. 包围进攻　　D. 迂回进攻

15. 集中优势攻击对手的弱点，有时可采取"声东击西"的战略，佯攻正面，实际攻击侧面或背面。这是（　　）。
   A. 正面进攻　　B. 侧翼进攻　　C. 包围进攻　　D. 迂回进攻

16. 一种全方位、大规模的进攻战略，挑战者拥有优于对手的资源，并确信围堵计划的完成足以打垮对手时，可采用这种战略。这是（　　）。
   A. 正面进攻　　B. 侧翼进攻　　C. 包围进攻　　D. 迂回进攻

17. 一种间接的进攻战略，完全避开对手的现有阵地而迂回进攻。这是（　　）。
   A. 正面进攻　　B. 侧翼进攻　　C. 包围进攻　　D. 迂回进攻

18. 目的在于以小型的、间断性的进攻干扰对手的士气，以占据长久性的立足点。这是（　　）。
   A. 正面进攻　　B. 侧翼进攻　　C. 包围进攻　　D. 游击进攻

19. 那些在市场上处于次要地位（第二、第三甚至更低的地位）的企业，并不是向市场主导者发动进攻并图谋取而代之，而是跟随在主导者之后自觉地维持共处局面。这是（　　）。
   A. 市场主导者　　B. 市场挑战者　　C. 市场跟随者　　D. 市场补缺者

20. 在各个细分市场和市场营销组合市场，尽可能仿效主导者。这是（　　）。
   A. 紧密跟随　　B. 距离跟随　　C. 选择跟随　　D. 竞争跟随

21. 在主要方面，如目标市场、产品创新、价格水平和分销渠道等方面都追随主导者，但仍与主导者保持若干差异。这是（　　）。
   A. 紧密跟随　　B. 距离跟随　　C. 选择跟随　　D. 竞争跟随

22. 在某些方面紧跟主导者，而在另一些方面又自行其是。这是（　　）。
   A. 紧密跟随　　B. 距离跟随　　C. 选择跟随　　D. 竞争跟随

23. 用专业化经营来精心服务于市场的某些细小部分，而不与主要的企业竞争，只是通过专业化经营来占据有利的市场位置的企业。这是（　　）。
   A. 市场主导者　　B. 市场挑战者　　C. 市场跟随者　　D. 市场补缺者

24. （　　）的主要战略是专业化市场营销。
   A. 市场主导者　　　　　　B. 市场挑战者
   C. 市场跟随者　　　　　　D. 市场补缺者

> 参考答案　1. A　2. A　3. A　4. B　5. C　6. D　7. A　8. B
> 9. C　10. D　11. C　12. D　13. B　14. A　15. B　16. C
> 17. D　18. D　19. C　20. A　21. B　22. C　23. D　24. D

二、多项选择题

1. 根据竞争者的市场反应程度，竞争者可以划分为（　　）。

A. 从容不迫型竞争者 B. 选择型竞争者
C. 凶猛型竞争者 D. 随机型竞争者
E. 自由型竞争者

2. 竞争者情报分析系统的具体步骤是（　　）。
   A. 建立系统　　B. 收集数据　　C. 评价分析　　D. 传播反应
   E. 分析数据

3. 现代市场营销理论根据企业在市场上的竞争地位，把企业分为（　　）。
   A. 市场主导者　B. 市场挑战者　C. 市场跟随者　D. 市场补缺者
   E. 愿望跟随者

4. 市场主导者为了维护自己的优势，保住自己的领先地位，通常可采取的战略有（　　）。
   A. 扩大市场需求总量 B. 保护市场占有率
   C. 提高市场占有率 D. 开辟新用途
   E. 开发新市场

5. 市场主导者扩大市场需求总量的方法有（　　）。
   A. 发现新用户　B. 开辟新用途　C. 增加使用量　D. 发明新产品
   E. 开发新市场

6. 市场主导者保护市场占有率的防御战略有（　　）。
   A. 阵地防御　　B. 侧翼防御　　C. 以攻为守　　D. 反击防御
   E. 运动防御

7. 挑战者选择的进攻目标有（　　）。
   A. 市场主导者 B. 与自己实力相当者
   C. 地方性小企业 D. 跨国公司
   E. 收缩防御

8. 挑战者的进攻战略主要有（　　）。
   A. 正面进攻　　B. 侧翼进攻　　C. 包围进攻　　D. 迂回进攻
   E. 游击进攻

9. 市场跟随者战略的类型主要有（　　）。
   A. 紧密跟随　　B. 距离跟随　　C. 选择跟随　　D. 竞争跟随
   E. 尾随跟随

10. 一个最好的补缺基点应具有的特征是（　　）。
    A. 有足够的市场潜量和购买力 B. 利润有增长的潜力
    C. 对主要竞争者不具有吸引力 D. 企业具备占有此补缺基点所必需的能力
    E. 企业既有的信誉足以对抗竞争者

【参考答案】　1. ABCD　2. ABCD　3. ABCD　4. ABC　5. ABC
　　　　　　6. ABCDE　7. ABC　8. ABCDE　9. ABC　10. ABCDE

三、名词解释

1. 竞争者：一般是指那些与本企业提供的产品或服务相类似，并且与所服务的目标顾客也相似的其他企业。

2. 市场主导者：指在相关产品的市场上占有率最高的企业。一般说来，大多数行业都有一家企业被认为是市场主导者，它在价格变动、新产品开发、分销渠道的宽度和促销力量等方面处于主导地位，为同业者所公认。

3. 市场补缺者：指精心服务于市场的某些细小部分，而不与主要的企业竞争，只是通过专业化经营来占据有利的市场位置的企业。

四、简答题

1. 简述判断竞争者的市场反应类型。

答案要点 竞争者的目标、战略、优势和劣势决定了它对降价、促销、推出新产品等市场竞争战略的反应。此外，每个竞争者都有一定的经营哲学和指导思想。因此，为了估计竞争者的反应及可能采取的行动，企业的市场营销管理者要深入了解竞争者的思想和信念。当企业采取某些措施和行动之后，不同的竞争者会有不同的反应。

(1) 从容不迫型竞争者。一些竞争者反应不强烈，行动迟缓，其原因可能是认为顾客忠实于自己的产品；也可能重视不够，没有发现对手的新措施；还可能是因缺乏资金无法做出相当的反应。

(2) 选择型竞争者。一些竞争者可能会在某些方面反应强烈，如对降价竞销总是强烈反击，但对其他方面（如增加广告预算、加强促销活动等）却不予理会，因为他们认为这对自己威胁不大。

(3) 凶猛型竞争者。一些竞争者对任何方面的进攻都迅速强烈地做出反应，如美国宝洁公司就是一个强劲的竞争者，一旦受到挑战，就会立即发起猛烈的全面反击。因此，同行企业都避免与它直接交锋。

(4) 随机型竞争者。有些企业的反应模式难以捉摸，它们在特定场合可能采取也可能不采取行动，并且无法预料它们将会采取什么行动。

2. 简述扩大市场需求总量的方法。

答案要点 当一种产品的市场需求总量扩大时，受益最大的是处于领先地位的企业。一般说来，市场主导者可从三个方面扩大市场需求量：发现新用户；开辟新用途；增加使用量。①发现新用户。每种产品都有吸引新用户、增加用户数量的潜力。②开辟新用途。为产品开辟新的用途，可扩大需求量并使产品销路久畅不衰。③增加使用量。促进用户增加使用量是扩大需求的一种重要手段。

3. 简述补缺基点的特征。

答案要点 一个最好的补缺基点应具有以下特征：

(1) 有足够的市场潜量和购买力。

(2) 利润有增长的潜力。

(3) 对主要竞争者不具有吸引力。
(4) 企业具备占有此补缺基点所必需的能力。
(5) 企业既有的信誉足以对抗竞争者。

4. 企业提高市场占有率时应考虑的因素有哪些？

答案要点 企业提高市场占有率时应考虑以下三个因素：

(1) 引起反垄断活动的可能性。
(2) 为提高市场占有率所付出的成本。
(3) 争夺市场占有率时所采用的市场营销组合战略。

总之，市场主导者必须善于扩大市场需求总量，保卫自己的市场阵地，防御挑战者的进攻，并在保证收益增加的前提下提高市场占有率。这样，才能持久地占据市场领先地位。

第六章 产品策略

 大纲重点、难点提示

1. 产品整体概念

核心产品、有形产品、附加产品。

2. 便利品、选购品、特殊品、非渴求物品

3. 产品组合的含义，产品大类的含义，产品项目的含义，产品组合的宽度、长度、深度和关联性

4. 产品组合策略

扩大产品组合、缩减产品组合、产品延伸。

5. 服务的含义与分类

6. 服务的特征

无形性、相连性、易变性、时间性、无权性。

7. 服务市场营销与产品市场营销的差异性

8. 服务市场营销组合

产品、价格、地点、促销、人员、有形展示、过程。

9. 品牌的含义

属性、利益、价值、文化、个性、用户、商标的含义。

10. 品牌与商标策略

品牌有无策略、品牌使用者策略、品牌统分策略、品牌扩展策略、多品牌策略、品牌重新定位策略、企业形象识别系统。

11. 品牌阶梯与品牌均势、企业形象识别系统、国际互联网络中的域名与企业商标

12. 包装的概念

13. 产品包装的构成：首要包装、次要包装、装运包装

14. 产品包装的作用

15. 设计包装应考虑的因素

16. 包装决策的主要内容

相似包装决策、差异包装决策、相关包装决策、复用包装决策或双重用途包装决策、分等级包装决策、附赠品包装决策、改变包装决策。

17. 产品生命周期的含义

18. 产品生命周期各阶段的特点

（1）介绍期市场营销策略：快速掠取策略、缓慢掠取策略、快速渗透策略、缓慢渗透策略。

(2) 成长期市场营销策略：改善产品品质、寻找新的细分市场、改变广告宣传的重点。

(3) 成熟期市场营销策略：市场改良、产品改良、市场营销组合改良。

(4) 衰退期市场营销策略：继续策略、集中策略、收缩策略、放弃策略。

19．新产品开发过程

寻求创意、甄别创意、形成产品概念、制定市场营销战略、营业分析、产品开发、市场试销、批量上市。

 大纲习题解答

一、单项选择题

1．产品类别中具有密切关系（或经由同种商业网点销售，或同属于一个价格幅度）的一组产品是指（　　）。
    A．产品线　　　B．产品项目　　　C．产品组合　　　D．产品核心

2．某一品牌或产品大类内由尺码、价格、外观及其他属性来区别的具体产品是指（　　）。
    A．产品线　　　B．产品项目　　　C．产品组合　　　D．产品核心

3．与有形的消费品或产业用品比较，服务是让人不能触摸或不能凭肉眼看见其存在的。这是指服务的（　　）。
    A．无形性　　　B．相连性　　　C．易变性　　　D．时间性

4．服务人员给顾客提供服务时，也正是顾客消费服务的时刻，二者在时间上不可分离。这是指服务的（　　）。
    A．无形性　　　B．相连性　　　C．易变性　　　D．时间性

5．即使由同一服务人员所提供的服务也可能会有不同的水准。这是指服务的（　　）。
    A．无形性　　　B．相连性　　　C．易变性　　　D．时间性

6．服务不可能像有形的消费品和产业用品一样被储存起来，以备未来出售。这是指服务的（　　）。
    A．无形性　　　B．相连性　　　C．易变性　　　D．时间性

7．在服务的生产和消费过程中不涉及任何东西的所有权转移。这是指服务的（　　）。
    A．无形性　　　B．相连性　　　C．易变性　　　D．无权性

8．在产品整体概念中，消费者购买某种产品时所追求的利益，是顾客真正要买的东西，因而在产品整体概念中也是最基本、最主要的部分的产品是（　　）。
    A．核心产品　　　B．有形产品　　　C．附加产品　　　D．服务产品

9．在产品整体概念中，核心产品借以实现的形式，通常表现为产品质量水平、外观特色、式样、品牌名称和包装等是指（　　）。
    A．核心产品　　　B．有形产品　　　C．附加产品　　　D．服务产品

10．在产品整体概念中，顾客购买有形产品时所获得的全部附加服务和利益，包括提供信贷、免费送货、安装、售后服务等是指（　　）。
    A．核心产品　　　B．有形产品　　　C．附加产品　　　D．服务产品

11. 消费者通常购买频繁，希望需要即可买到，并且只花最少的精力和最少的时间去比较品牌、价格的消费品是指（　　）。
    A. 便利品　　　　B. 选购品　　　　C. 特殊品　　　　D. 非渴求物品

12. 消费者为了物色适当的物品，在购买前往往要去许多家零售店了解和比较商品的花色、式样、质量、价格等的消费品是指（　　）。
    A. 便利品　　　　B. 选购品　　　　C. 特殊品　　　　D. 非渴求物品

13. 消费者能识别哪些牌子的商品物美价廉，哪些牌子的商品质次价高，而且许多消费者习惯上愿意多花时间和精力去购买的消费品是指（　　）。
    A. 便利品　　　　B. 选购品　　　　C. 特殊品　　　　D. 非渴求物品

14. 顾客不知道的物品，或者虽然知道却没有兴趣购买的物品是指（　　）。
    A. 便利品　　　　B. 选购品　　　　C. 特殊品　　　　D. 非渴求物品

15. 在产品组合分析中，一个企业有多少产品大类是指（　　）。
    A. 宽度　　　　B. 长度　　　　C. 深度　　　　D. 关联性

16. 在产品组合分析中，一个企业产品大类中每种产品有多少花色、品种、规格是指（　　）。
    A. 宽度　　　　B. 长度　　　　C. 深度　　　　D. 关联性

17. 在产品组合分析中，一个企业的各个产品大类在最终使用、生产条件、分销渠道等方面的密切相关程度是指（　　）。
    A. 宽度　　　　B. 长度　　　　C. 深度　　　　D. 关联性

18. 企业原来生产高档产品，后来决定增加生产低档产品是指（　　）。
    A. 向下延伸　　B. 向上延伸　　C. 双向延伸　　D. 向外延伸

19. 企业原来生产低档产品，后来决定增加生产高档产品是指（　　）。
    A. 向下延伸　　B. 向上延伸　　C. 双向延伸　　D. 向外延伸

20. 原定位于中档产品市场的企业，一方面增加生产高档产品，另一方面增加生产低档产品是指（　　）。
    A. 向下延伸　　B. 向上延伸　　C. 双向延伸　　D. 向外延伸

21. 品牌中可以用语言称呼的部分是指（　　）。
    A. 品牌名称　　B. 品牌标志　　C. 品牌价值　　D. 商标

22. 品牌中可以被认出，但不能用语言称呼的部分是指（　　）。
    A. 品牌名称　　B. 品牌标志　　C. 品牌价值　　D. 商标

23. 在品牌统分策略中，企业中的不同产品分别使用不同的品牌策略是指（　　）。
    A. 个别品牌　　　　　　　　B. 统一品牌
    C. 分类品牌　　　　　　　　D. 企业名称加个别品牌

24. 在品牌统分策略中，企业所有的产品都统一使用一个品牌名称的策略是指（　　）。
    A. 个别品牌　　　　　　　　B. 统一品牌
    C. 分类品牌　　　　　　　　D. 企业名称加个别品牌

25. 企业的各类产品分别命名，一类产品使用一个品牌的策略是指（　　）。
    A. 个别品牌　　　　　　　　B. 统一品牌
    C. 分类品牌　　　　　　　　D. 企业名称加个别品牌

第三部分 市场营销

26. 红豆集团的商标决策是把与"红豆"中文发音相同的，含义相近的文字注册，这一做法属于（　　）。
    A. 挑战性商标注册   B. 防御性商标注册
    C. 类似商标注册   D. 商标抢先注册

27. 牙膏皮属于（　　）。
    A. 首要包装   B. 次要包装   C. 装运包装   D. 间接包装

28. 企业将多种相关的产品配套放在同一包装物内出售，如系列化妆品包装。这可以方便顾客购买和使用，有利于新产品的销售。这是（　　）。
    A. 相似包装决策   B. 差异包装决策
    C. 相关包装决策   D. 复用包装决策

29. 在产品介绍期的营销策略中，高促销费用、高价格的组合属于（　　）。
    A. 快速掠取策略   B. 缓慢掠取策略
    C. 快速渗透策略   D. 缓慢渗透策略

30. 在产品介绍期的营销策略中，高促销费用、低价格的组合属于（　　）。
    A. 快速掠取策略   B. 缓慢掠取策略
    C. 快速渗透策略   D. 缓慢渗透策略

31. 在产品介绍期的营销策略中，低促销费用、高价格的组合属于（　　）。
    A. 快速掠取策略   B. 缓慢掠取策略
    C. 快速渗透策略   D. 缓慢渗透策略

32. 在产品介绍期的营销策略中，低促销费用、低价格的组合属于（　　）。
    A. 快速掠取策略   B. 缓慢掠取策略
    C. 快速渗透策略   D. 缓慢渗透策略

33. 洗衣机制造商把普通洗衣机改为漂洗、甩干等多功能的自动、半自动洗衣机，此举属于（　　）。
    A. 市场改良   B. 品质改良   C. 特性改良   D. 式样改良

34. 产品生命周期指的是（　　）。
    A. 产品的使用寿命   B. 产品的物理寿命
    C. 产品的合理寿命   D. 产品的市场寿命

【参考答案】
1. A   2. B   3. A   4. B   5. C   6. D   7. D   8. A
9. B   10. C   11. A   12. B   13. C   14. D   15. A   16. C
17. D   18. A   19. B   20. C   21. A   22. B   23. A   24. B
25. C   26. B   27. A   28. C   29. A   30. C   31. B   32. D
33. B   34. D

二、多项选择题

1. 产品整体概念包含（　　）。
    A. 核心产品   B. 有形产品   C. 附加产品   D. 独立产品
    E. 形式产品

2. 有形产品是核心产品借以实现的形式，通常表现为（　　）。
   A. 产品质量水平　B. 外观特色　　C. 式样　　　　D. 品牌名称
   E. 包装

3. 根据消费者的购物习惯分类，产品可分为（　　）。
   A. 便利品　　　B. 选购品　　　C. 特殊品　　　D. 非渴求物品
   E. 消费品

4. 企业在调整和优化产品组合时，依据情况的不同，可选择的策略是（　　）。
   A. 扩大产品组合　B. 缩减产品组合　C. 产品延伸　　D. 产品定位
   E. 品牌定位

5. 服务的基本特征是（　　）。
   A. 无形性　　　B. 相连性　　　C. 易变性　　　D. 时间性
   E. 无权性

6. 服务市场营销组合中除了产品（product）、价格（price）、地点或渠道（place）、促销（promotion）外，还包括（　　）。
   A. 人员　　　　B. 有形展示　　C. 过程　　　　D. 广告
   E. 路演

7. 品牌的含义包括（　　）。
   A. 属性　　　　B. 利益　　　　C. 价值　　　　D. 文化
   E. 个性

8. 品牌统分策略主要有（　　）。
   A. 个别品牌　　　　　　　　　B. 统一品牌
   C. 分类品牌　　　　　　　　　D. 企业名称加个别品牌
   E. 集中品牌

9. 企业形象识别系统策略的构成要素是（　　）。
   A. 经营理念识别　　　　　　　B. 经营活动识别
   C. 整体视觉识别　　　　　　　D. 人员识别
   E. 形象识别

10. 典型的产品生命周期一般可分为（　　）。
    A. 介绍期　　　B. 成长期　　　C. 成熟期　　　D. 衰退期
    E. 收获期

11. 介绍期广告的市场营销策略一般有（　　）。
    A. 快速掠取策略　　　　　　　B. 缓慢掠取策略
    C. 快速渗透策略　　　　　　　D. 缓慢渗透策略
    E. 掠取渗透结合

12. 成熟期产品的营销策略主要有（　　）。
    A. 市场改良　　　　　　　　　B. 产品改良
    C. 市场营销组合改良　　　　　D. 技术改良
    E. 品牌改良

13. 衰退期产品的营销策略主要有（　　）。
    A. 继续策略　　　B. 集中策略　　　C. 收缩策略　　　D. 放弃策略
    E. 改良策略
14. 产品包装一般包括（　　）。
    A. 首要包装　　　B. 次要包装　　　C. 相似包装　　　D. 差异包装
    E. 装运包装

【参考答案】
1. ABC   2. ABCDE   3. ABCD   4. ABC   5. ABCDE
6. ABC   7. ABCDE   8. ABCD   9. ABC   10. ABCD
11. ABCD 12. ABC   13. ABCD 14. ABCDE

三、名词解释

1. 产品整体概念：包含核心产品、有形产品和附加产品三个层次。核心产品是指消费者购买某种产品时所追求的利益，是顾客真正要买的东西，因而在产品整体概念中也是最基本、最主要的部分。有形产品是核心产品借以实现的形式，即向市场提供的实体和服务的形象。附加产品是顾客购买有形产品时所获得的全部附加服务和利益，包括提供信贷、免费送货、保证、安装、售后服务等。

2. 产品组合：指某一企业所生产或销售的全部产品大类、产品项目的组合。

3. 服务：指用于出售或者是同产品连在一起进行出售的活动、利益或满足感。

4. 品牌：也就是产品的牌子，它是销售者给自己的产品规定的商业名称，通常由文字、标记、符号、图案和颜色等要素或这些要素的组合构成，用作一个销售者或销售者集团的标识，以便同竞争者的产品相区别。

5. 产品生命周期：指产品从进入市场到退出市场所经历的市场生命循环过程。产品只有经过研究开发、试销然后进入市场，它的市场生命周期才算开始。产品退出市场，标志着产品生命周期的结束。

6. 核心产品：指消费者购买某种产品时所追求的利益，是顾客真正要买的东西，因而在产品整体概念中也是最基本、最主要的部分。消费者购买某种产品，并不是为了占有或获得产品本身，而是为了获得能满足某种需要的效用或利益。

7. 有形产品：指核心产品借以实现的形式，即向市场提供的实体和服务的形象。如果有形产品是实体物品，则它在市场上通常表现为产品质量水平、外观特色、式样、品牌名称和包装等。

8. 附加产品：顾客购买有形产品时所获得的全部附加服务和利益，包括提供信贷、免费送货、保证、安装、售后服务等。

9. 产品延伸策略：指全部或部分地改变公司原有产品的市场定位，具体做法有向下延伸、向上延伸和双向延伸三种。

10. 品牌扩展策略：指企业利用其成功品牌名称的声誉来推出改良产品或新产品，包括推出新的包装规格、香味和式样等。

11. 企业形象识别系统：指将企业的经营理念与精神文化，运用整体传达系统，传达给企业体周围的关系或团体，使其对企业产生一致的认同感与价值观。它的构成要素有三个：MI（Mind Identity）经营理念识别、BI（Behavior Identity）经营活动识别、VI（Visual Identity）整体视觉识别。

四、简答（论述）题

1. 简述服务的基本特征。

答案要点 服务的基本特征如下：

（1）无形性。无形性可从两个不同的层次来理解。

①服务若与有形的消费品或产业用品比较，服务的特质及组成服务的元素往往是无形无质的，让人不能触摸或不能凭肉眼看见其存在。

②服务的特质不仅是无形无质的，甚至使用服务后的利益也很难被察觉，或是要等一段时间后享用服务的人才能感觉到利益的存在。

（2）相连性。服务具有相连性的特征，即服务的生产过程与消费过程同时进行，也就是说服务人员提供服务于顾客时也正是顾客消费服务的时刻，二者在时间上不可分离。

（3）易变性。易变性是指服务的构成成分及其质量水平经常变化，很难统一界定。服务行业是以"人"为中心的产业。

（4）时间性。基于服务的不可感知形态以及服务的生产与消费同时进行，使得服务不可能像有形的消费品和产业用品一样被贮存起来，以备未来出售，而且消费者在大多数情况下，也不能将服务携带回家安放。

（5）无权性。无权性是指在服务的生产和消费过程中不涉及任何东西的所有权转移。

2. 简述服务市场营销与产品市场营销的差异性。

答案要点 服务的特征决定了服务市场营销同产品市场营销有着本质的不同。具体表现为以下几个方面：

（1）产品特点不同。如果说有形产品是一个物体或一样东西的话，服务则表现为一种行为、绩效或努力。

（2）顾客对生产过程的参与。因为顾客直接参与生产过程，所以，如何管理顾客使得服务推广有效地进行成为服务市场营销管理的一个重要内容。

（3）人是产品的一部分。服务的过程是顾客同服务提供者广泛接触的过程，服务绩效的好坏不仅取决于服务提供者的素质，也与顾客的行为密切相关。

（4）质量控制问题。由于人是服务的一部分，服务的质量很难像有形产品那样用统一的质量标准来衡量，因而其缺点和不足也就不易被发现和改进。

（5）产品无法贮存。由于服务的无形性以及生产与消费的同时进行，使得服务具有不可贮存的特性。

（6）时间因素的重要性。在服务市场上，既然服务生产和消费过程是由顾客同服务提供者面对面进行的，服务的推广就必须及时、快捷，以缩短顾客等候服务的时间。

（7）分销渠道的不同。服务企业不像生产企业那样通过物流渠道把产品从工厂运送到顾客手里，而是借助电子渠道（如广播）或是把生产、零售和消费的地点连在一起来推广产品。

3. 简述新产品开发过程。

答案要点 当一种产品投放市场时，企业就应当着手设计新产品，使企业在任何时期都有不同的产品处在周期的各个阶段，从而保证企业盈利的稳定增长。新产品开发过程由八个阶段构成，即寻求创意、甄别创意、形成产品概念、制定市场营销战略、营业分析、产品开发、市场试销、批量上市。

（1）寻求创意。新产品的开发过程是从寻求创意开始的。所谓创意，就是开发新产品的设想。虽然并不是所有的设想或创意都可变成产品，寻求尽可能多的创意却可为开发新产品提供较多的机会。新产品创意的主要来源有顾客、科学家、竞争对手、企业的推销人员和经销商、企业高层管理人员、市场研究公司、广告代理商等。除了以上几种来源外，企业还可以从大学、咨询公司、同行业的团体协会、有关的报刊媒介那里寻求有用的新产品创意。

（2）甄别创意。取得足够创意之后，要对这些创意加以评估，研究其可行性，并挑选出可行性较高的创意，这就是创意甄别。创意甄别的目的就是淘汰那些不可行或可行性较低的创意，使公司有限的资源集中于成功机会较大的创意上。甄别创意时，一般要考虑两个因素：一是该创意是否与企业的战略目标相适应，这里的战略目标包括利润目标、销售目标、销售增长目标、形象目标等几个方面；二是企业有无足够的能力开发这种创意，这些能力表现为资金能力、技术能力、人力资源、销售能力等。

（3）形成产品概念。经过甄别后保留下来的产品创意还要进一步发展成为产品概念。在这里，首先应当明确产品创意、产品概念和产品形象之间的区别。所谓产品创意，是指企业从自己角度考虑的能够向市场提供的可能产品的构想。所谓产品概念，是指企业从消费者的角度对这种创意所做的详尽描述。而产品形象，则是消费者对某种现实产品或潜在产品所形成的特定形象。所谓产品概念试验，就是用文字、图画描述或者用实物将产品概念展示于一群目标顾客面前，观察他们的反应。

（4）制定市场营销战略。形成产品概念之后，需要制定市场营销战略，企业的有关人员要拟定一个将新产品投放市场的初步的市场营销战略报告书。它由三个部分组成：①描述目标市场的规模、结构、行为、新产品在目标市场上的定位，头几年的销售额、市场占有率、利润目标等。②略述新产品的计划价格、分销战略以及第一年的市场营销预算。③阐述计划长期销售额和目标利润以及不同时间的市场营销组合。

（5）营业分析。新产品开发过程的第五个阶段是进行营业分析。在这一阶段，企业市场营销管理者要复查新产品将来的销售额、成本和利润的估计，看看它们是否符合企业的目标。如果符合，就可以进行新产品开发。

（6）产品开发。如果产品概念通过了营业分析，研究与开发部门及工程技术部门就可以把这种产品概念转变成为产品，进入试制阶段。只有在这一阶段，文字、图表及模型等描述的产品设计才变为现实物质产品。

（7）市场试销。如果企业的高层管理对某种新产品开发试验结果感到满意，就着手用品牌名称、包装和初步市场营销方案把这种新产品装扮起来，把产品推上真正的消费者舞台进行试验。这是新产品开发第七个阶段。其目的在于了解消费者和经销商对于经营、使用和再购买这种新产品的实际情况以及市场大小，然后再酌情采取适当对策。

（8）批量上市。经过市场试验，企业高层管理者已经占有了足够的信息资料来决定是否将这种新产品投放市场。如果决定向市场推出，企业就须再次付出巨额资金：一是建设或租用全面投产所需要设备。这里工厂规模大小是至关重要的决策，很多公司为了慎重起见都把生产能力限制在所预测的销售额内，以免新产品的盈利收不回成本。二是花费大量市场营销费用。

4. 论述产品组合策略。

答案要点 所谓产品组合，是指某一企业所生产或销售的全部产品大类、产品项目的组合。产品大类（又称产品线）是指产品类别中具有密切关系（或经由同种商业网点销售，或同属于一个价格幅度）的一组产品。产品项目是指某一品牌或产品大类内由尺码、价格、外观及其他属性来区别的具体产品。

（1）产品组合的宽度、长度、深度和关联性。

产品组合有一定的宽度、长度、深度和关联性。所谓产品组合的宽度，是指一个企业有多少产品大类。所谓产品组合的长度，是指一个企业的产品组合中所包含的产品项目的总数。所谓产品组合的深度，是指产品大类中每种产品有多少花色、品种、规格。所谓产品组合的关联性，是指一个企业的各个产品大类在最终使用、生产条件、分销渠道等方面的密切相关程度。

企业增加产品组合的宽度，可以充分发挥企业的特长，使企业尤其是大企业的资源、技术得到充分利用，提高经营效益。企业增加产品组合的长度和深度，可以迎合广大消费者的不同需要和爱好，以招徕、吸引更多顾客。企业增加产品组合的关联性，则可以提高企业在某一地区、行业的声誉。

（2）产品组合策略。

企业在调整和优化产品组合时，依据情况的不同，可选择以下策略：

①扩大产品组合。包括拓展产品组合的宽度和加强产品组合的深度。一般而言，扩大产品组合，可使企业充分地利用人、财、物资源，分散风险，增强竞争能力。

②缩减产品组合。当市场繁荣时，较长、较宽的产品组合会为许多企业带来较多的盈利机会，但当市场不景气或原料、能源供应紧张时，缩减产品反而可能使总利润上升。在这种情况下，需要对产品大类的发展进行相应的遏制，删除那些得不偿失的产品项目，使产品大类缩短，提高经济效益。

③产品延伸。每一企业的产品都有其特定的市场定位。产品延伸策略指全部或部分地改变公司原有产品的市场定位，具体做法有向下延伸、向上延伸和双向延伸三种。

(3) 产品大类现代化。

在某些情况下，虽然产品组合的宽度、长度都很恰当，但产品大类的生产形式却可能已经过时，这就必须对产品大类实施现代化改造。

5. 论述品牌策略决策。

答案要点 企业经常制定的品牌与商标策略包括：

(1) 品牌有无策略。一般来讲，现代企业都建立了自己的品牌和商标。虽然这会使企业增加成本费用，但也可以使卖主得到以下好处：①便于管理订货。②有助于企业细分市场。③有助于树立良好的企业形象。④有利于吸引更多的品牌忠诚者。⑤注册商标可使企业的产品特色得到法律保护，防止别人模仿、抄袭。

(2) 品牌使用者策略。企业有三种可供选择的策略：①企业可以决定使用自己的品牌，这种品牌叫作企业品牌、生产者品牌、全国性品牌。②企业还可以决定将其产品大批量地卖给中间商，中间商再用自己的品牌将货物转卖出去，这种品牌叫作中间商品牌、私人品牌。③企业还可以决定有些产品用自己的品牌，有些产品用中间商品牌。

(3) 品牌统分策略。企业如果决定其大部分或全部产品都使用自己的品牌，还要决定其产品是分别使用不同的品牌还是统一使用一个或几个品牌。在这个问题上也有四种可供选择的策略：①个别品牌，即企业的不同产品分别使用不同的品牌。②统一品牌，即企业所有的产品都统一使用一个品牌名称。③分类品牌，即企业的各类产品分别命名，一类产品使用一个牌子。④企业名称加个别品牌，即企业决定其各种不同的产品分别使用不同的品牌，而且各种产品的品牌前面还冠以企业名称。

(4) 品牌扩展策略。品牌扩展策略是指企业利用其成功品牌名称的声誉来推出改良产品或新产品，包括推出新的包装规格、香味和式样等。企业采取这种策略，可以节省宣传介绍新产品的费用，使新产品能迅速地、顺利地打入市场。此外，还有一种品牌扩展策略，即企业在其耐用品类的低档中增加一种式样过于简单的产品，以宣传其品牌中各种产品的基价很低。

(5) 多品牌策略。多品牌策略是指企业同时经营两种或两种以上互相竞争的品牌。这种策略由宝洁公司首创。企业采取多品牌策略的主要原因：①多种不同的品牌只要被零售商店接受，就可占用更大的货架面积，而竞争者所占用的货架面积自然会相应减小。②多种不同的品牌可吸引更多顾客，提高市场占有率。③发展多种不同的品牌有助于在企业内部各个产品部门、产品经理之间开展竞争，提高效率。④发展多种不同的品牌可使企业深入各个不同的市场部分，占领更大的市场。

(6) 品牌重新定位策略。某一个品牌在市场上的最初定位即使很好，随着时间推移也必须重新定位。这主要是因为：①竞争者推出一个品牌，把它定位于本企业品牌旁边，侵占了本企业品牌的一部分市场定位，使本企业品牌的市场占有率下降，这种情况要求企业进行品牌重新定位。②有些消费者的偏好发生了变化，他们原来喜欢本企业的品牌，现在喜欢其他企业的品牌，因而市场对本企业品牌的需求减少，这种市场情况变化也要求企业进行品牌重新定位。

企业在做品牌重新定位策略时，要考虑两个因素：①要全面考虑把自己的品牌从一个市场部分转移到另一个市场部分的成本费用。②还要考虑把自己的品牌定位在新的位置上所得收入的多少。

（7）企业形象识别系统。企业形象识别系统（Corporate Identity System，CIS）是指将企业的经营理念与精神文化，运用整体传达系统（特别是视觉传达设计）传达给企业体周围的关系或团体（包括企业内部与社会大众），并掌握其对企业产生一致的认同与价值观。

6. 论述产品生命周期策略。

答案要点 产品生命周期是指产品从进入市场到退出市场所经历的市场生命循环过程。产品只有经过研究开发、试销，然后进入市场，它的市场生命周期才算开始。产品退出市场，标志着产品生命周期的结束。

典型的产品生命周期一般可分为四个阶段：介绍期（或引入期）、成长期、成熟期和衰退期。产品生命周期策略有：

（1）介绍期市场营销策略。介绍期开始于新产品首次在市场上普遍销售之时。新产品进入介绍期以前，需要经历开发、研制、试销等过程。进入介绍期产品的市场特点：产品销量少，促销费用高，制造成本高，销售利润常常很低甚至为负值。在这一阶段，促销费用很高，支付费用的目的是要建立完善的销售渠道。促销活动的主要目的是介绍产品，吸引消费者试用。

介绍期产品的市场营销策略一般有以下四种：

①快速掠取策略。这种策略采用高价格、高促销费用，以求迅速扩大销售量，取得较高的市场占有率。

②缓慢掠取策略。以高价格、低促销费用的形式进行经营，以求得到更多的利润。

③快速渗透策略。实行低价格、高促销费用的策略，以迅速打入市场，取得尽可能高的市场占有率。

④缓慢渗透策略。这种策略是以低价格、低促销费用来推出新产品。

（2）成长期市场营销策略。新产品经过市场介绍期以后，消费者对该产品已经熟悉、消费习惯业已形成，销售量迅速增长，这种新产品就进入了成长期。进入成长期以后，老顾客重复购买，并且带来了新的顾客，销售量激增，企业利润迅速增长，在这一阶段利润达到最大。随着销售量的增大，企业生产规模也逐步扩大，产品成本逐步降低，新的竞争者会投入竞争。随着竞争的加剧，新的产品特性开始出现，产品市场开始细分，销售渠道增加。企业为维持市场的继续成长，需要保持或稍微增加促销费用，但由于销量增加，平均促销费用有所下降。

针对成长期的特点，企业为维持其市场增长率，使获取最大利润的时间得以延长，可以采取以下几种策略：

①改善产品品质。如增加新的功能，改变产品款式等。对产品进行改进，可以提

高产品的竞争能力,满足顾客更广泛的需求,吸引更多的顾客。

②寻找新的细分市场。通过市场细分,找到新的尚未满足的细分市场,根据其需要组织生产,迅速进入这一新的市场。

③改变广告宣传的重点。把广告宣传的重心从介绍产品转到建立产品形象上来,树立产品名牌,维系老顾客,吸引新顾客,使产品形象深入顾客心中。

④在适当的时机,可以采取降价策略,以激发那些对价格比较敏感的消费者产生购买动机和采取购买行动。

(3) 成熟期市场营销策略。产品经过成长期的一段时间以后,销售量的增长会缓慢下来,利润开始缓慢下降,这表明产品已开始走向成熟期。进入成熟期以后,产品的销售量增长缓慢,逐步达到最高峰,然后缓慢下降;该产品的销售利润也从成长期的最高点开始下降;市场竞争非常激烈,各种品牌、各种款式的同类产品不断出现。对成熟期的产品,只能采取主动出击的策略,使成熟期延长或使产品生命周期出现再循环。为此,可以采取以下三种策略:

①市场改良。这种策略不是要改变产品本身,而是发现产品的新用途或改变推销方式等,以使产品销售量得以扩大。

②产品改良。这种策略是以产品自身的改变来满足顾客的不同需要,吸引有不同需求的顾客。整体产品概念的任何一个层次的改良都可视为产品再推出。

③市场营销组合改良。通过对产品、定价、渠道、促销四个市场营销组合因素加以综合改革,刺激销售量的回升。比如在提高产品质量、改变产品性能、增加产品花色品种的同时,通过特价、早期购买折扣、补贴运费、延期付款等方法来降价让利;扩大分销渠道,广设销售网点,调整广告媒体组合,变换广告时间和频率,增加人员推销,大搞公共关系等"多管"齐下,进行市场渗透,扩大企业及产品的影响,争取更多的顾客。

(4) 衰退期市场营销策略。在成熟期,产品的销售量从缓慢增加直到缓慢下降,如果销售量的下降速度开始加剧,利润水平很低,在一般情况下,就可以认为这种产品已进入市场生命周期的衰退期。衰退期的主要特点是:产品销售量急剧下降;企业从这种产品中获得的利润很低甚至为零;大量的竞争者退出市场;消费者的消费习惯已发生转变等。面对处于衰退期的产品,企业需要进行认真的研究分析,决定采取什么策略、在什么时间退出市场。通常有以下几种策略可供选择:

①继续策略。继续沿用过去的策略,仍在原来的细分市场使用相同的销售渠道、定价及促销方式,直到这种产品完全退出市场为止。

②集中策略。把企业能力和资源集中在最有利的细分市场和销售渠道上,从中获取利润。这样有利于缩短产品退出市场的时间,同时又能为企业创造更多的利润。

③收缩策略。大幅度降低促销水平,尽量减少销售和推销费用,以增加目前的利润。这样可能导致产品在市场上的衰退加速,但又能从忠实于这种产品的顾客中得到利润。

④放弃策略。对于衰落比较迅速的产品,应该当机立断,放弃经营。可以采取完全放弃的形式,如把产品完全转移出去或立即停止生产;也可采取逐步放弃的方式,

使其所占用的资源逐步转向其他产品。

7. 简述企业使用品牌策略的优势。

答案要点 一般来讲，现代企业都建立了自己的品牌和商标，有以下好处：

（1）便于管理订货。

（2）有助于企业细分市场。

（3）有助于树立良好的企业形象。

（4）有利于吸引更多的品牌忠诚者。

（5）注册商标可使企业的产品特色得到法律保护，防止别人模仿、抄袭。

8. 简述中间商品牌的优缺点。

答案要点 （1）中间商品牌的优点：

①可以更好地控制价格，并且可以在某种程度上控制供应商。

②进货成本较低，因而销售价格较低，竞争力较强，可以得到较高利润。

③零售商业的营业面积有限，因此，许多企业特别是新企业和小企业难以用其品牌打入零售市场。

④由于中间商特别注意保持其私人品牌的质量，所以仍能赢得消费者的信任。

⑤中间商品牌的价格通常定得比企业品牌低。

（2）中间商品牌的缺点：

①中间商必须花很多钱做广告，大肆宣传其品牌。

②中间商必须大批量订货，因而须将大量资金占压在商品库存上，并且须承担一些风险。

9. 简述企业实施多品牌策略的原因。

答案要点 一般来说，企业采取多品牌策略的主要原因如下：

（1）多种不同的品牌只要被零售商店接受，就可占用更大的货架面积，而竞争者所占用的货架面积自然会相应减小。

（2）多种不同的品牌可吸引更多顾客，提高市场占有率。

（3）发展多种不同的品牌有助于在企业内部各个产品部门、产品经理之间开展竞争，提高效率。

（4）发展多种不同的品牌可使企业深入各个不同的市场部分，占领更大的市场。

10. 企业在设计包装时应考虑哪些要求？

答案要点 企业在设计包装时，应考虑以下几点要求：

（1）包装应与商品的价值或质量相适应。"一等产品，三等包装""三等产品，一等包装"，都不利于企业销售。

（2）包装应能显示商品的特点或独特风格。对于以外形和色彩表现其特点的商品，如服装、装饰品、食品等，包装应向购买者直接显示商品本身，以便于选购。

（3）包装应方便消费者购买、携带和使用。这就要求包装有不同的规格和分量，以适应不同消费者的需要。

(4) 包装上的文字说明应实事求是。如产品成分、性能、使用方法、数量、有效期限等要符合实际,以增强顾客对商品的信任。

(5) 包装装潢应给人以美感。设计时要考虑消费者的审美习惯,使消费者能从包装中获得美的享受,并产生购买欲望。

(6) 包装装潢上的文字、图案、色彩等不能和目标市场的风俗习惯、宗教信仰发生抵触。

11. 简述包装决策。

答案要点 符合设计要求的包装固然是良好的包装,但良好的包装只有同包装决策结合起来才能发挥应有的作用。可供企业选择的包装决策有以下几种:

(1) 相似包装决策。企业生产的各种产品,在包装上采用相似的图案、颜色,体现共同的特征。其优点在于能节约设计和印刷成本,树立企业形象,有利于新产品的推销。但有时也会因为个别产品质量下降影响到其他产品的销路。

(2) 差异包装决策。企业的各种产品都有自己独特的包装,在设计上采用不同的风格、色调和材料。这种决策能够避免由于某一商品推销失败而影响其他商品的声誉。但也相应地会增加包装设计费用和新产品促销费用。

(3) 相关包装决策。将多种相关的产品配套放在同一包装物内出售。如系列化妆品包装。这可以方便顾客购买和使用,有利于新产品的销售。

(4) 复用包装决策或双重用途包装决策。包装内产品用过之后,包装物本身还可作其他用途使用,如奶粉包装铁盒。这种决策的目的是通过给消费者额外利益而扩大产品销售。

(5) 分等级包装决策。对同一种商品采用不同等级的包装,以适应不同的购买力水平。如送礼商品和自用商品采用不同档次的包装。

(6) 附赠品包装决策。在包装上或包装内附赠奖券或实物,以吸引消费者购买。这一决策对儿童尤为有效。

(7) 改变包装决策。当某种产品销路不畅或长期使用一种包装时,企业可以改变包装设计、包装材料,使用新的包装。这可以使顾客产生新鲜感,从而扩大产品销售。

第七章 定价策略

 大纲重点、难点提示

1. 企业定价的主要步骤
2. 成本导向定价法、成本加成定价法的优点与缺点，目标定价法的缺陷
3. 需求导向定价法、感受价值定价法的含义及其关键步骤
4. 竞争导向定价法的主要形式：随行就市定价法和投标定价法
5. 折扣与折让定价策略

现金折扣、数量折扣、功能折扣、季节折扣、让价。

6. 地区定价策略

FOB 原产地定价、统一交货定价、分区定价、基点定价、运费免收定价。

7. 心理定价策略

声望定价、尾数定价、招徕定价。

8. 差别定价策略

①顾客差别定价、产品形式差别定价、产品部位差别定价、销售时间差别定价。②企业采取需求差别定价必须具备的条件。

9. 新产品定价策略

撇脂定价、渗透定价。

10. 产品组合定价策略

产品线定价、选择品定价、补充产品定价、分部定价、副产品定价、产品系列定价。

11. 企业降低价格的主要原因

生产能力过剩、竞争压力、控制市场。

12. 引起企业提价的主要原因

①通货膨胀致使企业成本提高。②企业产品供不应求。

13. 顾客对于企业降价和提价的反应、竞争者对价格变动的反应

 大纲习题解答

一、单项选择题

1. 在企业定价方法中，目标利润定价法属于（　　）。
   A. 成本导向定价　　　　　　B. 需求导向定价
   C. 竞争导向定价　　　　　　D. 市场导向定价
2. （　　）是制造商给某些批发商或零售商的一种额外折扣，促使他们愿意执行

某种市场营销职能（如推销、储存、服务）。

    A. 现金折扣   B. 数量折扣   C. 职能折扣   D. 季节折扣

3. 随行就市定价法最适用于（　　）。

    A. 同质产品   B. 异质产品   C. 无差异产品   D. 工业品

4. 下列折扣中，属于贸易折扣的是（　　）。

    A. 功能折扣   B. 促销折让

    C. 数量折扣   D. 给批发商或零售商的折扣

5. 以产品成本作为最优先考虑因素的定价方法是（　　）定价法。

    A. 成本导向   B. 需求导向   C. 竞争导向   D. 政策导向

6. 按照单位成本加上一定百分比的加成来制定产品销售价格的方法是（　　）。

    A. 成本加成定价法   B. 目标定价法

    C. 随行就市定价法   D. 感受价值定价法

7. 根据估计的总销售收入（销售额）和估计的产量（销售量）来制定价格的方法是（　　）。

    A. 成本加成定价法   B. 目标定价法

    C. 随行就市定价法   D. 感受价值定价法

8. 以市场需求作为最优先考虑因素的定价方法是（　　）定价法。

    A. 成本导向   B. 需求导向   C. 竞争导向   D. 政策导向

9. 企业根据购买者对产品的感受价值来制定价格的方法是（　　）。

    A. 成本加成定价法   B. 目标定价法

    C. 感受价值定价法   D. 反向定价法

10. 企业依据消费者能够接受的最终销售价格，计算自己从事经营的成本和利润后，逆向推算出产品的批发价和零售价的方法是（　　）。

    A. 成本加成定价法   B. 目标定价法

    C. 感受价值定价法   D. 反向定价法

11. 以竞争对手的产品价格作为最优先考虑因素的定价方法是（　　）定价法。

    A. 成本导向   B. 需求导向   C. 竞争导向   D. 政策导向

12. 企业按照行业的平均现行价格水平来定价的方法是（　　）。

    A. 随行就市定价法   B. 投标定价法

    C. 感受价值定价法   D. 反向定价法

13. 企业为了鼓励顾客及早付清货款、大量购买、淡季购买，还可以酌情降低其基本价格。这种价格调整叫作（　　）。

    A. 折扣与折让定价策略   B. 地区定价策略

    C. 心理定价策略   D. 差别定价策略

14. 企业给那些当场付清货款的购买者的一种减价策略是（　　）。

    A. 现金折扣   B. 数量折扣   C. 功能折扣   D. 季节折扣

15. 企业给那些大量购买某种产品的顾客的一种减价，以鼓励顾客购买更多的货物的定价方法是（　　）。

  A. 现金折扣　　　B. 数量折扣　　　C. 功能折扣　　　D. 季节折扣

16. 制造商给某些批发商或零售商的一种额外折扣，促使他们愿意执行某种市场营销功能的定价方法是（　　）。

  A. 现金折扣　　　B. 数量折扣　　　C. 功能折扣　　　D. 季节折扣

17. 企业给那些购买过季商品或服务的顾客的一种减价，使企业的生产和销售在一年四季保持相对稳定的定价方法是（　　）。

  A. 现金折扣　　　B. 数量折扣　　　C. 功能折扣　　　D. 季节折扣

18. 企业把同一产品以不同的价格卖给不同地区顾客的价格策略是（　　）。

  A. 折扣与折让定价策略　　　　　B. 地区定价策略

  C. 心理定价策略　　　　　　　　D. 差别定价策略

19. 顾客按照厂价购买某种产品，企业只负责将这种产品运到产地某种运输工具上交货的定价方法是（　　）。

  A. FOB 原产地定价　　　　　　B. 统一交货定价

  C. 分区定价　　　　　　　　　　D. 基点定价

20. 企业对于卖给不同地区顾客的某种产品，按照相同的出厂价加相同的运费的定价方法是（　　）。

  A. FOB 原产地定价　　　　　　B. 统一交货定价

  C. 分区定价　　　　　　　　　　D. 基点定价

21. 企业把全国分为若干价格区，对于卖给不同价格区顾客的某种产品，分别制定不同的地区价格的定价方法是（　　）。

  A. FOB 原产地定价　　　　　　B. 统一交货定价

  C. 分区定价　　　　　　　　　　D. 基点定价

22. 企业因为急于和某些地区做生意，负担全部或部分实际运费的定价方法是（　　）。

  A. FOB 原产地定价　　　　　　B. 统一交货定价

  C. 分区定价　　　　　　　　　　D. 运费免收定价

23. 企业利用消费者仰慕名牌商品或名店的声望所产生的某种心理来制定商品的价格，故意把价格定成整数或高价的定位方法是（　　）。

  A. 声望定价　　　B. 尾数定价　　　C. 招徕定价　　　D. 基点定价

24. 企业利用消费者对数字认识的某种心理制定尾数价格，使消费者产生价格较廉的感觉，还能使消费者觉得有尾数的价格是经过认真的成本核算才产生的结果，对定价产生信任感。这种定价方法是（　　）。

  A. 声望定价　　　B. 尾数定价　　　C. 招徕定价　　　D. 基点定价

25. 企业利用部分顾客求廉的心理，特意将某几种商品的价格定得较低以吸引顾客的定价方法是（　　）。

  A. 声望定价　　　B. 尾数定价　　　C. 招徕定价　　　D. 基点定价

26. 企业按照两种或两种以上不反映成本费用的比例差异的价格销售某种产品或劳务的定价方法是（　　）。
   A. 折扣与折让定价策略　　　　B. 地区定价策略
   C. 心理定价策略　　　　　　　D. 差别定价策略

27. 企业按照不同的价格把同一种产品或劳务卖给不同的顾客的定价方法是(　　)。
   A. 顾客差别定价　　　　　　　B. 产品形式差别定价
   C. 产品部位差别定价　　　　　D. 销售时间差别定价

28. 企业对不同型号或形式的产品分别制定不同价格的策略是（　　）。
   A. 顾客差别定价　　　　　　　B. 产品形式差别定价
   C. 产品部位差别定价　　　　　D. 销售时间差别定价

29. 企业对于处在不同位置的产品或服务分别制定不同的价格，即使这些产品或服务的成本费用没有任何差异。这种定价策略是（　　）。
   A. 顾客差别定价　　　　　　　B. 产品形式差别定价
   C. 产品部位差别定价　　　　　D. 销售时间差别定价

30. 企业对于不同季节、不同时期甚至不同钟点的商品或服务也分别制定不同的价格的策略是（　　）。
   A. 顾客差别定价　　　　　　　B. 产品形式差别定价
   C. 产品部位差别定价　　　　　D. 销售时间差别定价

31. 在产品生命周期的最初阶段，把产品的价格定得很高，以攫取最大利润，犹如从鲜奶中撇取奶油。这种定价策略是（　　）。
   A. 撇脂定价　　　　　　　　　B. 渗透定价
   C. 顾客差别定价　　　　　　　D. 产品形式差别定价

32. 企业把它的创新产品的价格定得相对较低，以吸引大量顾客，提高市场占有率。这种定价策略是（　　）。
   A. 撇脂定价　　　　　　　　　B. 渗透定价
   C. 顾客差别定价　　　　　　　D. 产品形式差别定价

33. 企业在提供主要产品的同时，还会附带一些可供选择的产品或特征。这种定价方法是（　　）。
   A. 产品线定价　　B. 选择品定价　　C. 补充产品定价　　D. 分部定价

34. 企业对于附属或补充产品取得合适价格的定价方法是（　　）。
   A. 产品线定价　　B. 选择品定价　　C. 补充产品定价　　D. 分部定价

35. 服务性企业经常收取一笔固定费用，再加上可变的使用费的定价方法是（　　）。
   A. 产品线定价　　　　　　　　B. 选择品定价
   C. 补充产品定价　　　　　　　D. 分部定价

36. 企业经常以某一价格出售一组产品，这一组产品的价格低于单独购买其中每一产品的费用总和。这种定价方法是（　　）。

A. 产品线定价　　　　　　　　B. 产品系列定价

C. 补充产品定价　　　　　　　D. 分部定价

参考答案

1. A　2. C　3. A　4. A　5. A　6. A　7. B　8. B
9. C　10. D　11. C　12. A　13. A　14. B　15. B　16. C
17. D　18. B　19. A　20. B　21. C　22. D　23. A　24. B
25. C　26. D　27. A　28. B　29. C　30. D　31. A　32. B
33. B　34. C　35. D　36. B

二、多项选择题

1. 根据企业定价优先考虑要素的不同，企业定价方法主要有（　　）。

A. 成本导向定价法　　　　　　B. 需求导向定价法

C. 竞争导向定价法　　　　　　D. 政策导向定价法

E. 顾客导向定价法

2. 成本导向定价法通常有（　　）。

A. 成本加成定价法　　　　　　B. 目标定价法

C. 感受价值定价法　　　　　　D. 反向定价法

E. 投标定价法

3. 需求导向定价法通常有（　　）。

A. 成本加成定价法　　　　　　B. 目标定价法

C. 感受价值定价法　　　　　　D. 反向定价法

E. 投标定价法

4. 竞争导向定价法通常有（　　）。

A. 随行就市定价法　　　　　　B. 投标定价法

C. 感受价值定价法　　　　　　D. 目标定价法

E. 成本加成定价法

5. 价格折扣和折让通常有（　　）。

A. 现金折扣　　B. 数量折扣　　C. 功能折扣　　D. 季节折扣

E. 让价

6. 地区性定价的形式有（　　）。

A. FOB 原产地定价　　　　　　B. 统一交货定价

C. 分区定价　　　　　　　　　D. 基点定价

E. 运费免收定价

7. 心理定价策略主要有（　　）。

A. 声望定价　　B. 尾数定价　　C. 招徕定价　　D. 基点定价

E. 分区定价

8. 差别定价策略具体表现为（　　）。
   A. 顾客差别定价　　　　　　　　B. 产品形式差别定价
   C. 产品部位差别定价　　　　　　D. 销售时间差别定价
   E. 分区定价
9. 一般来讲，新产品定价方法主要有（　　）。
   A. 撇脂定价　　B. 渗透定价　　C. 招徕定价　　D. 基点定价
   E. 分区定价
10. 产品组合定价策略主要有（　　）。
    A. 产品线定价　B. 选择品定价　C. 补充产品定价　D. 分部定价
    E. 副产品定价

参考答案　1. ABC　2. AB　3. CD　4. AB　5. ABCDE　6. ABCDE　7. ABC
8. ABCD　9. AB　10. ABCDE

三、名词解释

1. 成本加成定价法：指按照单位成本加上一定百分比的加成来制定产品销售价格。加成的含义就是一定比率的利润。

2. 目标定价法：指根据估计的总销售收入（销售额）和估计的产量（销售量）来制定价格的一种方法。目标定价法有一个重要的缺陷，即企业以估计的销售量求出应制定的价格，殊不知价格却又恰恰是影响销售量的重要因素。

3. 感受价值定价法：指企业根据购买者对产品的感受价值来制定价格的一种方法。感受价值定价法与现代市场定位观念相一致。企业在为其目标市场开发新产品时，在质量、价格、服务等各方面都需要体现特定的市场定位观念。

4. 反向定价法：指企业依据消费者能够接受的最终销售价格，计算出自己从事经营的成本和利润后，逆向推算出产品的批发价和零售价。这种定价方法不以实际成本为主要依据，而是以市场需求为定价出发点，力求使价格为消费者所接受。

5. 随行就市定价法：指企业按照行业的平均现行价格水平来定价。在下列情况下往往采取这种定价方法：①难以估算成本。②企业打算与同行和平共处。③如果另行定价，很难了解购买者和竞争者对本企业的价格的反应。

6. 功能折扣：制造商给某些批发商或零售商的一种额外折扣，促使他们愿意执行某种市场营销功能（如推销、储存、服务）。

7. FOB原产地定价：顾客（买方）按照厂价购买某种产品，企业（卖方）只负责将这种产品运到产地某种运输工具（如卡车、火车、船舶、飞机等）上交货。交货后，从产地到目的地的一切风险和费用概由顾客承担。

8. 基点定价：企业选定某些城市作为基点，然后按一定的厂价加上从基点城市到顾客所在地的运费来定价（不管货实际上是从哪个城市起运的）。

9. 声望定价：指企业利用消费者仰慕名牌商品或名店的声望所产生的某种心理来制定商品的价格，故意把价格定成整数或高价。

10. 尾数定价：又称奇数定价，即利用消费者对数字的某种错觉制定尾数价格，使消费者产生价格较廉、定价认真的感觉，认为有尾数的价格是经过认真的成本核算才产生的结果，使消费者对定价产生信任感。

11. 招徕定价：零售商利用部分顾客求廉的心理，特意将某几种商品的价格定得较低以吸引顾客。

12. 差别定价：也叫价格歧视，就是企业按照两种或两种以上不反映成本费用的比例差异的价格销售某种产品或劳务。

13. 撇脂定价：指在产品生命周期的最初阶段，把产品的价格定得很高，以攫取最大利润，犹如从鲜奶中撇取奶油。

14. 渗透定价：企业把它的创新产品的价格定得相对较低，以吸引大量顾客，提高市场占有率。

四、简答题

1. 简述产品定价的步骤。

答案要点 企业在制定产品价格时，必须全面考虑各个方面的因素，采取一系列步骤和措施。一般来说，要采取六个步骤：

（1）选择定价目标。
（2）测定需求的价格弹性。
（3）估算成本。
（4）分析竞争对手的产品与价格。
（5）选择适当的定价方法。
（6）选定最后价格。

2. 简述折扣与折让定价策略。

答案要点 企业为了鼓励顾客及早付清货款、大量购买、淡季购买，还可以酌情降低其基本价格。这种价格调整叫作价格折扣和折让。价格折扣和折让有五种形式：

（1）现金折扣。这是企业给那些当场付清货款的顾客的一种减价。

（2）数量折扣。这种折扣是企业给那些大量购买某种产品的顾客的一种减价，以鼓励顾客购买更多的货物。因为大量购买能使企业降低生产、销售、储运、记账等环节的成本费用。

（3）功能折扣。这种价格折扣又叫贸易折扣。功能折扣是制造商给某些批发商或零售商的一种额外折扣，促使他们愿意执行某种市场营销功能（如推销、储存、服务）。

（4）季节折扣。这种价格折扣是企业给那些过季商品或服务的一种减价，使企业的生产和销售在一年四季保持相对稳定。例如，滑雪橇制造商在春季和夏季给零售商以季节折扣，以鼓励零售商提前订货；旅馆、航空公司等在营业下降时给旅客以季节折扣。

（5）让价策略。这是另一种类型的价目表价格的减价。例如，一辆小汽车标价为4 000元，顾客以旧车折价500元购买，只需付给3 500元。这叫作以旧换新折让。如果经销商同意参加制造商的促销活动，则制造商卖给经销商的货物可以打折扣。这叫作促销折让。

3. 简述差别定价策略。

答案要点 所谓差别定价,也叫价格歧视,就是企业按照两种或两种以上不反映成本费用的比例差异的价格销售某种产品或劳务。差别定价有四种形式:

(1) 顾客差别定价。企业按照不同的价格把同一种产品或劳务卖给不同的顾客。例如,某汽车经销商按照价目表价格把某种型号的汽车卖给顾客A,同时按照较低的价格把同一种型号的汽车卖给顾客B。这种价格歧视表明,顾客的需求强度和商品知识有所不同。

(2) 产品形式差别定价。企业对不同型号或形式的产品分别制定不同的价格,但是,不同型号或形式的产品的价格之间的差额和成本费用之间的差额并不成比例。

(3) 产品部位差别定价。企业对于处在不同位置的产品或服务分别制定不同的价格,即使这些产品或服务的成本费用没有任何差异。例如,虽然剧院不同座位的成本费用都一样,但是不同座位的票价有所不同,这是因为人们对剧院的不同座位的偏好有所不同。

(4) 销售时间差别定价。企业对于不同季节、不同时期甚至不同钟点的产品或服务也分别制定不同的价格。例如,美国公用事业对商业用户(如旅馆、饭馆等)在一天中某些时间、周末和平时的收费标准有所不同。

企业采取需求差别定价必须具备以下条件:

(1) 市场必须是可以细分的,而且各个市场部分必须表现出不同的需求程度。

(2) 以较低价格购买某种产品的顾客没有可能以较高价格把这种产品倒卖给别人。

(3) 竞争者没有可能在企业以较高价格销售产品的市场上以低价竞销。

(4) 细分市场和控制市场的成本费用不得超过因实行价格歧视所得的额外收入,这就是说,不能得不偿失。

(5) 价格歧视不会引起顾客反感,使其放弃购买,影响销售。

(6) 采取的价格歧视形式不能违法。

4. 简述产品组合定价策略。

答案要点 当产品只是某一产品组合中的一部分时,企业必须对定价方法进行调整。企业要研究出一系列价格,使整个产品组合的利润实现最大化。因为各种产品之间存在需求和成本的相互联系,而且会带来不同程度的竞争,所以定价十分困难。

(1) 产品线定价。企业通常开发出来的是产品线,而不是单一产品。当企业生产的系列产品存在需求和成本的内在关联性时,为了充分发挥这种内在关联性的积极效应,采用产品线定价策略。

(2) 选择品定价。许多企业在提供主要产品的同时,还会附带一些可供选择的产品或特征。汽车用户可以订购电子开窗控制器、扫雾器和减光器等。但是对选择品定价是一件棘手的事。

(3) 补充产品定价。有些产品需要附属或补充产品。例如剃须刀片和胶卷。生产主要产品(剃须刀和照相机)的制造商经常为产品制定较低的价格,同时对附属产品制定较高的加成。

（4）分部定价。服务性企业经常收取一笔固定费用，再加上可变的使用费。例如，电话用户每月都要支付一笔最少的使用费，如果使用次数超过规定，还要再交费。

（5）副产品定价。在生产加工肉类、石油产品和其他化工产品的过程中，经常有副产品。如果副产品价值很低，处理费用昂贵，就会影响到主产品测定定价。制造商确定的价格必须能够弥补副产品的处理费用。如果副产品对某一顾客群有价值，就应该按其价值定价。副产品如果能带来收入，将有助于公司在迫于竞争压力时制定较低的价格。

（6）产品系列定价。企业经常以某一价格出售一组产品，例如化妆品、计算机、假期旅游公司为顾客提供的一系列活动方案。这一组产品的价格低于单独购买其中每一产品的费用总和。因为顾客可能并不打算购买其中所有的产品，所以，这一组合的价格必须有较大的降幅来推动顾客购买。

5. 简述企业降低价格的主要原因。

答案要点 在现代市场经济条件下，企业降低价格的主要原因有：

（1）企业的生产能力过剩，需要扩大销售，但是企业又不能通过产品改进和加强销售工作等来扩大销售。在这种情况下，企业就需要降低价格。

（2）在强大的竞争者的压力之下，企业的市场占有率下降。在这种情况下，一些公司不得不降低价格营销。

（3）企业的成本费用比竞争者低，企图通过降低价格来掌握市场或提高市场占有率，从而扩大生产和销售量，降低成本费用。在这种情况下，企业也往往降低价格。

6. 简述企业提高价格的主要原因。

答案要点 虽然提价会引起消费者、经销商和企业推销人员的不满，但是成功的提价可以使企业的利润大大增加。引起企业提价的主要原因有：

（1）由于通货膨胀，物价上涨，企业的成本费用提高，因此许多企业不得不提高产品价格。在现代市场经济条件下，许多企业往往采取种种方法来调整价格，应对通货膨胀，企业通过这种战略可以保持一定的利润，但会影响其声誉和形象，失去忠诚的顾客。

（2）企业的产品供不应求，不能满足其所有顾客的需要。在这种情况下，企业就必须提价。提价方式包括：取消价格折扣，在产品大类中增加价格较高的项目，或者开始提价。为了减少顾客不满，企业提价时应当向顾客说明提价的原因，并帮助顾客寻找节约途径。

7. 简述顾客对价格变动的反应。

答案要点 企业无论提高价格还是降低价格，都必然影响购买者、竞争者、经销商和供应商，而且政府对企业变价也不能不关心。在这里，首先分析购买者对企业变价的反应。

（1）顾客对于企业的某种产品的降价可能会这样理解：①这种产品的式样老了，将被新型产品所代替；②这种产品有某些缺点，销售不畅；③企业财务困难，难以继续经营下去；④价格还要进一步下跌；⑤这种产品的质量下降了。

（2）企业提价通常会影响销售，但是购买者对企业的某种产品提价也可能会这样理解：①这种产品很畅销，不赶快买就买不到了；②这种产品很有价值；③卖主想尽量获得更多利润。

一般地说，购买者对于价值高低不同的产品价格的反应有所不同。购买者对于那些价值高，经常购买的产品的价格变动较敏感，而对于那些价值低、不经常购买的小商品，即使单位价格较高，购买者也不大注意。

8．简述心理定价策略。

答案要点　（1）声望定价。所谓声望定价，是指企业利用消费者仰慕名牌商品或名店的声望所产生的某种心理来制定商品的价格，故意把价格定成整数或高价。质量不易鉴别的商品的定价最适宜采用此法，因为消费者有崇尚名牌的心理，往往以价格判断质量，认为高价代表高质量，但也不能高得离谱，使消费者不能接受。

（2）尾数定价。又称奇数定价，即利用消费者以数字认识的某种心理制定尾数价格，使消费者产生价格较廉的感觉，还能使消费者认为定价认真，有尾数的价格是经过认真的成本核算才产生的结果，使消费者对定价产生信任感。

（3）招徕定价。零售商利用部分顾客求廉的心理，特意将某几种商品的价格定得较低以吸引顾客。某些商店随机推出降价商品，每天、每时都有一至二种商品降价出售，吸引顾客经常来采购廉价商品，同时也选购了其他正常价格的商品。

9．简述新产品定价策略。

答案要点　一般来讲，新产品定价有两种策略可供选择：

（1）撇脂定价。它是指在产品生命周期的最初阶段，把产品的价格定得很高，以攫取最大利润，犹如从鲜奶中撇取奶油。企业之所以这样做，是因为有些购买者主观认为某些商品具有很高的价值。从市场营销实践看，在下列条件下企业可以采取撇脂定价：市场有足够的购买者，他们的需求缺乏弹性，即使把价格定得很高，市场需求也不会大量减少。高价使需求减少一些，因而产量减少一些，单位成本增加一些，但这不致抵消高价所带来的利益。在高价情况下，仍然独家经营，别无竞争者。有专利保护的产品就是如此。某种产品的价格定得很高，使人们产生这种产品是高档产品的印象。

（2）渗透定价。企业把它的创新产品的价格定得相对较低，以吸引大量顾客，提高市场占有率。从市场营销实践看，企业采取渗透定价需具备以下条件：①市场需求显得对价格极为敏感，因此，低价会刺激市场需求迅速增长；②企业的生产成本和经营费用会随着生产经营经验的增加而下降；③低价不会引起实际和潜在的竞争。

第八章　分销策略

 大纲重点、难点提示

1. 市场营销渠道和分销渠道的含义
2. 分销渠道的职能

研究、促销、接洽、配合、谈判、物流、融资、风险承担。

3. 分销渠道的层次、零层渠道的主要形式、分销渠道的宽度
4. 企业的分销策略

密集分销、选择分销、独家分销。

5. 影响分销渠道设计的因素

①顾客、产品、中间商、竞争、企业、环境。②渠道设计的主要步骤。③渠道成员的选择、激励与评估。

6. 企业评估渠道方案的主要标准

①经济性标准、控制性标准和适应性标准。②经济分析的主要步骤。③中间商经常存在的问题。④激励过分与激励不足。⑤生产者与经销商的长期合伙关系。⑥分销规划的含义。

7. 中间商绩效的主要方法、生产者为赢得中间商的合作而经常借助的几种势力
8. 生产与消费的矛盾导致物流的出现、物流的含义、物流的任务
9. 关于物流的几种学说

"黑大陆"说、"物流冰山"说、效益背反说、第三利润源说等。

10. 物流的职能、物流的业务范围、传统的物流观、物流规划的主要内容

 大纲习题解答

一、单项选择题

1. 含有两个销售中介机构的渠道叫作（　　）。
   A. 二层渠道　　　B. 零层渠道　　　C. 一层渠道　　　D. 三层渠道
2. 企业过去的渠道经验和现行的市场营销政策也会影响渠道的设计。这一影响因素属于（　　）。
   A. 顾客特性　　　B. 产品特性　　　C. 企业特性　　　D. 环境特性
3. 制造商尽可能地通过许多负责任的、适当的批发商、零售商推销其产品。这种市场展露程度叫作（　　）。
   A. 选择分销　　　B. 独家分销　　　C. 大量分销　　　D. 密集分销
4. 消费品中的便利品通常采取（　　）分销，使广大消费者和用户能随时随地买

到这些日用品。

    A. 密集   B. 选择   C. 流程   D. 方便

5. 市场营销学以中间机构层次的数目确定渠道的（   ）。

    A. 长度   B. 宽度   C. 流程   D. 密度

6. 直接市场营销渠道主要用于分销（   ）。

    A. 产业用品   B. 农产品   C. 生活消费品   D. 食品

7. 一般来说，确定生产者对中间商基本激励水平的基础是（   ）。

    A. 交易关系组合   B. 销售能力

    C. 利润贡献大小   D. 物质激励

8. 某种商品和服务从生产者向消费者转移的过程中，取得这种商品和服务的所有权或帮助所有权转移的所有企业和个人是（   ）。

    A. 分销渠道   B. 市场营销渠道

    C. 物流渠道   D. 信息流渠道

9. 根据渠道层次的数目划分，产品从生产者流向最终消费者的过程中不经过任何中间商转手的分销渠道是（   ）。

    A. 零层渠道   B. 一层渠道   C. 二层渠道   D. 三层渠道

10. 制造商在某一地区仅通过少数几个精心挑选的、最合适的中间商推销其产品的分销策略是（   ）。

     A. 密集分销   B. 选择分销   C. 独家分销   D. 直接分销

11. 制造商在某一地区仅选择一家中间商推销其产品，通常双方协商签订独家经销合同，规定经销商不得经营竞争者的产品，以便控制经销商的业务经营，调动其经营积极性，占领市场的分销策略是（   ）。

     A. 密集分销   B. 选择分销   C. 独家分销   D. 直接分销

12. 在评估各种可能的渠道交替方案的标准中，（   ）最为重要。

     A. 经济性   B. 控制性   C. 适应性   D. 安全性

13. 生产者对不合作的中间商威胁撤回某种资源或中止关系而形成的势力是（   ）。

     A. 强制力   B. 奖赏力   C. 法定力   D. 专长力

14. 生产者给执行了某种职能的中间商额外付酬而形成的势力是（   ）。

     A. 强制力   B. 奖赏力   C. 法定力   D. 专长力

15. 生产者要求中间商履行双方达成的合同而执行某些职能的势力是（   ）。

     A. 强制力   B. 奖赏力   C. 法定力   D. 专长力

16. 生产者因拥有某种专业知识而对中间商构成的控制力是（   ）。

     A. 强制力   B. 奖赏力   C. 法定力   D. 专长力

17. 中间商对生产者深怀敬意并希望与之长期合作而形成的势力是（   ）。

     A. 强制力   B. 奖赏力   C. 感召力   D. 专长力

18. 使商品在需要的时间到达需要的地点的经营活动是（　　）。
   A. 物流　　　　B. 商流　　　　C. 资金流　　　　D. 信息流
19. 渠道的每个层次使用同种类型中间商数目的多少是分销渠道的（　　）。
   A. 宽度　　　　B. 长度　　　　C. 深度　　　　D. 高度

📝 **参考答案**
1. A　2. C　3. D　4. A　5. A　6. A　7. A　8. A
9. A　10. B　11. C　12. A　13. A　14. B　15. C　16. D
17. C　18. A　19. A

二、多项选择题

1. 下列企业和个人既属于市场营销渠道又属于分销渠道的是（　　）。
   A. 供应商　　　B. 消费者　　　C. 生产者　　　D. 辅助商
   E. 商人中间商
2. 分销渠道的主要职能有（　　）。
   A. 研究　　　　B. 融资　　　　C. 接洽　　　　D. 风险承担
   E. 谈判
3. 从横向看，分销策略可分为（　　）。
   A. 双重分销　　B. 独家分销　　C. 选择分销　　D. 垂直分销
   E. 密集分销
4. 企业对各种可能的渠道交替方案进行评估的标准有（　　）。
   A. 经济性　　　B. 控制性　　　C. 适应性　　　D. 盈利性
   E. 变动性
5. 生产者在处理与经销商的关系时，为激励渠道成员，常依不同情况而采取的方法有（　　）。
   A. 合并　　　　B. 合作　　　　C. 合伙　　　　D. 分销规划
   E. 交易关系组合
6. 与市场营销渠道构成的成员相比，分销渠道不包括（　　）。
   A. 供应商　　　B. 辅助商　　　C. 商人中间商　　D. 最终消费者
   E. 政府
7. 影响渠道设计的主要因素有（　　）。
   A. 顾客特性　　B. 产品特性　　C. 中间商特性　　D. 竞争特性
   E. 企业特性
8. 分销渠道管理的内容主要包括（　　）。
   A. 选择渠道成员　　　　　　　B. 激励渠道成员
   C. 评估渠道成员　　　　　　　D. 撤换渠道成员
   E. 培训渠道成员
9. 生产者为赢得中间商的合作而经常借助的势力主要有（　　）。
   A. 强制力　　　B. 奖赏力　　　C. 法定力　　　D. 专长力
   E. 感召力

10. 物流的职能主要有（　　　　）。
　　A. 产品运输　　　B. 产品保管　　　C. 产品装饰　　　D. 产品包装
　　E. 信息传播

参考答案　　1. BCE　　2. ABCDE　　3. BCE　　4. ABC　　5. BCD　　6. AB
7. ABCDE　　8. ABC　　9. ABCDE　　10. ABCDE

三、名词解释

1. 分销渠道：指某种商品和服务从生产者向消费者转移的过程中，取得这种商品和服务的所有权或帮助所有权转移的所有企业和个人。分销渠道包括商人中间商和代理中间商，还包括处于渠道起点和终点的生产者和最终消费者或用户，但它不包括供应商、辅助商。

2. 密集分销：指制造商尽可能地通过许多负责任的、适当的批发商、零售商推销其产品。

3. 选择分销：指制造商在某一地区仅通过少数几个精心挑选的、最合适的中间商推销其产品。

4. 独家分销：指制造商在某一地区仅选择一家中间商推销其产品，通常双方协商签订独家经销合同，规定经销商不得经营竞争者的产品，以便控制经销商的业务经营，调动其经营积极性，占领市场。

5. 物流：指通过有效地安排商品的仓储、管理和转移，使商品在需要的时间到达需要的地点的经营活动。

四、简答（论述）题

1. 简述分销渠道宽度。

答案要点　　分销渠道宽度是指渠道的每个层次使用同种类型中间商数目的多少。分销策略宽度可分为密集分销、选择分销和独家分销三种。密集分销是指制造商尽可能地通过许多负责任的、适当的批发商、零售商推销其产品。选择分销是指制造商在某一地区仅通过少数几个精心挑选的、最合适的中间商推销其产品。独家分销是指制造商在某一地区仅选择一家中间商推销其产品，通常双方协商签订独家经销合同，规定经销商不得经营竞争者的产品，以便控制经销商的业务经营，调动其经营积极性，占领市场。

2. 简述影响分销渠道设计的因素。

答案要点　　有效的渠道设计，应以确定企业所要达到的市场为起点。从原则上讲，目标市场的选择并不是渠道设计的问题。渠道设计问题的中心环节是确定到达目标市场的最佳途径。而影响渠道设计的主要因素有：

（1）顾客特性。渠道设计深受顾客人数、地理分布、购买频率、平均购买数量以及对不同市场营销方式的敏感性等因素的影响。

（2）产品特性。产品特性也影响渠道选择。如易腐坏的产品为了避免拖延及重复处理增加腐坏的风险，通常需要直接市场营销。单位价值高的商品则应由企业推销人员销售而不通过中间商。

（3）中间商特性。设计渠道时，还必须考虑执行不同任务的市场营销中间机构的优缺点。例如，由制造商代表与顾客接触，花在每一个顾客身上的成本比较低，因为总成本由若干个顾客共同分摊。

（4）竞争特性。生产者的渠道设计还受到竞争者所使用的渠道的影响，因为某些行业的生产者希望在与竞争者相同或相近的经销处与竞争者的产品抗衡。

（5）企业特性。企业的总体规模决定了其市场范围、较大客户的规模以及强制中间商合作的能力。

（6）环境特性。渠道设计还要受到环境因素的影响。例如，当经济萧条时，生产者都希望采用能使顾客以廉价购买的方式将其产品送到市场。这也意味着使用较短的渠道，并免除那些会提高产品最终售价但却不必要的服务。

3. 论述分销渠道的设计。

答案要点 一般来讲，要想设计一个有效的渠道系统，须经过如下步骤：确定渠道目标与限制、明确各主要渠道交替方案、评估各种可能的渠道交替方案。

（1）确定渠道目标与限制。

有效的渠道设计，应以确定企业所要达到的市场为起点。从原则上讲，目标市场的选择并不是渠道设计的问题。然而，事实上，市场选择与渠道选择是相互依存的。有利的市场加上有利的渠道，才可能使企业获得利润。渠道设计问题的中心环节是确定到达目标市场的最佳途径。每一个生产者都必须在顾客、产品、中间商、竞争者、企业政策和环境等所形成的限制条件下，确定其渠道目标。

（2）明确各主要渠道交替方案。

在研究了渠道的目标与限制之后，渠道设计的下一步工作就是明确各主要渠道的交替方案。渠道的交替方案主要涉及以下四个基本因素：①中间商的基本类型。②每一分销层次所使用的中间商数目。③各中间商的特定市场营销任务。④生产者与中间商的交易条件以及相互责任。

（3）评估各种可能的渠道交替方案。

每一种渠道交替方案都是企业产品送达最后顾客的可能路线。生产者所要解决的问题，就是从那些看起来似乎很合理但又相互排斥的交替方案中选择最能满足企业长期目标的一种。因此，企业必须对各种可能的渠道交替方案进行评估。评估标准有三个，即经济性标准、控制性标准和适应性标准。

①经济性标准。在这三项标准中，经济性标准最为重要。因为企业是追求利润而不是追求渠道的控制性与适应性。经济分析可用许多企业经常遇到的一个决策问题来说明，即企业应使用自己的推销力量还是应使用制造商的销售代理商。制造商的代理商也可以达到与使用本企业推销员相同的销售水平。这主要是由于：生产者应考虑派出 10 名推销员和利用 30 名代理商的推销员，单是人数上的差异就很有可能使代理商取得较高的销售额。代理商的推销员也可能与企业推销员一样积极卖力，这要取决于本

企业产品的推销和推销其他企业的产品在报酬上的差异。顾客较喜欢与企业推销员打交道而不愿与代理商的推销员打交道,这确是事实,但这并不是绝对的、无条件的普遍现象。当产品及交易条件标准化时,顾客会觉得与谁打交道都无所谓,他们甚至更喜欢与经销多种产品的代理商打交道,而不愿与只卖一家企业产品的推销员打交道。多年建立起来的、八面玲珑的广泛交际关系,是代理商的一项重要资本,也正是优于企业推销员的地方,因为企业推销员须从头开始一步步地建立这种关系。

②控制性标准。使用代理商无疑会增加控制上的问题。一个不容忽视的事实是,代理商是一个独立的企业,他所关心的是自己如何取得最大利润。

③适应性标准。在评估各渠道选择方案时,还有一项需要考虑的标准,那就是生产者是否具有适应环境变化的能力,即应变力如何。

4. 论述生产者的势力。

答案要点 生产者可借助某些势力来赢得中间商的合作。这些势力包括:

(1) 强制力。强制力是指生产者对不合作(如顾客服务差、未实现销售目标、窜货等)的中间商威胁撤回某种资源或中止关系而形成的势力。中间商对生产者的依赖性越强,这种势力的效果越明显。

(2) 奖赏力。奖赏力是指生产者给执行了某种职能的中间商额外付酬而形成的势力。奖赏力的负面效应是:中间商为生产者服务往往不是出于固有的信念,而是因为有额外的报酬。每当生产者要求中间商执行某种职能时,中间商往往要求更高的报酬。

(3) 法定力。法定力是指生产者要求中间商履行双方达成的合同而执行某些职能的势力。

(4) 专长力。专长力是指生产者因拥有某种专业知识而对中间商构成的控制力。生产者可借助复杂精密的系统领导或控制中间商,也可向中间商提供专业知识培训或系统升级服务,由此便可形成专长力。如果中间商得不到这些专业服务,其经营很难成功,而一旦专业知识传授给了中间商,这种专长力就会削弱。

(5) 感召力。感召力是指中间商对生产者深怀敬意并希望与之长期合作而形成的势力。像IBM、微软、柯达、摩托罗拉等国际知名公司都有很强的感召力,中间商都愿意与之建立长期稳定的合作关系,也心甘情愿地按生产者的要求行事。

一般情况下,生产者都注重运用感召力、专长力、法定力和奖赏力,尽量避免使用强制力。这样,往往能收到理想的效果。

5. 简述分销渠道的管理。

答案要点 企业管理人员在进行渠道设计之后,还必须对个别中间商进行选择、激励与定期评估。

(1) 选择渠道成员。

生产者在招募中间商时,常处于两种极端情况之间:一是生产者毫不费力地找到特定的商店并使之加入渠道系统;二是生产者必须费尽心思才能找到期望数量的中间商。

(2) 激励渠道成员。

生产者不仅要选择中间商，而且要经常激励中间商使之尽职。促使中间商进入渠道的因素和条件已构成部分的激励因素，但仍需生产者不断地监督、指导与鼓励。一般来讲，对中间商的基本激励水平，应以交易关系组合为基础。如果对中间商仍激励不足，则生产者可采取两条措施：①提高中间商可得的毛利率，放宽信用条件，或改变交易关系组合，使之更有利于中间商；②采取人为的方法来刺激中间商，使之付出更大努力。不论上述方法是否与真正交易关系组合有直接或间接关系，生产者都必须小心观察中间商如何从自身利益出发来看待、理解这些措施，因为在渠道关系中存在着许多潜伏的矛盾点，拥有控制权的制造商很容易无意识地伤害到中间商的商誉。生产者在处理他与经销商的关系时，常依不同情况而采取三种方法：合作、合伙和分销规划。

(3) 评估渠道成员。

生产者除了选择和激励渠道成员外，还必须定期评估他们的绩效。测量中间商的绩效，主要有两种办法可供使用：第一种测量方法是将每一中间商的销售绩效与上期的绩效进行比较，并以整个群体的升降百分比作为评价标准，这样，制造商就不应因这些因素而对经销商采取任何惩罚措施；第二种测量方法是将各中间商的绩效与该地区的销售潜量分析所设立的配额相比较，这样，企业的调查与激励措施可以集中于那些未达既定比率的中间商。

6. 简述生产者与中间商产生矛盾的原因。

答案要点　(1) 中间商是一个独立的市场营销机构，自由制定政策而不受他人干涉。

(2) 中间商主要执行顾客购买代理商的职能，其次才是执行供应商销售代理商的职能。

(3) 中间商总是将所有产品进行货色搭配，然后卖给顾客，其销售努力主要用于取得一整套货色搭配的订单，而不是单一货色的订单。

(4) 生产者若不给中间商特别奖励，中间商绝不会保存所销售的各种品牌的记录。

第九章 促销策略

大纲重点、难点提示

1. 促销组合的含义、促销的历史发展、促销决策的主要内容

2. 影响促销组合决策的因素

产品类型、推式或拉式策略、促销目标、产品生命周期阶段、经济前景。

3. 广告在产业用品促销中的作用、推销员在消费品促销中的作用、产品生命周期各阶段的促销组合

4. 广告的定义，确定广告预算的方法：量力而行法、销售百分比法、竞争对等法、目标任务法

5. 销售百分比法的优点与缺点、采用竞争对等法的前提条件、目标任务法的具体步骤、目标任务法的缺点、广告媒体（报纸、杂志、广播、电视、直接邮寄、户外广告）的特性

6. 选择广告媒体需考虑的因素

①目标受众的媒体习惯、产品特性、信息类型、成本。②网络广告的优势。③网络广告的局限。

7. 人员推销的含义、人员推销的形式、销售人员的工作任务、人员推销的特点

8. 人员推销决策、企业设计销售队伍规模的主要方法、推销工作的时间安排与资源配置、销售区域的设计、销售人员的挑选与培训、销售人员的激励和评估

9. 销售促进的含义、销售促进的分类、销售促进得以迅速发展的主要原因

10. 针对消费者市场的促销工具：折价券、赠奖、减价、竞赛、兑奖和游戏

11. 针对产业市场的促销工具、针对中间商的促销工具、针对推销人员的促销工具

12. 销售促进决策的主要内容：确定目标、选择工具、制定方案、预试方案、实施和控制方案、评价结果

13. 销售促进方案的主要内容

14. 宣传的含义和宣传的促销作用

15. 宣传的优势；宣传的特性：高度真实感、没有防御、戏剧化表现

大纲习题解答

一、单项选择题

1. 从促销的历史发展过程看，企业最先划分出（　　）职能。

　　A. 销售促进　　　B. 广告　　　　C. 人员推销　　　D. 宣传

2. 购买者对企业及其产品的信任,在很大程度上受(　　)的影响。
   A. 人员推销　　B. 销售促进　　C. 宣传　　D. 广告

3. 使用(　　)来确定广告预算的主要缺点是:用此法确定广告预算,实际上是基于可用资金的多少,而不是基于机会的发现与利用,因而可能失去有利的市场营销机会。
   A. 竞争对等法　　B. 目标任务法　　C. 销售百分比法　　D. 量力而行法

4. 从促销的历史发展过程看,依次划出实行专业化管理的促销工具的顺序是(　　)。
   A. 广告—人员推销—宣传—销售促进
   B. 人员推销—宣传—广告—销售促进
   C. 人员推销—广告—销售促进—宣传
   D. 宣传—广告—人员推销—销售促进

5. 长虹彩电公司因提出"产业报国,以民族昌盛为己任"的口号而被全国各大报纸争相报道,这属于促销组合构成要素中的(　　)。
   A. 广告　　B. 销售促进　　C. 人员推销　　D. 宣传

6. 产业用品市场营销的主要促销工具是(　　)。
   A. 人员推销　　B. 广告　　C. 销售促进　　D. 宣传

7. 企业确定在广告活动上应花费多少资金,这是企业的(　　)。
   A. 广告目标　　B. 广告预算　　C. 广告着眼点　　D. 广告立足点

8. 按每完成100元销售额需要多少广告费来计算和决定广告预算的方法是(　　)。
   A. 量力而行法　　B. 目标任务法
   C. 竞争对等法　　D. 销售百分比法

9. 对销售人员的招募、挑选、培训、委派、报酬、激励和控制等属于(　　)范畴。
   A. 战略决策　　B. 管理决策　　C. 战术决策　　D. 技巧决策

10. 企业根据历史资料计算出销售队伍的各种耗费占销售额的百分比以及销售人员的平均成本,然后对未来销售进行预测,从而确定销售人员的数量。这种方法属于(　　)。
    A. 工作量法　　B. 分解法　　C. 销售百分比法　　D. 竞争对等法

11. 购买折让、免费货品、商品推广津贴、合作广告、推销金、经销商销售竞赛等属于针对(　　)的促销工具。
    A. 中间商　　B. 消费者　　C. 推销人员　　D. 产业用品

12. 在销售人员的激励中,由于佣金制度存在不少缺点,故经常与(　　)制度合起来运用。
    A. 薪金　　B. 奖金　　C. 礼金　　D. 销售竞赛

13. 一个需要提供资金支持,一个无须花钱,这是赞助同( )的区别。
    A. 广告　　　　B. 销售促进　　　C. 人员推销　　　D. 宣传

14. 企业利用推销人员与中间商促销将产品推入渠道,将产品积极推到批发商手上,批发商又积极地将产品推给零售商,零售商再将产品推向消费者。这种策略是( )。
    A. 推式策略　　B. 拉式策略　　　C. 产品策略　　　D. 渠道策略

15. 企业针对最终消费者,花费大量的资金从事广告及消费者促销活动,以增进产品的需求。这种策略是( )。
    A. 推式策略　　B. 拉式策略　　　C. 产品策略　　　D. 渠道策略

16. 由明确的发起者以公开支付费用的做法,以非人员的任何形式,对产品、服务或某项行动的意见和想法等的介绍的促销方法是( )。
    A. 广告　　　　B. 人员推销　　　C. 销售促进　　　D. 宣传

17. 企业比照竞争者的广告开支来决定本企业广告开支多少,以保持竞争上的优势。这种策略是( )。
    A. 量力而行法　　　　　　　　B. 销售百分比法
    C. 竞争对等法　　　　　　　　D. 目标任务法

18. 企业通过明确确定广告目标,决定为达到这种目标而必须执行的工作任务,估算执行这种工作任务所需的各种费用。这种策略是( )。
    A. 量力而行法　　　　　　　　B. 销售百分比法
    C. 竞争对等法　　　　　　　　D. 目标任务法

19. 某媒体的优点是弹性大、及时,对当地市场的覆盖率高,易被接受和被信任;缺点是时效短,传阅读者少。这类媒体是( )。
    A. 报纸　　　　B. 杂志　　　　　C. 直接邮寄　　　D. 广播

20. 某媒体的优点是可选择适当的地区和对象、可靠且有名气、时效长、传阅读者多;其缺点是广告购买前置时间长,有些发行量是无效的。这类媒体是( )。
    A. 报纸　　　　B. 杂志　　　　　C. 直接邮寄　　　D. 广播

21. 某媒体的优点是大量使用,可选择适当的地区和对象,成本低;其缺点是仅有音响效果,不如电视吸引人。这类媒体是( )。
    A. 报纸　　　　B. 杂志　　　　　C. 直接邮寄　　　D. 广播

22. 某媒体的优点是视、听、动作紧密结合且引人注意,送达率高;其缺点是绝对成本高,展露瞬间即逝,对观众无选择性。这类媒体是( )。
    A. 报纸　　　　B. 杂志　　　　　C. 电视　　　　　D. 广播

23. 某媒体的优点是受众已经过选择,有灵活性,无同一媒体的广告竞争;其缺点是成本比较高,容易造成滥寄的现象。这类媒体是( )。
    A. 报纸　　　　B. 杂志　　　　　C. 直接邮寄　　　D. 广播

24. 某媒体的优点是比较灵活，展露重复性强，成本低，竞争少；其缺点是不能选择对象，创造力受到局限等。这类媒体是（　　）。
   A. 报纸　　　　B. 杂志　　　　C. 直接邮寄　　D. 户外广告

25. 企业通过派出销售人员与一个或一个以上可能成为购买者的人交谈，作口头陈述，以推销商品，促进和扩大销售。这种促销策略是（　　）。
   A. 广告　　　　B. 人员推销　　C. 销售促进　　D. 宣传

26. 企业除了人员推销、广告、宣传以外的，刺激消费者购买和经销商效益的各种市场营销活动，如陈列、演出、展销会、示范表演以及其他推销努力。这种促销策略是（　　）。
   A. 广告　　　　B. 人员推销　　C. 销售促进　　D. 宣传

27. 发起者无须花钱，在某种出版媒体上发布重要商业新闻，或者在广播、电视中和银幕、舞台上获得有利的报道、展示、演出，用这种非人员形式来刺激目标顾客对某种产品、服务或商业单位的需求。这种销售策略是（　　）。
   A. 广告　　　　B. 人员推销　　C. 销售促进　　D. 宣传

参考答案　　1. C　2. C　3. C　4. C　5. D　6. A　7. B　8. D　9. B
　　　　　　　10. C　11. A　12. A　13. D　14. A　15. B　16. A　17. C　18. D
　　　　　　　19. A　20. B　21. D　22. C　23. C　24. C　25. B　26. C　27. D

二、多项选择题

1. 制定促销决策时，企业首先会遇到的两个主要问题是（　　）。
   A. 应花费多少投资来进行促销活动
   B. 投资应如何在众多的促销工具间分配
   C. 促销支出是否比用于新产品开发的效益好
   D. 促销是否能引起消费者购买率上升
   E. 以何种方式进行促销

2. 若以学龄前儿童为购买对象，"喜之郎"果冻布丁可选择（　　）媒体。
   A. 电视　　　　B. 报纸　　　　C. 广播　　　　D. 杂志
   E. 产品宣传单

3. 企业媒体计划人员选择媒体种类应考虑的因素有（　　）。
   A. 目标受众的媒体习惯　　　　B. 产品特性
   C. 信息类型　　　　　　　　　D. 成本
   E. 展露频率

4. 下列属于销售人员的工作任务的是（　　）。
   A. 寻找和发现更多的潜在顾客
   B. 将产品和服务的有关信息传递给顾客
   C. 运用各种推销技术将产品推销出去
   D. 向顾客提供诸如安排融资等各种服务
   E. 进行市场调查，搜集市场情报

5. 促销组合的工具主要有（　　）。
   A. 人员推销　　B. 广告　　C. 销售促进　　D. 宣传
   E. 表演

6. 影响促销组合决策的因素主要有（　　）。
   A. 产品类型　　　　　　　　B. 推式与拉式策略
   C. 促销目标　　　　　　　　D. 产品生命周期阶段
   E. 经济前景

7. 企业广告的主要媒体有（　　）。
   A. 报纸　　B. 杂志　　C. 直接邮寄　　D. 广播
   E. 户外广告

8. （　　）是人员推销的特点。
   A. 人员推销注重人际关系，有利于顾客同销售人员之间建立友谊
   B. 人员推销具有较大的灵活性
   C. 人员推销在大多数情况下能实现潜在交换，造成实际销售
   D. 人员推销成本高，所需人力、物力、财力和时间量大
   E. 人员推销有利于企业了解市场，提高决策水平

9. 企业设计销售队伍规模的方法有（　　）。
   A. 销售百分比法　　　　　　B. 分解法
   C. 工作量法　　　　　　　　D. 竞争对等法
   E. 销售定额

10. 销售人员激励的方法主要有（　　）。
    A. 销售定额　　B. 佣金制度　　C. 工作量法　　D. 竞争对等法
    E. 分解法

11. 宣传的特性主要是（　　）。
    A. 高度真实感　　B. 没有防御　　C. 戏剧化表现　　D. 支付费用
    E. 效果不好

【参考答案】
1. AB　　2. AC　　3. ABCD　　4. ABCDE　　5. ABCD
6. ABCDE　　7. ABCDE　　8. ABCDE　　9. ABC　　10. AB
11. ABC

三、名词解释

1. 促销组合：指企业根据促销的需要，对广告、销售促进、宣传与人员推销等各种促销方式进行的适当选择和综合编配。从促销的历史发展过程看，企业最先划分出人员推销职能，其次是广告，再次是销售促进，最后是宣传。

2. 推式策略：指企业利用推销人员与中间商促销将产品推入渠道，将产品积极推到批发商手上，批发商又积极地将产品推给零售商，零售商再将产品推向消费者。

3. 拉式策略：指企业针对最后消费者，花费大量的资金从事广告及消费者促销活动，以增进产品的需求。

4. 广告：由明确的发起者以公开支付费用的做法，以非人员的任何形式，对产品、服务或某项行动的意见和想法等的介绍。

5. 人员推销：指企业通过派出销售人员与一个或一个以上可能成为购买者的人交谈，作口头陈述，以推销商品，促进和扩大销售。

6. 销售促进：指企业除了人员推销、广告、宣传以外的，刺激消费者购买和提高经销商效益的各种市场营销活动。如陈列、演出、展览会、示范表演以及其他推销努力。

7. 宣传：指发起者无须花钱，在某种出版媒体上发布重要商业新闻，或者在广播、电视中和银幕、舞台上获得有利的报道、展示、演出，用这种非人员形式来刺激目标顾客对某种产品、服务或商业单位的需求。

8. 竞争对等法：指企业比照竞争者的广告开支来决定本企业广告开支多少，以保持竞争上的优势。

9. 佣金制度：指企业按销售额或利润额的大小给予销售人员固定的或根据情况可调整比率的报酬。

四、简答（论述）题

1. 论述影响促销组合决策的因素。

答案要点 促销组合是指企业根据促销的需要，对广告、销售促进、宣传与人员推销等各种促销方式进行的适当选择和综合编配。从促销的历史发展过程看，企业最先划分出人员推销职能，其次是广告，再次是销售促进，最后是宣传。一般来讲，企业在将促销预算分配到各种促销工具时或在确定促销组合时，需考虑如下因素：

（1）产品类型。主要是指产品是消费品还是产业用品。从现代市场营销发展史看，消费品与产业用品的促销组合是有区别的。广告一直是消费品的主要促销工具，而人员推销则是产业用品的主要促销工具。销售促进在这两类市场上具有同等的重要程度。

（2）推式与拉式策略。企业是选择推式策略还是拉式策略来创造销售，对促销组合也具有重要影响。推式策略是指企业利用推销人员与中间商促销将产品推入渠道，将产品积极推到批发商手上，批发商又积极地将产品推给零售商，零售商再将产品推向消费者。拉式策略是指企业针对最后消费者，花费大量的资金从事广告及消费者促销活动，以增进产品的需求。企业对推式策略和拉式策略的选择显然会影响各种促销工具的资金分配。

（3）促销目标。确定最佳促销组合，尚需考虑促销目标。相同的促销工具在实现不同的促销目标上，其成本效益会有所不同。广告、销售促进和宣传在建立购买者知晓方面，比人员推销的效益要好得多。在促进购买者对企业及其产品的了解方面，广告的成本效益最好，人员推销居其次。购买者对企业及其产品的信任，在很大程度上受人员推销的影响，其次才是广告。购买者订货与否以及订货多少主要受推销访问影响，销售促进则起协调作用。

（4）产品生命周期阶段。在产品生命周期的不同阶段，促销支出的效果也有所不同。在产品生命周期的介绍期和成熟期，促销是一个十分重要的市场营销组合因素。这是由于新产品初上市时消费者对其不认识、不了解，必须通过促销活动来吸引广大消费者的注意力。在介绍期，广告与销售促进的配合使用能促进消费者认识、了解企业产品。在成长期，社交渠道沟通方式开始产生明显效果，口头传播越来越重要。在成熟期，竞争对手日益增多，为了与竞争对手相抗衡，保持已有的市场占有率，企业必须增加促销费用。

（5）经济前景。企业应随着经济前景的变化，及时改变促销组合。例如，在通货膨胀时期，购买者对价格反应十分敏感。在这种情况下，企业至少可采取如下对策：①提高销售促进相对于广告的分量；②在促销中特别强调产品的价值与价格；③提供信息咨询，帮助顾客，让顾客明白如何明智地购买。

2. 简述广告预算方法。

答案要点 企业的广告目标主要有提供信息、诱导购买、提醒使用等。广告目标决定后，企业即可制定广告预算，即确定在广告活动上应花费多少资金。一般来讲，企业确定广告预算的方法主要有四种：

（1）量力而行法。尽管这种方法在市场营销学上没有正式定义，但不少企业确实一直采用。企业确定广告预算的依据是他们所能拿得出的资金数额。也就是说，在其他市场营销活动都优先分配给经费之后，尚有剩余者再供广告之用。

（2）销售百分比法。企业按照销售额（销售实绩或预计销售额）或单位产品售价的一定百分比来计算和决定广告开支。这就是说，企业按照每完成100元销售额（或每卖1单位产品）需要多少钱广告费来计算和决定广告预算。

（3）竞争对等法。企业比照竞争者的广告开支来决定本企业广告开支多少，以保持竞争上的优势。在市场营销管理实践中，不少企业都喜欢根据竞争者的广告预算来确定自己的广告预算，形成与竞争者旗鼓相当、势均力敌的对等局势。

（4）目标任务法。前面介绍的三种方法都是先确定一个总的广告预算，然后，再将广告预算总额分配给不同的产品或地区。目标任务法的具体步骤是：①明确地确定广告目标。②决定为达到这种目标而必须执行的工作任务。③估算执行这种工作任务所需的各种费用，这些费用的总和就是广告预算。

3. 简述媒体的选择影响因素。

答案要点 企业媒体计划人员在选择媒体种类时，须考虑如下因素：①目标受众的媒体习惯。例如，生产或销售玩具的企业，在把学龄前儿童作为目标受众的情况下，绝不会在杂志上做广告，而只能在电视或电台上做广告。②产品特性。不同的媒体在展示、解释、可信度与颜色等各方面分别有不同的说服能力。例如，照相机之类的产品，最好通过电视媒体作活生生的实地广告说明；服装之类的产品，最好在有色彩的媒体上做广告。③信息类型。例如，宣布明日的销售活动，必须在电台或报纸上做广告；而如果广告信息中含有大量的技术资料，则须在专业杂志上做广告。④成本。不同媒体所需成本也是一个重要的决策因素。电视是最昂贵的媒体，而报纸则较便宜。不过，最重要的不是绝对成本数字的差异，而是目标受众的人数构成与成本之间的相对关系。如果用每千人成本来计算，可能会表明：在电视上做广告比在报纸上做广告更便宜。

4. 简述网络广告的优缺点。

答案要点 （1）网络广告的优势。

①网络广告可以根据更精细的个人差别将顾客进行分类，分别传递不同的广告信息。大部分的传统广告，如电视和户外广告牌，都是以群分的原则来确定某种类型的受众，而网络广告则可以实现真正的个人化服务。

②网络广告是互动的。它不像传统的销售那样，对着一大群受众用不容置疑的口气说"购买这种"，从而赢得这种生意。网上的消费者有反馈的能力。他们渴望及时的信息，一旦失去兴趣就不再操作，即无影无踪，互动式广告要求广告把要说的信息作为与受众"对话"的一部分层层传递，一旦个人开始对起初的信息感兴趣，广告商就转向下一步骤，传递专门针对此人的信息。

③网络广告利用最先进的虚拟现实界面设计来达到让人身临其境的感觉，这会带来全新的体验。

④网络广告的用户构成也是广告商们愿意投资的因素。这些用户多是学生和受过良好教育的人，平均收入较高。最成功的网站有办法留住回头客，同时又不显得过于商业化。为了使自己的网站更具有吸引力，一些公司自己成了网上出版商。

（2）网络广告的局限。

虽然有许多广告公司都成立了"新媒体分部"，试图开发网络广告的潜力。然而，由于网络广告在许多方面都存在着种种的局限性，广告商上网的步伐都是小心翼翼的。

①从目前来看，网络广告的范围还比较狭窄。大多数投入来自电脑业自身，也就是说，一家技术公司在其他技术公司的网站上做广告。

②制约网络广告发展的另一个因素是价格问题。网络广告与电视、杂志和报纸相比并不便宜。

5. 简述销售人员的工作任务。

答案要点 概括地讲，销售人员的工作任务是既要使企业获得满意的和不断增长的销售额，又要培养与顾客的友善关系，并反映市场信息和购买者信息。具体内容主要有：

（1）积极寻找和发现更多的可能的顾客或潜在顾客。

（2）把关于企业产品和服务方面的信息传递给现有及潜在的顾客。

（3）运用推销技术（包括接近顾客、展示产品、回答异议、结束销售等）千方百计地推销产品。

（4）向顾客提供各种服务，如向顾客提供咨询服务、帮助顾客解决某些技术问题、安排融资、催促加快办理交货等。

（5）经常向企业报告访问推销活动的情况，并进行市场调查和收集市场情报。

6. 简述设计销售队伍规模的方法。

答案要点 销售人员是企业最有生产价值、花费最多的资产之一，销售队伍的规模直接影响着销售量和销售成本的变动。因此，销售队伍规模是人员推销决策中的一个重要问题。它既受市场营销组合中其他因素的制约，又影响企业的整个市场营销战略。企业设计销售队伍规模通常有三种方法：

（1）销售百分比法。企业根据历史资料计算出销售队伍的各种耗费占销售额的百分比以及销售人员的平均成本，然后对未来销售额进行预测，从而确定销售人员的数量。

（2）分解法。这种方法是把每一位销售人员的产出水平进行分解，再同销售预测额相对比，就可判断销售队伍的规模大小。

（3）工作量法。

前两种方法比较简单，但它们都忽略了销售人员的数量与销售量之间的内在联系，因而实际意义不大。

7. 简述宣传的重要作用。

答案要点 宣传作为促销组合的因素之一，在刺激目标顾客对企业产品或服务的需求、增加销售、改善形象、提高知名度等方面，都起着十分重要的作用。宣传是指发起者无须花钱，在某种出版媒体上发布重要的商业新闻，或者在广播、电视中和银幕、舞台上获得有利的报道、展示、演出，用这种非人员形式来刺激目标顾客对某种产品、服务或商业单位的需求。

宣传作为一种促销工具，具有以下重要作用：①卖主可以利用宣传来介绍新产品、新品牌，从而打开市场销路；②当某种产品的市场需求和销售下降时，卖主可利用宣传来恢复人们对该产品的兴趣，以增加需求和销售；③知名度低的企业可利用宣传来引起人们的注意，提高其知名度；④公共形象欠佳的企业可利用宣传来改善形象；⑤国家也可利用宣传来改善国家形象，吸引更多的外国观光者和外国资本，或争取国际支援。

第四部分 财务管理

第一章 财务管理的基本理论

 大纲重点、难点提示

1. 财务管理理论、财务管理的理论结构
2. 财务管理理论结构的起点、财务管理理论结构的构建
3. 财务管理理论结构的基本框架
4. 财务管理环境

①财务管理环境的概念；②财务管理环境的分类；③研究财务管理环境的意义。

5. 财务管理的宏观环境

经济环境、法律环境、社会文化环境。

6. 财务管理的微观环境

企业类型、市场环境、采购环境、生产环境。

7. 财务管理假设

①财务管理假设概述；②财务管理假设的概念；③财务管理假设的分类；④财务管理假设的构成：理财主体假设、持续经营假设、有效市场假设、资金增值假设、理性理财假设。

8. 财务管理目标的评价

企业产值最大化、利润最大化、股东财富最大化。

9. 影响财务管理目标的各种利益集团

企业所有者、企业债权人、企业职工、政府。

10. 财务管理目标的选择

大纲习题解答

一、单项选择题

1. 企业财务管理的最优目标为（　　）。
   A. 企业价值最大化　　　　　　B. 利润最大化
   C. 产值最大化　　　　　　　　D. 股东财富最大化

2. 企业的财务管理工作不是漫无边际的，而应限制在每一个经济上和经营上具有独立性的组织之内。这是指财务管理的（　　）。
   A. 有效市场假设　　　　　　　B. 资金增值假设
   C. 理财主体假设　　　　　　　D. 持续经营假设

3. 财务管理所依据的资金市场是健全和有效的，只有在这种市场上，财务管理才能正常进行，财务管理理论体系才能建立。这是指（　　）。
   A. 有效市场假设　　　　　　　B. 资金增值假设
   C. 理财主体假设　　　　　　　D. 持续经营假设

4. 财务管理理论和实务的导向是（　　）。
   A. 财务管理环境　　　　　　　B. 财务管理假设
   C. 财务管理目标　　　　　　　D. 财务管理内容

5. 资金增值假设的派生假设是（　　）。
   A. 市场公平假设　　　　　　　B. 理财分期假设
   C. 自主理财假设　　　　　　　D. 风险与报酬同增假设

6. 财务管理环境根据与企业的关系分为（　　）。
   A. 宏观财务管理环境和微观财务管理环境
   B. 企业内部财务管理环境和企业外部财务管理环境
   C. 静态财务管理环境和动态财务管理环境
   D. 市场环境和采购环境

7. 持续经营假设可以派生出（　　）。
   A. 自主理财假设　　　　　　　B. 市场公平假设
   C. 资金再投资假设　　　　　　D. 理财分期假设

8. 风险与报酬同增假设是由（　　）派生出来的。
   A. 理性理财假设　　　　　　　B. 有效市场假设
   C. 资金增值假设　　　　　　　D. 理财主体假设

参考答案 1. A　2. C　3. A　4. C　5. D　6. B　7. D　8. C

二、多项选择题

1. 现有财务管理理论研究起点的主要观点是（　　）。
   A. 财务本质起点论　　　　　　B. 假设起点论
   C. 本金起点论　　　　　　　　D. 目标起点论
   E. 结果起点论

2. 财务管理的内容包括（　　）。
   A. 企业筹资管理　　　　　　　　B. 企业投资管理
   C. 营运资金管理　　　　　　　　D. 企业分配管理
   E. 重组并购管理
3. 财务管理的宏观环境包括（　　）。
   A. 经济环境　　　　　　　　　　B. 法律环境
   C. 社会文化环境　　　　　　　　D. 市场环境
   E. 生产环境
4. 财务管理假设的构成是（　　）。
   A. 理财主体假设　　　　　　　　B. 持续经营假设
   C. 有效市场假设　　　　　　　　D. 资金增值假设
   E. 理财分期假设
5. 财务管理的微观环境包括（　　）。
   A. 企业类型　　B. 金融环境　　C. 采购环境　　D. 生产环境
   E. 自然环境
6. 影响财务管理目标的各种利益集团包括（　　）。
   A. 企业所有者　B. 企业债权人　C. 供应商　　　D. 顾客
   E. 政府

参考答案　1. ABCD　2. ABCD　3. ABC　4. ABCD　5. ACD　6. ABE

三、名词解释

1. 财务管理理论：指根据财务管理假设所进行的科学推理或对财务管理实践的科学总结而建立的概念体系，其目的是用来解释、评价、指导、完善和开拓财务管理实践。

2. 财务管理的理论结构：指财务管理理论各组成部分（或要素）以及这些部分之间的排列关系。是以财务管理环境为起点、财务管理假设为前提、财务管理目标为导向的由财务管理的基本理论、财务管理的应用理论构成的理论结构。

3. 企业价值最大化：指通过企业财务上的合理经营，采用最优的财务政策，充分考虑资金的时间价值和风险与报酬的关系，在保证企业长期稳定发展的基础上使企业总价值达到最大。

4. 财务管理假设：指人们利用自己的知识，根据财务活动的内在规律和理财环境的要求所提出的，具有一定事实依据的假定或设想，是进一步研究财务管理理论和实践问题的基本前提。

5. 理财主体假设：指企业的财务管理工作不是漫无边际的，而应限制在每一个经济上和经营上具有独立性的组织之内。它明确了财务管理工作的空间范围。

四、简答题

1. 简述理财主体应具备的特点。

答案要点　理财主体应具备以下特点：
（1）理财主体必须有独立的经济利益。
（2）理财主体必须有独立的经营权和财权。

（3）理财主体一定是法律实体，但法律实体并不一定是理财主体。

（4）理财主体假设可以派生自主理财假设。

2. 简述对股东财富最大化财务管理目标的评价。

答案要点 股东财富最大化是指通过财务上的合理经营，为股东带来最多的财富。在股份经济条件下，股东财富由其所拥有的股票数量和股票市场价格两方面来决定。在股票数量一定时，当股票价格达到最高时，股东财富也达到最大化。所以，股东财富最大化又演变为股票价格最大化。正如阿兰·C.夏皮罗教授所说，在运行良好的资本市场里，投资者可以自由地以最低的交易成本购买和销售金融证券，股东财富最大化目标可以理解为最大限度地提高现在的股票价格。本顿·E.盖普教授也指出，股东财富最大化是用公司股票的市场价格来计量的。偌斯教授等也曾明确指出，财务管理的目标就是要使每股股票的目前价值极大化。与利润最大化目标相比，股东财富最大化目标有其积极的方面。这是因为：①股东财富最大化目标科学地考虑了风险因素，因为风险的高低会对股票价格产生重要影响。②股东财富最大化在一定程度上能够克服企业在追求利润上的短期行为，因为不仅目前的利润会影响股票价格，预期未来的利润对企业股票价格也会产生重要影响。③股东财富最大化目标比较容易量化，便于考核和奖惩。但应该看到股东财富最大化也存在一些缺点：①它只适合上市公司，对非上市公司则很难适用。②它只强调股东的利益，而对企业其他关系人的利益重视不够。③股票价格受多种因素影响。

3. 怎样理解理性理财假设的意义？

答案要点 理性理财假设是指从事财务管理工作的人员都是理性的理财人员，因而，他们的理财行为也是理性的。他们都会在众多的方案中，选择最有利的方案。理性理财假设的意义：

（1）企业的理财活动都有一定的目标。

（2）理财人员会在众多方案中选择一个最佳方案。

（3）当理财人员发现正在执行的方案是错误的方案时，都会及时采取措施进行纠正，以使损失降至最低。

（4）财务管理人员都能吸取以往工作的教训，总结以往工作的经验，不断学习新的理论，合理应用新的方法，使得理财行为由不理性变为理性，由理性变得更加理性。

（5）理性理财假设可派生出另外一项假设——资金再投资假设。

（6）理性理财行为是确立财务管理目标、建立财务管理原则、优化财务管理方法的理论前提。

4. 如何理解有效市场假设在财务管理中的意义？

答案要点 有效市场假设是指财务管理所依据的资金市场是健全和有效的。只有在有效市场上，财务管理才能正常进行，财务管理理论体系才能建立。有效市场应具备以下特点：

（1）当企业需要资金时，能以合理的价格在资金市场上筹集到资金。

（2）当企业有闲置的资金时，能在市场上找到有效的投资方式。

（3）企业理财上的任何成功和失误，都能在资金市场上得到反映。有效市场假设的派生假设是市场公平假设。它是指理财主体在资金市场筹资和投资等完全处于市场经济条件下的公平交易状态。

有效市场假设是建立财务管理原则、决定筹资方式、投资方式，安排资金结构、确定筹资组合的理论基础。

5. 你认为什么是财务管理的最优目标？

▎**答案要点** 财务管理的最优目标是企业价值最大化。

企业价值最大化是指通过企业财务上的合理经营，采用最优的财务政策，充分考虑了资金的时间价值和报酬的关系，在保证企业长期稳定发展的基础上使企业总价值达到最大化。

企业价值最大化作为财务管理的目标，具有以下优点：
①企业价值最大化目标考虑了取得报酬的时间。
②企业价值最大化目标考虑了风险与报酬的关系。
③企业价值最大化目标克服了企业在追求利润上的短期行为。

企业价值最大化的转变使财务管理目标理论完成了一次飞跃，具有以下积极意义：
①企业价值最大化扩大了考虑问题的范围。
②企业价值最大化注重在企业发展中考虑各方利益的关系。
③企业价值最大化目标更符合我国正处于社会主义初级阶段的国情。

6. 企业利润最大化存在哪些缺点？

▎**答案要点** 以利润最大化作为财务管理目标存在以下缺点：

（1）利润最大化没有考虑利润发生的时间，没能考虑资金的时间价值。

（2）利润最大化没能有效地考虑风险问题，这可能使财务人员不顾风险的大小去追求最多的利润。

（3）利润最大化往往会使企业财务决策带有短期行为的倾向，即只顾实现目前的最大利润，而不顾企业的长远发展。

因此，利润最大化的提法，只是对经济效益浅层次的认识，存在一定的片面性，所以，利润最大化并不是财务管理的最优目标。

7. 企业产值最大化有哪些缺点？

▎**答案要点** 企业产值最大化的目标存在以下缺点：

（1）只讲产值，不讲效益。在产值目标的支配下，有些投入的新增产值小于新增成本，造成亏损，减少利润，但因为能增加产值，企业仍愿意增加投入。

（2）只讲数量，不求质量。追求产值最大化决定了企业在生产经营过程中只重视数量而轻视产品质量和种类，因为提高产品质量、试制新产品都会妨碍产值的增加。

（3）只抓生产，不抓销售。在产值最大化目标的驱动下，企业只重视增加产值，而不管产品是否能销售出去，因此，往往出现"工业报喜，商业报忧"的情况。

（4）只重投入，不讲挖潜。产值最大化目标还决定了企业只重视投入，进行外延扩大再生产，而不重视挖掘潜力，更新改造旧设备，进行内含扩大再生产。

因此，把产值最大化当作财务管理目标，是不符合财务运行规律的，这是错误的。

第二章 财务管理的价值观念

大纲重点、难点提示

1. 资金的时间价值

复利终值和现值的计算、年金（后付年金、先付年金、延期年金、永续年金）终值和现值的计算、贴现率的计算、风险报酬的计算。

2. 风险与风险报酬的概念、风险的计量（期望报酬率、标准离差）
3. 证券投资组合的风险：非系统性风险、系统性风险
4. 证券投资组合的风险报酬
5. 风险和报酬率的关系

大纲习题解答

一、单项选择题

1. 某学校建立一项科研奖励基金，现准备存入一笔现金，预计以后无限期在每年年末支取利息 100 000 元用来发放奖金。在存款利息率为 8% 的条件下，现在存入（　　）元。

   A. 100 000　　　B. 1 250 000　　　C. 1 350 000　　　D. 80 000

2. 某人计划存入一笔资金以备 3 年后使用，假设银行 3 年期存款年利率为 6%，3 年后需用的资金总额为 300 000 元，则在复利计息的情况下，目前需要存入的资金为（　　）元。

   A. 251 885.78　　　B. 298 803.04　　　C. 321 857.14　　　D. 250 000

3. 如果某人现有退休金 100 000 元，准备存入银行，在银行年复利率为 4% 的情况下，其 10 年后可以从银行取得（　　）元。

   A. 140 000　　　B. 148 024.43　　　C. 120 000　　　D. 150 000

4. 有一项年金，前 3 年无流入，后 5 年每年年末流入 50 万元，假设年利率为 10%，其现值为（　　）万元。

   A. 199.4　　　B. 142.31　　　C. 181.3　　　D. 140

5. 某人需要在以后 3 年，每年年初支付一笔 8 000 元的学费，在存款利息率为 5% 的情况下，则现在存入（　　）元。

   A. 20 000　　　B. 25 000　　　C. 23 785.6　　　D. 22 873.2

6. 某企业向银行借款 100 万元，年利率为 10%，半年复利一次，则该项借款的实际利率是（　　）。

   A. 10%　　　B. 5%　　　C. 11%　　　D. 10.25%

7. 把10 000元存入银行，在利率为（   ）的情况下，才能在今后6年中每年可得到2 000元。
   A. 10%   B. 5.48%   C. 8%   D. 3.25%

8. 决策者对未来的情况虽然不能完全确定，但对未来情况出现的可能性——概率的具体分布是已知的或可以估计的。这种情况下的决策称为（   ）。
   A. 确定性决策   B. 风险性决策   C. 不确定性决策   D. 无风险决策

9. 每年年末存入100元，求5年后应得多少钱，应用（   ）来计算。
   A. 年金终值系数   B. 复利终值系数   C. 年金现值系数   D. 复利现值系数

10. 下列指标不反映风险大小的是（   ）。
    A. 期望报酬率   B. 标准离差率   C. β系数   D. 标准离差

11. 每期期末等额收付款项的年金，称为（   ）。
    A. 普通年金   B. 即付年金   C. 延期年金   D. 永续年金

12. 优先股有固定的股利而又无到期日，因而优先股股利可以看作（   ）。
    A. 普通年金   B. 即付年金   C. 延期年金   D. 永续年金

13. 无风险报酬率为6%，市场上所有股票的平均报酬率为10%，某种股票的β系数为2，则该股票的报酬率为（   ）。
    A. 10%   B. 14%   C. 16%   D. 22%

14. 某公司股票的β系数为1.8，无风险报酬率为4%，市场上所有股票的平均报酬率为8%，则该公司股票的投资报酬率应为（   ）。
    A. 7.2%   B. 11.2%   C. 12%   D. 15.2%

15. 年底将100元存入银行，求10年后的价值应用（   ）来计算。
    A. 复利终值系数   B. 复利现值系数
    C. 年金终值系数   D. 年金现值系数

参考答案

1. B 解析：本题是一个永续年金的问题，应存入的款项 = 100 000/8% = 1 250 000（元）。

2. A 解析：目前需要存入的资金 = 300 000/$(1+6\%)^3$ = 251 885.78（元）。

3. B 解析：本题是一个求复利终值的问题。终值 = 100 000 × $(1+4\%)^{10}$ = 148 024.43（元）。

4. B 解析：本题实质上是求递延年金的现值。现值 = 50 × $PVIFA_{10\%,5}$ × $PVIF_{10\%,3}$ = 142.31（万元）。

5. D 解析：本题属于计算即付年金的现值。应存入 = 8 000 × $PVIFA_{5\%,3}$ × $(1+5\%)$ = 22 873.2（元）。

6. D 解析：由于是半年付利一次，实际利率肯定大于10%，答题时可迅速排除选项A和选项B。实际利率 = $(1+10\%/2)^2 - 1$ = 10.25%。

7. B 解析：本题已知现值和年金，求利率。可借求年金现值系数的方法：

$PVIFA_{i,6} = 10\,000/2\,000 = 5$，查年金现值系数表，$i = 5\% + (6\% - 5\%) \times (5.076 - 5)/(5.076 - 4.917) = 5.48\%$。

8. B　**解析**：题干提示和风险性决策的概念相同。

9. A　**解析**：每年年末存入 100 元，即已知年金是 100 元，求 5 年后的终值，应该用年金终值系数来计算。

10. A　**解析**：期望报酬率是反映收益大小的指标。

11. A　**解析**：普通年金是发生在每期期末的等额收付款项；即付年金是发生在每期期初的等额收付款项；延期年金是间隔若干期后，在每期期末的等额收付款项；永续年金是没有到期日的年金。

12. D　**解析**：优先股属于投资者投入的，根据会计核算的持续经营假设，优先股没有到期日，因为优先股股利固定支付且没有到期日，所以可将优先股股利看作永续年金。

13. B　**解析**：该题目应用资本资产定价模型来计算：$K_I = R_F + \beta_i(K_m - R_F) = 6\% + 2(10\% - 6\%) = 14\%$。

14. B　**解析**：该股票的投资报酬率 = 无风险报酬率 + β（平均报酬率 − 无风险报酬率）= 4% + 1.8 × (8% − 4%) = 11.2%。

15. A　**解析**：知道了现在的价值，求未来的价值用复利公式，又因为是一次性付款，所以本题是要求计算复利终值，应用复利终值来计算。

二、多项选择题

1. 年金按付款方式，可分为（　　）。
   A. 普通年金　　B. 先付年金　　C. 延期年金　　D. 永续年金
   E. 后付年金

2. 按风险的程度，企业财务决策分为（　　）。
   A. 确定性决策　　B. 风险性决策　　C. 不确定性决策　　D. 投资决策
   E. 无风险决策

3. 给市场上所有证券都带来经济损失的系统性风险有（　　）。
   A. 宏观经济状况变化　　　　　　B. 国家税法的变化
   C. 国家财政政策的变化　　　　　D. 公司在市场竞争中失败
   E. 股东变化

4. 下列关于 β 系数的说法正确的有（　　）。
   A. 如果某种股票的 β 系数小于 1，则说明其风险小于市场的平均风险
   B. 如果某种股票的 β 系数等于 1，则说明其风险等于市场的平均风险
   C. 如果某种股票的 β 系数大于 1，则说明其风险大于市场的平均风险
   D. 如果某种股票的 β 系数等于 0，则说明证券无风险
   E. β 系数越大，风险收益就越大；反之亦然

参考答案　　1. ABCDE　　2. ABC　　3. ABC　　4. ABCDE

三、名词解释

1. 资金的时间价值：资金在周转使用中由于时间因素而形成的差额价值，是扣除风险报酬和通货膨胀贴水后的真实报酬率。

2. 年金：指一定时期内每期相等金额的收付款项。折旧、利息、租金、保险费等均表现为年金的形式，年金按付款方式的不同分为普通年金或后付年金、即付年金或先付年金、延期年金和永续年金。

3. 后付年金：指每期期末有等额的收付款项的年金。在现实经济生活中这种年金最为常见，故称为普通年金。

4. 延期年金：指在最初若干期没有收付款项的情况下，后面若干期有等额的系列收付款项。

5. 复利：就是不仅本金要计算利息，利息也要计算利息，即通常所说的"利上滚利"。

6. 风险性决策：决策者对未来的情况虽然不能完全确定，但对未来情况出现的可能性——概率的具体分布是已知的或可以估计的，在这种情况下的决策称为风险性决策。

7. 风险报酬：指投资者因冒风险进行投资而获得的超过时间价值的那部分报酬。风险报酬有两种表示方法：风险报酬额和风险报酬率。

8. 非系统风险：又叫可分散风险或公司特别风险，是指某些因素对单个证券造成经济损失的可能性。

9. 系统风险：又称不可分散风险或市场风险。指的是由于某些因素给市场上所有的证券都带来经济损失的可能性。如宏观经济状况的变化、国家税法的变化、国家财政政策和货币政策变化、世界能源状况的改变都会使股票收益发生变动。

10. 证券组合的风险报酬：投资者因承担不可分散风险而要求的、超过时间价值的那部分额外报酬。

11. 期望报酬率：各种可能的报酬率按其概率进行加权平均得到的报酬率，是反映集中趋势的一种量度。其计算公式为：

$$\overline{K} = \sum_{i=1}^{n} K_i P_i$$

12. 标准离差：各种可能的报酬率偏离期望报酬率的综合差异，是反映离散程度的一种量度。其计算公式为：

$$\delta = \sqrt{\sum_{i=1}^{n}(K_i - \overline{K})^2 \cdot P_i}$$

四、简答题

1. 证券投资组合的风险可以分为哪两类？

答案要点 证券投资组合的风险可以分为两种性质完全不同的风险，即非系统性风险和系统性风险。

（1）非系统性风险又叫可分散风险或公司特别风险，是指某些因素对单个证券造成经济损失的可能性。如个别公司工人的罢工、公司在市场竞争中的失败等。这种风险可通过证券持有的多样化来抵消，即多买几家公司的股票，其中某些公司的股票报酬上升，另一些股票的报酬下降，从而将风险抵消。因而，这种风险称为可分散风险。

（2）系统性风险又称不可分散风险或市场风险。指的是由于某些因素给市场上所有的证券都带来经济损失的可能性。如宏观经济状况的变化、国家税法的变化、国家财政政策和货币政策变化、世界能源状况的改变都会使股票收益发生变动。这些风险影响所有的证券，因此，不能通过证券组合分散掉。换句话说，即使投资者持有的是经过适当分散的证券组合，也将遭受这种风险。因此，对投资者来说，这种风险是无法消除的，故称为不可分散风险。但这种风险对不同的企业也有不同影响。不可分散风险的程度，通常用 β 系数来计量。

2. 在证券组合投资中，β 系数说明什么问题？

答案要点 不可分散风险的程度，通常用 β 系数来计量。作为整体的证券市场的 β 系数为1。如果某种股票的风险情况与整个证券市场的风险情况一致，则这种股票的 β 系数也等于1；如果某种股票的 β 系数大于1，说明其风险大于整个市场的风险；如果某种股票的 β 系数小于1，说明其风险小于整个市场的风险。

$\beta=0.5$，说明该股票的风险只有整个市场股票风险的一半。

$\beta=1.0$，说明该股票的风险等于整个市场股票的风险。

$\beta=2.0$，说明该股票的风险是整个市场股票风险的两倍。

3. 请说明证券投资组合风险与报酬的关系？

答案要点 一般来讲，证券投资组合风险如下：

（1）一个股票的风险由两部分组成，它们是可分散风险和不可分散风险。

（2）可分散风险可通过证券组合来消减，而大部分投资者正是这样做的。可分散风险随证券组合中股票数量的增加而逐渐减少。由所有股票组成的证券组合叫市场证券组合。

（3）股票的不可分散风险由市场变动所产生，它对所有股票都有影响，不能通过证券组合而消除。不可分散风险是通过 β 系数来测量的，一些标准的 β 值如下：

$\beta=0.5$，说明该股票的风险只有整个市场股票风险的一半。

$\beta=1.0$，说明该股票的风险等于整个市场股票的风险。

$\beta=2.0$，说明该股票的风险是整个市场股票风险的两倍。

投资者进行证券组合投资与进行单项投资一样，都要求对承担的风险进行补偿，股票的风险越大，要求的报酬就越高。但是，与单项投资不同，证券组合投资要求补偿的风险只是不可分散风险，而不要求对可分散风险进行补偿。如果可分散风险的补偿存在，善于科学地进行投资组合的投资者将购买这部分股票并抬高其价格，其最后的报酬率只反映不能分散的风险。因此，证券组合的风险报酬是投资者因承担不可分散风险而要求的、超过时间价值的那部分额外报酬。可用下列公式计算：

$$R_p = \beta_p(K_m - R_F)$$

通过公式可以看出，在其他因素不变的情况下，风险报酬取决于证券组合的 β 系数，β 系数越大，风险收益就越大；反之亦然。

在财务管理中通常用资本资产定价模型来进行分析：

$$K_i = R_F + \beta_i(K_m - R_F)$$

式中：K_i——第 i 种股票或第 i 种证券组合的必要报酬率；

R_F——无风险报酬率；

β_i——第 i 种股票或第 i 种证券组合的 β 系数；

K_m——所有股票或所有证券的平均报酬率。

五、计算题

1. A 企业 2015 年 7 月 1 日购买某公司 2014 年 1 月 1 日发行的面值为 10 万元，票面利率 8%，期限 5 年，每半年付息一次的债券，若此时市场利率为 10%，计算该债券价值。若该债券此时市价为 94 000 元，是否值得购买？

答案要点 通过阅读题目，我们能从已知条件做出判断，知道了未来的价值，求现在的价值用现值公式，所以本题是计算年金现值和复利现值。由于是每半年付息一次，这样我们可以将 5 年期调整为 10 个半年，这样计息期就变为 10 期，年利率也可以调整为半年利率，即 4% 和 5%。又因为题中告诉我们是在 2015 年 7 月 1 日购买 2014 年 1 月 1 日发行的债券，前三期利息已经支付，那么实际计算周期数为 10 − 3 = 7，由此我们得出：

此时债券的价值 = $100\,000 \times 4\% \times PVIFA_{5\%,7} + 100\,000 \times PVIF_{5\%,7}$

$= 4\,000 \times 5.786 + 100\,000 \times 0.711 = 94\,244$（元）

由于此时债券价值 94 244 元大于市价 94 000 元，所以该债券值得购买。

2. 某公司 5 年前发行的一种第 20 年末一次还本 100 元的债券，债券票面利率为 6%，每年年末付一次利息，第 5 次利息刚刚付过，目前刚发行的与之风险相当的债券，票面利率为 8%。

要求：计算这种旧式债券目前的市价应为多少？

答案要点 这里 $i = 8\%$，$n = 20 - 5 = 15$（年）

$A = 100 \times 6\% = 6$（元）

则目前这种债券的市价可用下面公式来计算：

$P_0 = 6 \times PVIFA_{8\%,15} + 100 \times PVIF_{8\%,15}$

$= 6 \times 8.559 + 100 \times 0.315 = 82.85$（元）

3. 有一项年金，前 3 年无流入，后 5 年每年年初流入 500 万元，假设年利率为 10%，其现值为（　　）万元。

A. 1 994.59　　　　B. 1 565.68　　　　C. 1 813.48　　　　D. 1 423.21

答案要点 题中所提到的年金是递延年金。需要注意的是，由于递延年金是在普通年金的基础上发展派生出来的，所以，递延年金都是期末发生的。题中给出的年金是在每年年初流入，必须将其视为在上年年末流入，因此本题可转化为求从第三年年末有年金流入的递延年金，递延期为 2。计算递延年金的现值有以下两种方法：

一是将递延年金视为递延期末的普通年金，求出递延期末的现值，然后再将此值调整到第一期初的位置。

$$P = 500 \times (P/A_{10\%,5}) \times (P/S_{10\%,2})$$
$$= 500 \times 3.791 \times 0.826$$
$$= 1\,565.68 \text{（万元）}$$

二是假设递延期中也发生了年金，由此得到的普通年金现值再扣除递延期内未发生的普通年金现值即可。

$$P(n) = P(m+n) - P(m)$$
$$= 500 \times [(P/A_{10\%,2+5}) - (P/A_{10\%,2})]$$
$$= 1\,565.68 \text{（万元）}$$

4. 中南公司现持有 A、B、C 三种股票构成的证券组合，它们的 β 系数分别是 2.0、1.0、0.5，它们在证券组合中所占的比重分别为 60%、30% 和 10%，股票的市场报酬率为 14%，无风险报酬率为 10%，试计算这种组合的风险报酬。

答案要点 （1）确定该证券组合的 β 系数：$\beta_p = 60\% \times 2.0 + 30\% \times 1.0 + 10\% \times 0.5 = 1.55$。

（2）计算该证券组合的风险报酬率：$R_p = \beta_p(K_m - R_F) = 1.55 \times (14\% - 10\%) = 6.2\%$。

通过以上计算可以看出，在其他因素不变的情况下，风险报酬率取决于证券组合的 β 系数，β 系数越大，风险收益就越大；反之亦然。

第三章 财务分析

✓ 大纲重点、难点提示

1. 财务分析的基本概念：内部分析与外部分析、资产负债表分析与收益表分析、比率分析与趋势分析
2. 财务分析的基本程序
3. 判别财务指标优劣的标准
4. 企业偿债能力分析：企业短期偿债能力分析、长期偿债能力分析
5. 企业负担利息和固定费用能力的分析
6. 企业盈利能力分析

与销售收入有关的盈利能力指标、与资金有关的盈利能力指标、与股票数量或股票价格有关的盈利能力指标。

7. 企业资金周转情况分析

资金周转情况的主要指标：应收账款周转率、存货周转率、流动资产周转率、固定资金周转率。

8. 综合财务分析
9. 财务指标的系统分析：公式分析法、杜邦分析法、计分综合分析法

✓ 大纲习题解答

一、单项选择题

1. 杜邦分析法主要用于（　　）。
   A. 企业偿债能力分析　　　　B. 企业盈利能力分析
   C. 企业资金周转情况分析　　D. 综合财务分析
2. 不能反映企业偿付长期债务能力的财务比率是（　　）。
   A. 资产负债率　　　　　　　B. 利息周转倍数
   C. 所有者权益比率　　　　　D. 应收账款周转率
3. 企业所有者最关注企业的（　　）。
   A. 流动比率　　　　　　　　B. 偿债能力
   C. 所有者权益报酬率　　　　D. 应收账款周转率
4. 如果企业的流动比率大于0，则下列说法正确的是（　　）。
   A. 流动资产大于流动负债　　B. 短期偿债能力绝对有保障
   C. 速动比率大于1　　　　　 D. 已达到合理水平
5. 某企业流动负债20万元，速动比率2.5，流动比率3.0，销售成本10万元，不

存在待摊费用和待处理财产损益,则存货周转次数为( )。

A. 1　　　　B. 2　　　　C. 1.33　　　　D. 3

6. 某企业的全部资产由流动资产和固定资产构成,流动资产周转率为4,固定资产周转率为2,则总资产周转率为( )。

A. 5　　　　B. 1　　　　C. 2.5　　　　D. 1.33

7. 已知某企业的销售净利率为5%,总资产周转率为1.2,资产负债率为60%,该企业的所有者权益报酬率为( )。

A. 6%　　　　B. 10%　　　　C. 12.5%　　　　D. 15%

8. 应收账款周转率公式为( )。

A. 赊销收入净额/应收账款平均占用额

B. 赊销收入/应收账款平均占用额

C. 销售收入/应收账款平均占用额

D. 现销收入/期末应收账款

9. 一般来说,一个企业的速动比率、流动比率和现金比率由大到小排列的顺序是( )。

A. 速动比率、流动比率、现金比率　　B. 速动比率、现金比率、流动比率

C. 现金比率、速动比率、流动比率　　D. 流动比率、速动比率、现金比率

10. 某企业税后净利润为70万元,所得税税率为30%,利息费用为20万元,则利息周转倍数为( )。

A. 3.5　　　　B. 4.5　　　　C. 5　　　　D. 6

参考答案

1. D　**解析:**杜邦分析法是一种综合财务分析方法,而不是专门的分析方法。

2. D　**解析:**应收账款周转率属于企业资金周转情况分析的指标。

3. C　**解析:**企业所有者最关注企业给予他的投资回报,所有者权益报酬率能满足他们的还款需要。流动比率是反映偿债能力的,应收账款周转率是反映资产运用效果的,都不是企业所有者最关心的。

4. A　**解析:**由于流动比率大于0,必然有流动资产大于流动负债的结论;即使流动比率等于2,也并不一定说明短期偿债能力绝对有保障,这还要看流动资产的变现能力;是否已达到合理水平,要将行业平均水平或历史最好水平做比较才能得出来。

5. A　**解析:**根据流动比率和速动比率,可以计算出流动资产为60万元,速动资产为50万元,存货=流动资产-速动资产=60-50=10(万元),则存货周转次数=10/10=1(次)。

6. D　**解析:**总资产周转率=1/(1/4+1/2)=1.33。

7. D　**解析:**所有者权益报酬率=投资报酬率×权益乘数=销售净利率×总资产周转率×权益乘数

权益乘数=1/(1-资产负债率)

所有者权益报酬率 = 5% ×1.2 ×[1/(1 −60%)] = 15%

8. A 解析：应收账款周转率有周转次数和周转天数两种表示方法。应收账款周转次数 = 赊销收入净额/应收账款平均占用额。

9. D

10. D 解析：利息周转倍数 = (税后利润 + 所得税 + 利息费用)/利息费用

净利润 = 70 万元；利息费用 = 20 万元

所得税 = 70/(1 −30%) ×30% = 30(万元)

利息周转倍数 = (税后利润 + 所得税 + 利息费用)/利息费用
　　　　　　 = (70 + 30 + 20)/20 = 6

二、多项选择题

1. 所有者权益报酬率可以综合反映企业的（　　）。
   A. 盈利能力　　B. 短期偿债能力　　C. 长期偿债能力　　D. 资金周转情况
   E. 产权情况

2. 在财务分析需求者中，关心企业盈利能力的有（　　）。
   A. 企业所有者　　　　　　　　B. 企业债权人
   C. 企业经营决策者　　　　　　D. 政府
   E. 银行

3. 影响企业盈利能力的因素有（　　）。
   A. 偿债能力　　B. 发展能力　　C. 筹资能力　　D. 资金周转能力
   E. 决策能力

4. 可以衡量短期偿债能力的指标有（　　）。
   A. 流动比率　　　　　　　　B. 速动比率
   C. 资产负债率　　　　　　　D. 应收账款周转率
   E. 利息周转倍数

5. 下列指标中，一般认为大于1比较好的有（　　）。
   A. 产权比率　　B. 流动比率　　C. 资产负债率　　D. 利息周转倍数
   E. 速动比率

6. 下列各项财务指标中，反映企业偿债能力考核成绩的指标有（　　）。
   A. 应收账款周转率　　　　　B. 流动比率
   C. 资产负债率　　　　　　　D. 总资产周转率
   E. 利息周转倍数

7. 下列各项财务指标中，反映企业资金周转状况的指标有（　　）。
   A. 应收账款周转率　　　　　B. 流动比率
   C. 资产负债率　　　　　　　D. 总资产周转率
   E. 利息周转倍数

参考答案　　1. ACD　2. ABCD　3. AD　4. AB　5. BD　6. BCE　7. AD

三、名词解释

1. 财务分析：指通过对财务报表有关项目进行对比，以揭示企业财务状况的一种分析方法。

2. 杜邦分析法：指在考虑各财务比率内在联系的条件下，通过制定多种比率的综合财务分析体系来考察企业财务状况的一种分析方法。

3. 比率分析：指把财务报表中的有关项目进行对比，用比率来反映它们之间的相互关系，以揭示企业财务状况的一种分析方法。

4. 趋势分析：指根据企业连续数期的财务报表比较各期有关项目的金额，以揭示财务状况变动趋势的一种分析方法。

5. 所有者权益报酬率：又称净资产收益率、股东权益报酬率、权益资本报酬率，是税后净利与企业所有者权益进行对比所确定的比率。这一指标反映了所有者投入的资金所获得的盈利能力。

6. 计分综合分析法：指先分析计算企业财务指标的分数，然后求出汇总分数，将其与行业标准分数进行对比来评价企业财务状况的一种综合分析法。

7. 现金净流量比率：指现金净流量与流动负债进行对比所确定的比率，反映企业用每年的现金净流量偿还到期债务的能力。其计算公式为：

$$现金净流量比率 = \frac{现金净流量}{流动负债}$$

8. 投资报酬率：又称资产报酬率，是企业税后净利同全部资产净值的比率。其计算公式为：

$$投资报酬率 = \frac{税后净利}{资产总额（净值）} \times 100\%$$

四、简答题

1. 简述判断财务指标优劣的标准。

答案要点（1）以经验数据为准。经验数据是企业在长期财务管理实践中总结出来的，是被证实了的比较合理的数据，如流动比率等于2最好，速动比率等于1最好。

（2）以历史数据为准。历史数据是企业在过去的实践中发生过的系列数据，如上年实际水平、上年同期水平、历史最高水平。

（3）以同行业数据为准。同行业数据是指同行业有关企业在财务管理中产生的一系列数据，如同行业的平均水平、本国同行业的先进水平、国际先进水平等。

（4）以本企业预定数据为准。预定数据是企业以前确定的力争达到的一系列数据，如企业目标、考核计划、预算、定额等。

2. 企业进行短期偿债能力分析时应注意哪些内容？

答案要点 企业的短期偿债能力是指企业支付其短期债务的能力。短期债务能力不足，企业无法满足债权人的要求，可能会引起破产或造成生产经营的混乱。企业的短期偿债能力可通过流动比率、速动比率、现金比率、现金净流量比率指标来进行分析。在进行分析时应注意以下三个方面的问题：

（1）四个指标各有侧重，在分析时要结合使用，以便于全面、准确地做出判断。

（2）各个指标中的分母都是流动负债，没有考虑长期负债问题，但如果有近期到期的长期负债，则应给予充分重视。

（3）财务报表中没有列示的因素，如企业借款能力、准备出售长期资产等，也会影响到企业的短期偿债能力，在分析时也应该认真考虑。

3. 如何评价企业的短期偿债能力？

答案要点 企业的短期偿债能力是指企业支付其短期债务的能力。短期偿债能力是财务分析中必须十分重视的一个方面，短期偿债能力不足，企业无法满足债权人的要求，可能会引起破产或造成生产经营的混乱。企业的短期偿债能力可通过下列指标来进行分析：

（1）流动比率：指流动资产与流动负债进行对比所确定的比率。流动比率等于2的时候最佳。比率太低，表明企业缺乏短期偿债能力；比率太高，说明企业的现金、存货等流动资产有闲置或流动负债利用不足。

（2）速动比率：指由速动资产和流动负债进行对比所确定的比率。速动比率等于1时最好。

（3）现金比率：指可立即动用的资金与流动负债进行对比所确定的比率。这一指标越高，说明企业短期偿债能力越强。

（4）现金净流量比率：指现金净流量与流动负债进行对比所确定的比率。反映企业用每年的现金净流量偿还到期债务的能力。这一指标越高，说明企业支付当期债务的能力越强，企业财务状况越好。

4. 如何评价企业的长期偿债能力？

答案要点 企业的长期偿债能力，是企业支付长期债务的能力。企业的长期偿债能力与企业的盈利能力、资金结构有十分密切的关系。企业的长期偿债能力可通过下列指标来进行分析：

（1）资产负债率：又称负债比率或负债对资产的比率，是企业的负债总额与资产总额进行对比所确定的比率。这个比率越高，说明企业的长期偿债能力越差；但也不是说，这个比率越低越好。

（2）所有者权益比率：企业的所有者权益与资产总额对比所确定的比率。这一比率越高，企业偿债能力越强，财务风险越小。从偿债能力角度看，这一比率越高越好。

五、计算题

1. 某企业2009年的营业收入为20万元，毛利率为40%，赊销比例为80%，销售净利率为16%，存货周转率为5次，期初存货余额为2万元；期初应收账款余额为4.8万元，期末应收账款余额为1.6万元，速动比率为1.6，流动比率为2，流动资产占资产总额的28%，该企业期初资产总额为30万元。该企业期末无待摊费用。

要求：

（1）计算应收账款周转率。

（2）计算总资产周转率。
（3）计算资产净利率。

答案要点 （1）应收账款周转率=（20×80%）/[（4.8+1.6）/2]=5（次）

（2）总资产周转率：

平均存货=20×（1-40%）/5=2.4（万元）

期末存货=2.4×2-2=2.8（万元）

期末流动负债=期末存货/（流动比率-速动比率）=2.8/0.4=7（万元）

期末流动资产=流动比率×期末流动负债=2×7=14（万元）

期末总资产=流动资产/流动资产占资产总额的百分比=14/0.28=50（万元）

平均总资产=（期初总资产+期末总资产）/2=（30+50）/2=40（万元）

总资产周转率=营业收入/平均总资产=20/40=0.5（次）

（3）资产净利率=20×16%/40=8%

2. 某企业2015年度赊销收入净额为2 000万元，销售成本为1 600万元；年初、年末应收账款余额分别为100万元和400万元；年初、年末存货余额分别为200万元和600万元。该企业年末现金为560万元，流动负债为800万元，假定该企业流动资产由速动资产和存货组成，速动资产由应收账款和现金组成，一年按360天计算。

要求：

（1）计算2015年应收账款周转天数。

（2）计算2015年存货周转天数。

（3）计算2015年年末速动比率。

（4）计算2015年年末流动比率。

答案要点 （1）应收账款周转次数=赊销收入/应收账款平均占用额=2 000/250=8（次）

应收账款周转天数=360/8=45（天）

（2）存货周转天数=360×存货平均占用额/销货成本=360×（200+600）/2/1 600=90（天）

（3）速动比率=速动资产/流动负债=[（400+600+560）-600]/800=1.2

（4）流动比率=（400+600+560）/800=1.95

3. 企业某年销售收入680万元，销售成本为销售收入的60%，赊销比例为销售收入的80%，销售收入净利润率为10%，期初应收账款余额为26万元，期末应收账款余额为32万元，期初资产总额为580万元，其中存货有48万元，存货周转次数为8次，期末存货是资产总额的10%。

计算：应收账款周转率、期末存货额、期末资产总额、资产净利润率。

答案要点 赊销收入=680×80%=544（万元）

应收账款平均余额=（26+32）/2=29（万元）

应收账款周转率=赊销收入/应收账款平均余额=544/29=18.76（次）

销售成本 = 680×60% = 408（万元）

平均存货占用 = 销售成本/存货周转次数 = 680×60%/8 = 51（次）

期末存货额 = 2×平均存货占用 − 期初存货 = 2×51 − 48 = 54（万元）

期末资产总额 = 期末存货/10% = 54/0.1 = 540（万元）

净利润 = 销售收入×销售收入净利润率 = 680×10% = 68（万元）

资产净利润率 = 净利润/总资产平均余额 = 68/（580+540）/2 = 68/560 = 12%

4. 某企业流动资产由存货和速动资产构成，年初存货 145 万元，应收账款为 125 万元，年末流动比率为 3，速动比率为 1.5，存货周转率为 4 次，年末的流动资产余额为 270 万元。一年按 360 天计算。

（1）计算年末流动负债、年末存货余额及全年平均余额、本年销货成本。

（2）若当年赊销净额为 960 万元，应收账款以外的其他速动资产不考虑，计算应收账款周转率。

▶ **答案要点** （1）流动负债 = 流动资产/流动比率 = 270/3 = 90（万元）

速动资产 = 流动负债×速动比率 = 90×1.5 = 135（万元）

年末存货余额 = 流动资产 − 速动资产 = 270 − 135 = 135（万元）

存货全年平均余额 =（145+135）/2 = 140（万元）

销货成本 = 存货全年平均余额×存货周转率 = 140×4 = 560（万元）

（2）年末应收账款 = 流动资产 − 年末存货 = 270 − 135 = 135（万元）

应收账款平均余额 =（125+135）/2 = 130（万元）

应收账款周转率 = 赊销净额/应收账款平均余额 = 960/130 = 7.385

第四章　企业筹资方式

 大纲重点、难点提示

1. 公司筹资的概念
2. 公司筹资类型的划分
3. 公司筹资数量的预测
4. 权益资本

吸收直接投资、发行股票。

5. 债务资本

长期借款、长期债券、融资租赁。

6. 混合资本

优先股、认股权证、可转换证券。

 大纲习题解答

一、单项选择题

1. （　　）解决的是资金来源问题。
   A. 筹资渠道　　B. 筹资方式　　C. 筹资决策　　D. 筹资方案
2. （　　）解决通过何种方式取得资金的问题。
   A. 筹资渠道　　B. 筹资方式　　C. 筹资决策　　D. 筹资方案
3. （　　）一般没有固定的回报要求。
   A. 权益资本　　B. 债务资本　　C. 长期资本　　D. 短期资本
4. （　　）是指在公司内部的资金不能满足需要的时候，向公司外部筹集的资金。
   A. 权益资本　　B. 外部资本　　C. 长期资本　　D. 短期资本
5. （　　）不以股票为媒介，适用于非股份制企业，是非股份制企业筹措权益资本的一种基本形式。
   A. 吸收直接投资　B. 发行股票　　C. 长期借款　　D. 长期债券
6. 张三在 2011 年 7 月 1 日购买了东兴公司以平价发行面值为 1 000 元的可转换债券，在 2016 年 7 月 1 日到期前的任何时间内，可将每张债券转换为 20 股普通股票，因此，其转换比率为 20，则转换价格为（　　）。
   A. 50 元　　　　B. 25 元　　　　C. 40 元　　　　D. 75 元
7. 东兴公司从租赁公司租入一台设备，设备价款为 1 000 万元，租赁期限为 10 年，到期后设备归承租公司所有，租赁费率（贴现率）为 12%，租金于每年年末等额支付，则每年应付的租金为（　　）元。
   A. 177　　　　　B. 158　　　　　C. 161　　　　　D. 185

8. ( ) 又称为减税优惠租赁,在这一租赁方式中,出租人在购买价格昂贵的设备时,只需自筹该设备所需资本的一部分,通常为20%~40%,其余60%~80%的资本,则通过将该设备作为抵押物向金融机构贷款,然后将购进的设备出租给承租人。

A. 杠杆租赁　　　B. 售后租回　　　C. 经营租赁　　　D. 融资租赁

✎ **参考答案**： 1. A　2. B　3. A　4. B　5. A

6. A　**解析**：转换价格 $= \dfrac{债券面值}{转换比例} = \dfrac{1\,000}{20} = 50$ （元）。

7. A　**解析**：本题可用年金现值原理来计算每期应付租金,根据后付年金现值的计算公式： $R = PV/PVIFA_{i,n}$ 计算,式中, R 为每年支付的租金； PV 为等额租金的现值或设备的购置成本； $PVIFA_{i,n}$ 为年金现值系数； i 为租赁费率； n 为支付租金期数。 $R = PV/PVIFA_{i,n} = 1\,000/PVIFA_{12\%,10} = 1\,000/5.650\,2 = 177$ （元）。

8. A

二、多项选择题

1. 以下属于目前我国企业筹资方式的有（　　）。
   A. 吸收直接投资　B. 发行股票　　C. 银行借款　　D. 发行债券
   E. 融资租赁

2. 按照公司的资本来源,筹资类型划分为（　　）。
   A. 权益资本　　B. 债务资本　　C. 内部资本　　D. 短期资本
   E. 外部资本

3. 按照资本性质的不同,筹资类型划分为（　　）。
   A. 权益资本　　B. 债务资本　　C. 长期资本　　D. 短期资本
   E. 外部资本

4. 按照资本使用期限的长短,筹资类型划分为（　　）。
   A. 权益资本　　B. 债务资本　　C. 长期资本　　D. 短期资本
   E. 外部资本

5. 按照公司是否以金融中介开展筹资活动,筹资类型划分为（　　）。
   A. 直接筹资　　B. 内部筹资　　C. 间接筹资　　D. 银行筹资
   E. 外部资本

6. 公司筹资数量的预测可以使用的方法有（　　）。
   A. 销售百分比法　　　　　B. 趋势预测法
   C. 线性回归方程法　　　　D. 因素分析法
   E. 杜邦分析法

7. 混合资本兼具权益资本和债务资本的特点,主要有（　　）。
   A. 优先股　　B. 认股权证　　C. 可转换证券　　D. 长期债券
   E. 有价债券

8. 债券的收回与偿还涉及的问题有（　　）。
   A. 赎回条款　　B. 偿债基金　　C. 分批偿还债券　　D. 转换成普通股
   E. 可转换债券合约
9. 按照投资主体，可以把股票分为（　　）。
   A. 国家股　　B. 法人股　　C. 个人股　　D. 外资股
   E. 优先股

参考答案： 1. ABCDE　2. CE　3. AB　4. CD　5. AC　6. ABC
7. ABC　8. ABCD　9. ABCD

三、名词解释

1. 公司筹资：指公司作为筹资主体根据其生产经营、对外投资和调整资本结构等需要，通过筹资渠道和金融市场，运用筹资方式，经济有效地筹措和集中资本的活动。

2. 权益资本：指公司依法筹集（公司投资者投入）并长期拥有、可自主调配运用的资本。权益资本又可以称为股权资本、自有资本，可以包括实收资本、资本公积、盈余公积、未分配利润等。

3. 债务资本：也称为借入资本，是公司依法筹措并依约使用、按期还本付息的资本来源。债务资本主要通过长期借款、长期债券、融资租赁等方式来筹集。债务资本对公司来说属于公司的负债，即公司将在一定条件下以其资产或劳务偿还的债务。

4. 吸收直接投资：指公司以协议等形式吸收国家、其他企业、个人和外商等直接投入资本，形成公司资本（即公司在政府工商行政管理部门登记的注册资本）的一种筹资方式。

5. 认股权证：指由公司发行的一种凭证，它规定其持有者有权在规定期限内，以特定价格购买发行公司一定数量的股票。

6. 累积优先股：指在任何营业年度内未支付的股利可以累积起来，由以后年度的盈利一起支付的优先股股票。

7. 参与优先股：指优先股股东不仅能获取固定股利，而且有权与普通股股东一同参加公司剩余利润的分配。

8. 经营租赁：指由租赁公司向承租公司提供租赁设备，并提供设备维修保养和人员培训等的服务性业务。

9. 融资租赁：又称资本租赁，它是由出租人按照承租人的要求融资购买设备，并在契约或合同规定的较长期限内提供给承租人使用的信用性业务。

10. 偿债基金：指债券发行公司在债券到期之前，定期按债券发行总额的一定比例在每年的收益中提取的、交由银行或信托公司管理运用的准备金。

11. 信用贷款：借款人不提供任何担保品，仅凭借款公司的信誉或其保证人的信用而发放的贷款。此种贷款通常适用于资信良好的公司，而且银行通常要收取较高的利息，并往往附加一定的条件。

12. 信用债券：又称无担保债券，它没有特定资产作担保，完全凭借发行公司的信用，因此，只有信用良好的公司才可以发行此类债券，其利率通常高于担保债券。

13. 抵押债券：指公司以某种资产作为担保发行的债券。根据担保品的不同，又可分为不动产抵押债券、抵押信托债券和设备信托债券。

14. 可赎回债券：指发行公司可以按照发行时规定的条款，依一定的条件和价格在公司认为合适的时间收回的债券。

15. 可转换证券：指由股份公司发行的，可以按照一定条件转换为公司普通股票的证券。可转换证券主要有可转换债券和可转换优先股。

四、简答（论述）题

1. 简述我国目前的筹资渠道。

答案要点　（1）国家财政资金。吸收国家财政资金在过去一直是我国国有企业获取权益资本的主要来源。

（2）银行信贷资金。银行对企业的各种贷款，是各类公司重要的资本来源。我国的商业银行为各类企业提供商业性贷款。政策性银行为特定企业（公司）提供政策性贷款，其主要目的不是盈利。银行信贷资金有居民储蓄存款、单位存款等财力雄厚的经常性资金来源，且贷款方式灵活多样，能够较好地满足各类公司的多样化资本需求。

（3）非银行金融机构资金。非银行金融机构主要包括信托投资公司、租赁公司、保险公司、证券公司、企业集团的财务公司等。这些非银行金融机构从事证券承销、物资和资金的融通、信贷资金的投放等金融服务。

（4）其他企业资金。一些公司在生产经营过程中，往往会形成部分暂时闲置的资金，有时出于一定目的，公司间往往也会相互投资。另外，在市场经济条件下，企业间的购销业务可以通过商业信用方式来完成，从而形成企业间的债权债务关系，形成债务人对债权人的短期信用资金占用。企业间的相互投资和商业信用的存在，使其他企业资金也成为企业资金的重要来源。

（5）职工和居民资金。它是指企业职工和城乡居民个人闲置的结余资金。公司可以通过发行股票、债券等方式将这部分资金筹集起来，形成民间资金渠道，用于企业的生产经营。

（6）公司自留资金。它是指在公司内部形成的资金，也称为公司内部积累或内生资金。主要是公司留存利润转化成的公司生产经营资金，包括计提的折旧、提取的公积金和未分配利润等。与其他筹资渠道相比，自留资金的重要特征之一是它们不需要公司通过一定的方式去筹集，而直接由公司内部自动生成或转移而来，是公司的"自动化"筹资渠道。

（7）外商资金。外商资金是指国外及中国香港、中国澳门、中国台湾地区投资者投入的资金。引进外资是一切资本短缺国家尤其是发展中国家弥补资本不足、促进本国企业不断发展壮大、推动经济迅速发展的重要手段之一，是我国外商投资企业重要的资金来源。

2. 与债务资本相比,权益资本具有哪些特点?

答案要点 与债务资本相比,权益资本具有以下几个特点:

(1) 体现了投资者和公司之间的所有权关系,权益资本的所有权归属于公司的所有者。公司所有者依法凭其所有权参与企业的经营管理和利润分配,并对公司的债务承担有限或无限责任。

(2) 公司对权益资本依法享有经营权,在公司存续期间,公司有权调配使用权益资本,权益资本的持有者除了依法转让其投资外,不得抽回其投入的资金,因而权益资本可以看作公司的"永久性资本"。

(3) 一般没有固定的回报要求,权益资本的投资者得到的回报主要表现为分红或股利。公司当年的分配计划一般由董事会制定,并由股东大会审核批准,具体的分配数额和比例没有一定限制。如果公司需要将利润留在公司作为进一步发展的资本投入,或者当期没有足够的利润,则可以不进行分配。

3. 简述吸收直接投资的优缺点。

答案要点 吸收直接投资是我国企业筹资中最早采用的一种方式,也曾是我国国有企业、集体企业、合资或联营企业普遍采用的筹资方式。

(1) 吸收直接投资的优点。

①公司采用吸收直接投资所筹集的资本属于公司的权益资本,与借入资本相比,它更能提高公司的资信和借款能力,对扩大企业经营规模、壮大企业实力具有重要作用。

②公司吸收直接投资不仅可以取得现金,而且能够直接获得其所需要的先进设备与技术,与仅筹集现金的筹资方式相比较,公司吸收直接投资能尽快形成生产经营能力。

③公司采用吸收直接投资的筹资方式,其向投资者分配利润可视公司经营情况而定,比较灵活,因而其财务风险较低。

(2) 吸收直接投资的缺点。

①筹资成本较高。一般而言,采用吸收直接投资所筹集资本的成本较高,特别是企业经营状况较好和盈利能力较强时,更是如此。因为向投资者支付的报酬是根据其出资的数额和企业实现利润的多寡来计算的。

②容易分散企业的控制权。采用吸收直接投资方式筹集资金,投资者一般都要求获得与投资数量相适应的经营管理权,这是接受外来投资的代价之一。如果外部投资者的投资较多,则投资者会有相当大的控制权。

4. 如何理解融资租赁也是一种筹资方式?与经营租赁相比,它具有什么特点?在运用融资租赁筹资时,公司应注意哪些问题?

答案要点 (1) 租赁是指资产的所有人以收取租金为条件,在契约或合同规定的期限内,将资产的使用权让渡给使用者的一种经济行为。

租赁是一种契约性协议,在租赁交易中,拥有资产所有权的一方为出租人,主要是各种专业租赁公司；使用资产并支付租金的一方为承租人，主要是其他各类公司（企业）。

租赁有多种形式，主要分为经营租赁和融资租赁。经营租赁是由租赁公司向承租公司提供租赁设备，并提供设备维修保养和人员培训等的服务性业务。

融资租赁，又称资本租赁，它是由出租人按照承租人的要求融资购买设备，并在契约或合同规定的较长期限内提供给承租人使用的信用性业务。

与经营租赁对应，在融资租赁方式下，由于由出租人支付设备的全部价款，等于向承租人提供了100%的长期信贷，故称之为融资租赁，它是现代租赁的主要形式。承租人采用融资租赁的主要目的是融资，具有借款性质，因此融资租赁是承租公司筹集长期借入资本的一种特殊形式。

(2) 融资租赁的主要特点。

①融资租赁合约比较稳定，在合约有效期内，租赁双方均无权单方面终止合约，除非租赁设备损坏或被证明已丧失使用功能。

②一般由承租人提出租赁要求，然后由出租人融资购买并出租给承租人使用。

③租赁期限较长，大多为租赁资产使用年限的一半以上。

④在融资租赁业务中，出租人不负责租赁资产的维修和保养，而由承租人负责。

⑤租赁期满，可以按以下方法处理租赁资产：将租赁资产折价转让给承租人，或由出租人收回，或延长租期续租等。

(3) 在确定租金时，一般要考虑以下因素。

①租赁设备的购置成本，包括设备的买价、运费和途中保险费。

②预计租赁设备的残值。

③利息费用，是指租赁公司为承租公司购置设备进行融资而发生的利息费用。

④租赁手续费，包括租赁公司承办租赁设备发生的营业费用以及一定的利润。

⑤租赁期限。一般而言，租赁期限的长短不仅影响租金总额，而且也影响每期租金的数额。

⑥租金的支付方式。租金的支付方式主要按以下标准分类：第一，按支付的间隔时间长短分为年付、半年付、季付和月付；第二，按在期初或期末支付，分为先付租金和后付租金；第三，按每次支付的数额是否相等，分为等额支付和不等额支付。在实际中租金支付方式大多为后付等额年金。一般而言，租金支付次数越多，每次支付的数额就越小。

5. 什么是认股权证？其特征是什么？

答案要点 认股权证是由公司发行的一种凭证，它规定其持有者有权在规定期限内，以特定价格购买发行公司一定数量的股票。

认股权证的特征主要有以下几个方面：

(1) 认股权证实质上是给予持有者的一种期权，持有人既可以在将来实施这种权利，也可以不实施这种权利。

（2）认股权证经常和公司的其他证券，通常是长期债券一起发行，以增加这些证券对投资者的吸引力。如当公司准备发行利率较低的长期债券时，往往伴随着认股权证的发行，目的是刺激投资者购买这些证券。

（3）可分离性。一般情况下，认股权证同原有的债券或股票是可以分离的，即它发行以后可以与其基础证券脱离，具有独立的价值，可以在证券市场上单独进行交易。

（4）认股权证的持有者一般不参加公司股利的分配，也没有对公司的控制权和投票权，对公司的资产和收入也没有要求权。

6. 什么是可转换证券？其基本特征是什么？

答案要点 可转换证券是指由股份公司发行的，可以按照一定条件转换为公司普通股票的证券。可转换证券主要有可转换债券和可转换优先股。

可转换债券的特征主要包括：

（1）期权性。可转换债券的期权性主要体现在它给予投资者的选择权上，在规定的期限内，投资者可以选择将债券转换为普通股股票，也可以放弃转换权利。由于可转换债券持有人具有将来买入股票的权利，因此，它实质上是一种买入期权，期权的卖方为发行公司。

（2）赎回性。可转换债券一般都具有赎回条款，它规定发行公司在可转换债券转换前，可以按照一定条件赎回债券。发行公司行使赎回权的目的是迫使投资者将债券转换为股票。

（3）双重性。可转换债券在转换之前，属于债券性质；若在转换期间，投资人未将其转换为股票，则发行公司到期必须无条件支付本金及利息。而同时，只要投资者愿意，可按约定随时将可转换债券转换为公司股票，成为公司的股权投资者。

7. 什么是优先股？其特点是什么？

答案要点 优先股是一种混合性证券，在某些方面类似于普通股，其他方面则类似于债券。其主要特征是：

（1）优先分配公司股利和剩余财产。在普通股发放股利之前，必须首先发放优先股股利，而且在公司破产时，优先股股东的索取权优先于普通股股东，但次于公司债权。

（2）股利固定。这一点和债券类似，但其股利支付没有强制性，即使不支付股利，也不会造成违约，从而不会使公司面临破产。

（3）通常有面值。与普通股不同，优先股通常具有面值。面值的重要意义在于：第一，它代表了公司清算时所要付给优先股股东的数额；第二，面值是计算优先股股利的基础，优先股股利通常以面值的百分率表示。

8. 简述融资租赁筹资的优缺点。

答案要点 （1）融资租赁筹资的优点。

①能够迅速地获得所需资产。融资租赁是一项融资与融物相结合的筹资方式，往往比借款购买设备更迅速，因此，公司在筹集资本的同时，即可获得长期资产的使用权。

②增加了筹资的灵活性。租赁可以避免长期借款所附加的多种限制性条件，从而为公司经营活动提供了更大的弹性空间。

③可以避免设备陈旧过时的风险。随着现代科学技术的不断进步，设备陈旧过时的风险很高，而多数租赁协议规定此种风险由出租人承担，承租公司可因此而部分避免这种风险。

④有利于减轻公司的所得税负担。租赁费用相对固定不变，且可在所得税前支付，这样可获得财务杠杆利益，减轻公司的税收负担。

⑤租赁可提供一种新的资金来源。有些公司，由于种种原因，如负债比率过高等，不能向外界筹集大量资金。在这种情况下，采用租赁的形式可使公司在资金不足而又急需设备时，不用付出大量资金就能及时获得所需设备。

⑥全部租金通常在整个租赁期内分散支付，不用到期归还大量本金，可适当降低公司不能偿付的风险。

（2）融资租赁筹资的缺点。

①租赁成本高。尽管租赁没有明显的利息成本，但出租人所获得的报酬隐含于租金中。一般而言，许多租赁的租金（包括隐含报酬）要高于债券利息，其租金总额通常要高于设备价值的30%左右。

②丧失资产的残值。租赁期满，除非承租公司购买该资产，否则其残值一般归出租人所有，这也是承租公司的一种机会损失。

③难以改良资产。未经出租人同意，承租人不得擅自对租赁资产加以改良。

9. 简述债券筹资的优缺点。

答案要点 （1）债券筹资的优点。

①债券成本较低。公司债券的利息可在税前支付，从而可以享受税收屏蔽方面的好处，因而其实际负担的资本成本较低。

②可以利用财务杠杆。债券持有人一般只能收取固定利息，不能参加剩余利润的分配，当公司资本收益率高于债券利率时，可以为普通股股东带来更多的收益。

③便于调整资本结构。在发行可转换债券或可提前赎回债券的情况下，公司可根据需要主动合理地调整资本结构。

④保障股东控制权。债券持有人无权参与公司的经营管理，因此，发行债券筹资不会分散股东对公司的控制权。

（2）债券筹资的缺点。

①财务风险高。债券有固定的到期日，并定期支付利息，发行公司必须承担还本付息的义务。在公司经营不景气时，也需要向投资者支付本息，这会给公司带来更大的财务风险，有时甚至会导致破产。

②限制条件较多。发行债券的限制条件往往比长期借款、租赁融资的限制条件要多，且更严格，从而限制了公司对债券筹资方式的使用，有时还会影响到公司以后的筹资能力。

③筹资数量有限。利用债券筹资在数量上有一定的限度，当公司的负债比率超过一定程度后，债券筹资的成本就要上升，有时甚至会发行不出去。

10. 简述股票筹资的优缺点。

答案要点 （1）股票筹资的优点。

①筹资没有固定的利息负担。若公司盈利，并认为适合于分配股利，就可以分派股利；若公司盈利较少，或虽有盈利但资金短缺或有更好的投资机会，也可以少支付或不支付股利。这点与债券或借款不同，无论公司是否盈利及盈利多少，债券和借款都必须按期足额支付利息。

②股本没有固定的到期日，无须偿还，在公司经营期内可自行安排使用。普通股股本是公司的永久性资本，是公司最稳定的资本来源，除非公司破产清算才予以偿还。这对于保证公司对资本的最低需求，促进公司长期持续稳定经营具有重要意义。

③筹资风险较小。由于股票不存在还本付息的风险，这就可以避免因销售或盈余波动而给公司正常的生产经营秩序带来冲击。

④发行股票能增强公司的信誉。股本以及由此产生的资本公积和留存收益，可以成为公司筹措债务资本的基础。有了较多的权益资本，有利于提高公司的信用价值，同时也为利用更多的债务筹资提供强有力的支持。

⑤由于预期收益较高，用股票筹资容易吸收社会资本。尤其是向社会公众发行小面额的股票时，筹资速度快，取得资本的数额较大，从而能为公司筹措到更多的权益资本。

（2）股票筹资的缺点。

①筹资成本高。这是因为投资人投资于股票的风险大，所要求的报酬率也高，并且，股利是以税后利润支付的，无抵税作用。此外，股票的发行成本也较高，这些都决定了股票的筹资成本较高。

②增发股票会增加新股东，容易分散公司的控制权。

③可能导致股价下跌。新股东对公司已积累的盈余具有分享权，这又会降低每股收益，从而导致普通股市价的下跌。另外，公司过度依赖股票，会被投资者视为消极信号，从而也会导致股价的下跌，进而影响公司其他筹资工具的使用。

11. 简述长期借款筹资的优缺点。

答案要点 （1）长期借款筹资的优点。

①筹资速度较快。与发行股票、债券相比，长期借款筹资不需做证券发行前的准备、印刷等程序，一般所需的时间较短，程序较为简单，可以迅速获得资金。

②借款成本较低。利用长期借款筹资，利息可以在税前支付，可以减少公司实际负担的利息费用，因此，比股票筹资的成本要低得多；与债券相比，借款利率通常低于债券利率。此外，由于借款是在公司和银行之间直接商定的，因而可以大大减少交易成本。

③借款弹性大。在借款前，公司根据当时资本的需要与银行直接商定贷款的时间、数量和条件。在借款期间，若公司财务状况发生某些变化，也可以与银行进行再协商，

变更借款条件。因此借款筹资对公司具有较大的灵活性。

④可以发挥财务杠杆作用。无论公司的盈利多少,银行只收取固定的利息,而更多的收益则为借款公司所拥有。

(2) 长期借款筹资的缺点。

①筹资风险高。借款通常有固定的利息负担和固定的偿付期限,在公司经营不佳时,可能产生不能偿付的风险,甚至引起破产。

②限制条款较多。这些条款可能会限制公司的经营活动,影响公司今后的筹资和投资能力。

③筹资数量有限。长期借款一般不能像债券、股票那样一次筹集到大笔资本,无法满足公司生产经营活动大规模的范围调整。

12. 按照所形成的资本构成要素分类,吸收直接投资可分为哪几种?各有什么特点?

答案要点 按照所形成的资本构成要素分类,吸收直接投资可以分为吸收国家直接投资、吸收其他法人直接投资、吸收个人直接投资和吸收外商直接投资。

(1) 吸收国家直接投资一般具有以下特点:第一,产权归国家;第二,资本数额较大;第三,在国有企业中采用比较广泛。

(2) 吸收其他法人直接投资一般具有以下特点:第一,发生在法人单位之间;第二,以参与企业利润分配为目的;第三,出资方式灵活多样。

(3) 吸收个人直接投资一般具有以下特点:第一,参加投资的人员较多;第二,每人投资的数额相对较少;第三,以参与企业利润分配为目的。

(4) 吸收外商直接投资一般具有以下特点:第一,可以筹集外汇资金;第二,出资方式比较灵活;第三,一般只有中外合资(或中外合作)经营企业才能采用。

第五章 企业筹资决策

✓ 大纲重点、难点提示

1. 资本成本

①资本成本的含义与结构。②资本成本的类型与作用。③资本成本的计算。

2. 杠杆利益与风险

经营杠杆、财务杠杆、联合杠杆。

3. 资金结构

①资金结构的概念及影响因素。②比较资本成本法。③每股收益分析法。④公司价值分析法。

4. 资本结构理论

①MM 理论。②权衡理论。③信息不对称理论。

✓ 大纲习题解答

一、单项选择题

1. 如果企业一定期间内的固定成本和固定财务费用均不为零,则由上述因素共同作用而导致杠杆效应属于（　　）。

   A. 经营杠杆效应　B. 财务杠杆效应　C. 联合杠杆效应　D. 风险杠杆效应

2. 企业为维持一定经营能力所必须负担的最低成本是（　　）。

   A. 固定成本　　　　　　　　B. 酌量性固定成本
   C. 约束性固定成本　　　　　D. 变动成本

3. 在一般情况下,各筹资方式的资本成本由大到小依次为（　　）。

   A. 银行借款、企业债券、普通股　　B. 普通股、银行借款、企业债券
   C. 企业债券、银行借款、普通股　　D. 普通股、企业债券、银行借款

4. 某企业发行债券,票面利率10%,发行费率为2%,所得税税率为33%,则债券资本成本为（　　）。

   A. 10%　　　　B. 6.8%　　　　C. 6.84%　　　　D. 7.4%

5. 在个别资本成本计算中,不必考虑筹资费用影响因素的是（　　）。

   A. 长期借款成本　B. 债券成本　C. 留存利润成本　D. 普通股成本

6. 企业在进行追加筹资决策时,应使用（　　）。

   A. 固定成本　　　　　　　　B. 个别资本成本
   C. 加权平均资本成本　　　　D. 边际资本成本

7. 下列各项中不影响经营杠杆系数的是（　　）。
   A. 产品销售数量　　　　　　　　B. 产品销售价格
   C. 固定成本　　　　　　　　　　D. 利息费用

参考答案　1. C　解析：如果企业一定期间内的固定成本不为零，说明其经营杠杆大于1；固定财务费用不为零，说明其财务杠杆大于1；上述两个因素共同作用导致联合杠杆失效。

2. C　解析：只有选项C符合题意，固定成本分为约束性固定成本和酌量性固定成本。

3. D　解析：普通股的股利需要税后支付，没有抵税的作用，且投资者要求的报酬比较高，因此，资本成本最大。企业债券和银行借款属于负债类，有抵税的作用，但银行借款的手续费要比企业债券的发行费低，所以在负债类中银行借款的资本成本最低。

4. C　解析：债券资本成本 = [10% × (1 − 33%)]/(1 − 2%) = 6.84%。

5. C　解析：留存利润不存在发行手续费，不需要支付利息，而其他方式都要发生筹资费用。

6. D　解析：在进行追加筹资决策时，应使用边际资本成本。

7. D　解析：利息费用不影响经营杠杆系数，但影响财务杠杆系数。

二、多项选择题

1. 在计算个别资本成本时，需要考虑所得税抵减作用的筹资方式有（　　）。
   A. 银行借款　　　B. 长期债券　　　C. 优先股　　　D. 普通股
   E. H股

2. 在下列各项中，可用于企业确定最优资金结构的方法有（　　）。
   A. 高低点法　　　　　　　　　　B. 因素分析法
   C. 比较资本成本法　　　　　　　D. 息税前盈余—每股盈余分析法
   E. 杜邦分析法

3. 下列属于用资费用的有（　　）。
   A. 向股东支付的股利　　　　　　B. 向银行支付的手续费
   C. 向银行支付的借款利息　　　　D. 向证券公司支付的发行费
   E. 债券折价损失

4. 影响加权平均资本成本高低的因素有（　　）。
   A. 个别资本成本　　　　　　　　B. 加权平均资本成本
   C. 固定成本　　　　　　　　　　D. 各种资金在总资金中所占的比例
   E. 混合成本

5. 影响边际贡献大小的因素有（　　）。
   A. 销售数量　　　B. 销售价格　　　C. 固定成本　　　D. 变动成本
   E. 混合成本

参考答案

1. AB 2. BCD 3. AC 4. AD 5. ABD

三、名词解释

1. 筹资费用：指在资本筹集过程中为获取资本而支付的各项费用，如发行股票、债券支付的印刷费用，以及发行手续费用、宣传广告费用、律师费用、资信评估费、公证费、担保费等。

2. 用资费用：指公司占用资本所支付的费用，如向股东支付的股利，向债权人支付的利息等，这是资本成本的主要内容。

3. 固定成本：指在一定时期和一定业务量范围内，其总额不受业务量增减变动的影响而固定不变的成本。

4. 变动成本：指其总额同业务量的总量成同比例增减变动的成本，如直接材料、直接人工等。而产品单位成本中的变动成本是保持不变的。

5. 经营杠杆：由于存在固定生产成本而造成的息税前利润变动率大于销售额变动率的现象，叫经营杠杆或营业杠杆。

6. 财务杠杆：由于固定利息费用和优先股股利的存在，使普通股每股收益的变动幅度大于息税前利润变动幅度的现象，叫财务杠杆。

7. 联合杠杆系数：是普通股每股收益变动率相当于销售额变动率的倍数。

8. 比较资本成本法：指在一定的财务风险条件下，测算可供选择的不同长期筹资组合方案的加权平均资本成本，并以此为依据确定最优资本结构。

9. 公司价值分析法：在考虑财务风险的基础上，根据资本结构、资本成本和公司价值之间的关系，确定最佳资本结构的一种方法。

10. 财务拮据：指公司在履行偿债义务方面遇到极大困难，甚至无法履行债务的状况。公司财务拮据状况如果处理得好，能度过危机，避免破产；如果处理得不好，则可能无法走出困境，导致公司破产。

四、案例分析题

案例一：

已知，某公司 2015 年 12 月 31 日的长期负债及所有者权益总额为 18 000 万元，其中，发行在外的普通股 8 000 万股（每股面值 1 元），公司债券 2 000 万元，按面值发行，票面年利率为 8%，每年年末付息，3 年后到期。资本公积 4 000 万元，其余均为留存收益。

2016 年 1 月 1 日该公司拟投资一个新建设项目，需要追加筹资 2 000 万元，现有 A、B 两个筹资方案。A 方案为发行普通股，预计每股发行价格为 5 元；B 方案为按面值发行票面年利率为 8% 的公司债券（每年年末付息）。假定该建设项目投产后，2016 年度公司可实现息税前盈余 4 000 万元。所得税税率为 33%。

要求：（1）计算 A 方案的下列指标。

① 增发普通股的股份数。

② 2016 年全年债券利息。

(2) 计算 B 方案 2016 年全年债券利息。

(3) 计算 A、B 两个方案的每股盈余无差别点,为该公司做出筹资决策。

答案要点 (1) 计算 A 方案的下列指标。

①增发普通股的股数 = 2 000/5 = 400(万股)

②2016 年公司的全年债券利息 = 2 000 × 8% = 160(万元)

(2) 计算 B 方案 2016 年全年债券利息。

B 方案 2016 年全年债券利息 = 2 000 × 8% + 2 000 × 8% = 320(万元)

(3) 计算每股盈余无差别点。

①计算 A、B 两个方案每股盈余无差别点:

假定每股盈余无差别点的息税前盈余为 $EBIT$,则 $(EBIT - 160) \times (1 - 33\%)/8\,400 = (EBIT - 320) \times (1 - 33\%)/8\,000$,解得 $EBIT = 3\,520$(万元)。

②由于 2016 年度该企业可实现息税前盈余 4 000 万元,大于每股盈余无差别点 3 520 万元,A 方案的每股盈余 = (4 000 - 160) × (1 - 33%)/8 400 = 0.306(元/股);B 方案的每股盈余 = (4 000 - 320) × (1 - 33%)/8 000 = 0.308 2(元/股)。由于发行债券筹资的每股盈余大,所以该企业应该发行债券。

案例二:

已知某公司当前的资金结构如表 4-5-1 所示。

表 4-5-1 某公司当前的资金结构表

筹资方式	金额(万元)
长期债券(年利率 8%)	1 000
普通股(4 500 万股)	4 500
留存收益	2 000
合计	7 500

因生产发展需要,公司年初准备增加资金 2 500 万元,现有两个筹资方案可供选择:甲方案为增加发行 1 000 万股普通股,每股市价 2.5 元;乙方案为按面值发行每年年末付息,票面利率为 10% 的公司债券 2 500 万元。假定股票与债券的发行费用均可忽略不计,适用所得税税率为 33%。

要求:(1) 计算两种筹资方案下每股盈余无差别点的息税前盈余。

(2) 计算处于每股盈余无差别点时乙方案的财务杠杆系数。

(3) 如果公司预计息税前盈余为 1 200 万元,指出该公司应采用的筹资方案。

(4) 如果公司预计息税前盈余为 1 600 万元,指出该公司应采用的筹资方案。

答案要点 (1) 计算两种筹资方案下每股盈余无差别点的息税前盈余:

假定每股盈余无差别点的息税前盈余为 $EBIT$,则甲方案增发普通股 1 000 万股,增发后的普通股股数为 5 500 万股,在甲方案下公司的全年债券利息 = 1 000 × 8% = 80(万元);在乙方案下公司的全年债券利息 = 1 000 × 8% + 2 500 × 10% = 330(万元)。

盈余无差别点的息税前盈余：

$(EBIT-80)\times(1-33\%)/5\,500=(EBIT-330)\times(1-33\%)/4\,500$

解得 $EBIT=1\,455$（万元）

（2）处于每股盈余无差别点时，乙方案的财务杠杆系数 $=1\,455/(1\,455-330)=1.29$。

（3）由于每股无差别点的息税前盈余为 1 455 万元，而预计的息税前盈余是 1 200 万元，则甲方案的每股盈余 $=(1\,200-80)\times(1-33\%)/5\,500=0.136\,4$（元）；乙方案的每股盈余 $=(1\,200-330)\times(1-33\%)/4\,500=0.129\,5$（元）。所以企业应该采用权益筹资，即采用甲方案。

（4）由于每股无差别点的息税前盈余为 1 455 万元，而预计的息税前盈余是 1 600 万元，则甲方案的每股盈余 $=(1\,600-80)\times(1-33\%)/5\,500=0.185\,2$（元）；乙方案的每股盈余 $=(1\,600-330)\times(1-33\%)/4\,500=0.189$（元）。所以企业应该采用负债筹资，即采用乙方案。

案例三：

甲公司年销售额为 2 000 万元，变动成本率为 60%，息税前盈余为 600 万元，全部资本 800 万元，负债比率为 50%，负债平均利率为 12%。

要求：计算甲公司的经营杠杆系数、财务杠杆系数、联合杠杆系数。

答案要点 甲公司的变动成本总额 $=2\,000\times60\%=1\,200$（万元）

甲公司的负债总额 $=800\times50\%=400$（万元）

甲公司的年负债利息额 $=400\times12\%=48$（万元）

经营杠杆系数 = 基期边际贡献/基期息税前盈余 $=(2\,000-1\,200)/600=1.33$

财务杠杆系数 = 息税前盈余/（息税前盈余 − 利息）$=600/(600-48)=1.09$

联合杠杆系数 = 经营杠杆系数 × 财务杠杆系数 $=1.33\times1.09=1.45$

案例四：

已知基年销售额 800 万元，总变动成本 400 万元，总固定成本 150 万元。总资金 1 000 万元，其中资产负债率 50%，负债利率 10%。

计算：（1）经营杠杆系数、财务杠杆系数、联合杠杆系数。

（2）说明杠杆与企业风险的关系。

答案要点（1）经营杠杆系数 = 基期边际贡献/基期息税前盈余 $=(800-400)/(800-400-150)=1.6$

财务杠杆系数 = 息税前盈余/[息税前盈余 − 利息 − 优先股股利/(1 − 所得税税率)] $=(800-400-150)/[(800-400-150)-1\,000\times50\%\times10\%-0]=1.25$

联合杠杆系数 = 经营杠杆系数 × 财务杠杆系数 $=1.6\times1.25=2$

（2）说明杠杆与企业风险的关系。

由于企业客观存在着固定财务费用，使企业存在财务杠杆，在企业息税前盈余大幅波动时，财务杠杆效应会使税后每股盈余有更大幅度的波动，财务杠杆系数越大，财务风险越大。

在企业里会同时存在固定成本和固定财务费用,这会导致税后每股盈余的变动大于产销量变动的杠杆效应,即联合杠杆、经营杠杆和财务杠杆的协同作用会成倍放大企业承包的风险,上述计算所得出的数据就说明了这个问题。单独看经营杠杆系数和财务杠杆系数都不是很大,但联合杠杆系数却说明税后每股盈余的变动是产销量变动的2倍,若在市场环境不好时,产销量有较小幅度的下降,就会使企业承受较大的风险。

案例五:

某公司2015年年初的负债与股东权益总额为9 000万元,其中,公司债券1 000万元(按面值发行,票面年利率为8%,每年年末付息,3年到期);普通股股本4 000万元(面值1元,4 000万股);资本公积2 000万元;留存收益2 000万元。2015年该公司为扩大生产规模筹集资金1 000万元,现有以下两个筹资方案可供选择:方案一,增加发行普通股200万股,预计每股发行价格为5元;方案二,增加发行同类公司债券,按面值发行,票面年利率为8%,每年年末付息,3年到期。预计2015年该公司可实现息税前盈余2 000万元,企业所得税税率为33%。

要求:计算每股盈余无差别点处的息税前盈余,并据此确定该公司应当采用哪种筹资方案?

▶答案要点 假设每股盈余无差别点处的息税前盈余为 $EBIT$:

方案一,在增加发行普通股200万股的情况下:

债券利息 = 1 000 × 8% = 80(万元)

普通股股数 = 4 000 + 200 = 4 200(万股)

方案二,在增加发行同类公司债券的情况下:

债券利息 = (1 000 + 1 000) × 8% = 160(万元)

普通股股数 = 4 000(万股)

每股盈余无差别点处的息税前盈余:

$[(EBIT - 80) \times (1 - 33\%) - 0]/4\,200 = [(EBIT - 160) \times (1 - 33\%) - 0]/4\,000$

解得 $EBIT = 1\,760$(万元)

预计2015年该公司可实现息税前盈余2 000万元,方案一的每股盈余 = [(2 000 - 80) × (1 - 33%) - 0]/4 200 = 0.306(元/股);方案二的每股盈余 = [(2 000 - 160) × (1 - 33%) - 0]/4 000 = 0.308 2(元/股)。因为方案二的每股盈余比方案一的多,所以应该选择方案二。

案例六:

某公司现有普通股100万股,每股面额10元,股本总额为1 000万元,公司债券为600万元(总面值为600万元,票面利率为12%,3年期限)。2016年该公司拟扩大经营规模,需增加筹资750万元,现有两种备选方案可供选择:甲方案是增加每股面值为10元的普通股50万股,每股发行价格为15元,筹资总额为750万元;乙方案是按面值发行公司债券750万元,新发行公司债券年利率为12%,3年期限,每次付息一次。股票和债券的发行费用均忽略不计。公司的所得税税率为30%。该公司采用固定股利政策,每年每股股利为3元。2016年该公司预期息税前盈余为400万元。

要求:

(1) 计算公司发行新的普通股的资本成本。

(2) 计算公司发行债券的资本成本。

(3) 计算两种筹资方式的每股盈余无差异点时的息税前盈余,判断该公司应当选择哪种筹资方案?

答案要点 (1) 计算公司发行新的普通股的资本成本。

普通股的资本成本 = 固定股利/普通股金额 = 3/15 = 20%

(2) 计算公司发行债券的资本成本。

债券的资本成本 = [债券面值 × 票面利率 × (1 - 所得税税率)]/债券面值
= [750 × 12% × (1 - 30%)]/750
= 8.4%

(3) 计算两种筹资方式的每股盈余无差异点时的息税前盈余。

甲方案:总股数 = 100 + 50 = 150 (万股)

股票发行利息 = 600 × 12% = 72 (万元)

乙方案:总股数为100万股

债券发行利息 = (600 + 750) × 12% = 162 (万元)

$(EBIT - 72) \times (1 - 30\%)/150 = (EBIT - 162) \times (1 - 30\%)/100$

解得 $EBIT = 342$ (万元)

甲方案每股盈余 = [400 - 72 - (400 - 72) × 30%]/150 = 1.53

乙方案每股盈余 = [400 - 162 - (400 - 162) × 30%]/100 = 1.67

由以上计算结果可以看出,当 EBIT 为400万元时,普通股融资的 EPS 为1.53;采用债券融资的 EPS 为1.67,故采用债券融资比较有利。

第六章 企业投资决策

✓ 大纲重点、难点提示

1. 企业投资的意义
2. 企业投资的分类
3. 企业投资管理的基本原则
4. 投资决策指标：现金流量、非贴现现金流量指标（投资回收期、平均报酬率）、贴现现金流量指标（净现值、内部报酬率、利润指数）
5. 投资决策指标的比较
6. 风险投资决策
   按风险调整贴现率法、按风险调整现金流量法。

✓ 大纲习题解答

一、单项选择题

1. 下列各项中，各类项目投资都会发生的现金流出是（　　）。
   A. 建设投资　　　B. 固定资产投资　　C. 无形资产投资　　D. 流动资金投资
2. 在下列评价指标中，属于非贴现现金流量正指标的是（　　）。
   A. 投资回收期　　B. 平均报酬率　　C. 内部报酬率　　D. 净现值
3. 一般地，流动资金回收发生于（　　）。
   A. 建设起点　　　　　　　　　B. 投产时点
   C. 项目终结点　　　　　　　　D. 经营期的任一时点
4. 某投资项目在建设初期一次投入资金 500 万元，建设期为 0，利润指数为 1.5，则该项目净现值为（　　）万元。
   A. 150　　　　　B. 250　　　　　C. 100　　　　　D. 200
5. 某投资项目的年营业收入为 1 000 万元，年总成本为 550 万元，其中折旧为 50 万元，所得税税率为 25%，则该项目每年的经营现金净流量为（　　）万元。
   A. 4 000　　　　B. 450　　　　　C. 550　　　　　D. 387.5
6. 某投资方案初时投资为 20 万元，前 4 年的现金净流量分别为 3 万元、7 万元、8 万元、10 万元，则该投资方案的回收期为（　　）。
   A. 3 年　　　　　B. 3.1 年　　　　C. 3.2 年　　　　D. 4 年
7. 按投资与企业生产经营的关系，投资可分为（　　）。
   A. 直接投资和间接投资　　　　　B. 长期投资和短期投资
   C. 对内投资和对外投资　　　　　D. 初创投资和后续投资

8. 甲投资方案每年的 NCF 不相等，计算其内部报酬率时，先按 10% 的贴现率测算，其净现值大于 0，那么，第二次测算时，采用的贴现率应（   ）。
   A. 不变   B. 提高   C. 降低   D. 无法确定
9. 下列哪个长期投资决策指标不考虑时间价值？（   ）
   A. 净现值   B. 现值指数   C. 内部报酬率   D. 投资回收期

◆ 参考答案： 1. B　解析：各类项目投资都会发生的现金流出是固定资产投资，而建设投资包括固定资产投资、无形资产投资。

2. B　解析：正指标越大越好。投资回收期虽然是一个非贴现现金流量的指标，但它却是越小越好，是一个反指标。内部报酬率和净现值都是贴现现金流量的正指标。

3. C　解析：流动资金回收发生在项目终结点，流动资金垫支发生于初始投资期。

4. B　解析：利润指数 = 各年现金净流量/500 = 1.5；各年现金净流量 = 500×1.5 = 750（万元）；净现值 = 750 − 500 = 250（万元）。

5. D　解析：每年的经营现金净流量 = (1 000 − 550)×(1 − 25%) + 50 = 387.5（万元）。

6. C　解析：某投资方案现金流量如表 4-6-1 所示。

表 4-6-1　某投资方案现金流量

时间（年）	每年净现金流量（万元）	年末尚未收回的投资额（万元）
1	3	17
2	7	10
3	8	2
4	10	

该投资方案的回收期 = 3 + 2/10 = 3.2（年）

7. A　解析：按投资与企业生产经营的关系，投资可分为直接投资和间接投资两种，直接投资是把资金投放于生产经营性产业，以便获取利润的投资。

8. B　解析：在计算内部报酬率时，如果计算出的净现值为正数，则表示预估的贴现率小于该项目的实际内部报酬率，应提高贴现率，再进行测算。如果计算出的净现值为负数，则表示预估的贴现率大于该方案的实际内部报酬率，应降低贴现率，再进行测算。

9. D　解析：不考虑时间价值的各种指标包括投资回收期、平均报酬率。考虑时间价值的各种指标包括净现值、内部报酬率、利润指数。

二、多项选择题

1. 在投资决策分析中，使用的贴现现金流量指标是（   ）。
   A. 净现值   B. 利润指数   C. 投资回收期   D. 内部报酬率
   E. 调整贴现率
2. 下列各项中属于初始现金流量的是（   ）。

A. 固定资产上的投资 　　　　B. 流动资产上的投资
C. 其他投资费用 　　　　　　D. 资本利息
E. 公共关系投资

3. 根据投资的方向，投资可分为（　　）。
A. 直接投资　　B. 间接投资　　C. 对内投资　　D. 对外投资
E. 国际投资

4. 下列说法正确的有（　　）。
A. NPV 大于 0，项目可行 　　　　B. PI 大于 1，项目可行
C. IRR 大于期望收益率，项目可行　　D. PP 小于设定的回收期，项目可行
E. 某种股票的 β 系数大于 1，则说明其风险大于市场的平均风险

参考答案　1. ABD　2. ABCD　3. CD　4. ABCDE

三、名词解释

1. 企业投资：指企业投入财力，以期望在未来获取收益的一种行为。在市场经济条件下，企业能否把筹集到的资金投放到收益高、回收快、风险小的项目上去，对企业的生存和发展是十分重要的。

2. 投资决策指标：一种评价投资方案是否可行或孰优孰劣的标准。投资决策指标很多，但可以概括为贴现现金流量指标和非贴现现金流量指标。

3. 现金流量：指与投资决策有关的现金流入、流出的数量。

4. 营业现金流量：指投资项目投入使用后，在其寿命周期内由于生产经营所带来的现金流入和流出的数量。

5. 投资回收期：指回收初始投资所需要的时间，一般以年为单位，是一种运用很久、很广的投资决策指标。

6. 平均报酬率：指投资项目寿命周期内平均的年投资报酬率，也称平均投资报酬率。

7. 净现值：指项目投入使用后的净现金流量，按资本成本或企业要达到的报酬率折算为现值，减去初始投资以后的余额。

8. 内部报酬率：又称内含报酬率，是使投资项目的净现值等于零的贴现率。

9. 利润指标：又称现值指数，是投资项目未来报酬的总现值与初始投资额的现值之比。

10. 确定当量法：指把不确定的各年现金流量，按照一定的系数折算为大约相当于确定的现金流量的数量，然后利用无风险贴现率来评价风险投资项目的决策分析方法。

四、简答题

1. 简述投资决策中使用现金流量的原因。

答案要点　传统的财务会计按债权发生制计算企业的收入和成本，并以收入减去成本后的利润作为收益，用来评价企业的经济效益。在长期投资决策中则不能以这种方法计算的收入和支出作为评价项目经济效益高低的基础，而应以现金流入作为项目的收入，以现金流出作为项目的支出，以净现金流量作为项目的净收益，并在此基础上评价投资项目的经济效益。投资决策之所以要以按收付实现制计算的现金流量作

为评价项目经济效益的基础,主要原因:①采用现金流量有利于科学地考虑时间价值因素。②采用现金流量才能使投资决策更符合客观实际情况。

2. 简述投资决策中现金流量的构成。

答案要点 现金流量是指与投资决策有关的现金流入、流出的数量。

(1) 现金流量的构成:开始投资时发生的现金流量,一般包括固定资产上的投资、流动资产上的投资、其他投资费用及原有固定资产的变价收入。

(2) 营业现金流量,每年净现金流量(NCF) = 每年营业收入 – 付现成本 – 所得税,或每年净现金流量(NCF) = 净利 + 折旧。

(3) 终结现金流量,是指投资项目完结时所发生的现金流量,包括固定资产的残值收入或变动收入,原有垫支在各种流动资产上的资金的收回,停止使用的土地的变价收入等。

3. 简述净现值法、内部报酬率法、利润指数法的区别。

答案要点 一般来说,企业在投资决策中计算贴现现金流量时使用的指标有净现值、内部报酬率、利润指数。

(1) 投资项目投入使用后的净现金流量,按资本成本或企业要求达到的报酬率折算为现值,减去初始投资以后的余额,叫净现值(用 NPV 表示)。净现值法的决策规则是,在只有一个备选方案的采纳与否决策中,净现值为正则采纳,净现值为负则不采纳。在有多个备选方案的互斥选择决策中,应选用净现值是正值中的最大者。净现值法的优点:考虑了货币的时间价值,能够反映各种投资方案的净收益,是一种较好的方法。净现值法的缺点:净现值法并不能揭示各个投资方案本身可能达到的实际报酬率是多少。

(2) 内部报酬率又称内含报酬率(用 IRR 表示),是使投资项目的净现值等于零的贴现率。

内部报酬率实际上反映了投资项目的真实报酬,目前越来越多的企业使用该项指标对投资项目进行评价。采用内部报酬率法的决策规则是,在只有一个备选方案的采纳与否决策中,如果计算出的内部报酬率大于或等于企业的资本成本或必要报酬率,就采纳;反之,就拒绝。在有多个备选方案的互斥选择决策中,选用内部报酬率超过资本成本或必要报酬率最多的投资项目。内部报酬率法考虑了资金的时间价值,反映了投资项目的真实报酬率,概念也易于理解。但这种方法的计算过程比较复杂。特别是针对每年 NCF 不相等的投资项目,一般要经过多次测算才能算出。

(3) 利润指数又称现值指数(用 PI 表示),是投资项目未来报酬的总现值与初始投资额的现值之比。利润指数法的决策规则是,在只有一个备选方案的采纳与否决策中,利润指数大于或等于1,就采纳;反之,就拒绝。在有多个方案的互斥选择决策中,应采用利润指数超过1最多的投资项目。利润指数法的优点:考虑了资金的时间价值,能够真实地反映投资项目的盈亏程度;因为利润指数是用相对数来表示的,所以它有利于在初始投资额不同的投资方案之间进行对比。利润指数法的缺点:利润指数这一概念不便于理解。

五、案例分析题

案例一：

当代公司准备购入一条矿泉水生产线用以扩充生产能力，该项生产线需要投资100万元，使用寿命5年，期满无残值。经预测，5年中每年销售收入为60万元，每年的付现成本为20万元。购入生产线的资金来源通过发行长期债券筹集，债券按面值发行，票面利率为12%，筹资费率1%，企业所得税税率为34%。当代公司年金现值系数如表4-6-2所示。

表4-6-2 当代公司年金现值系数表

利息率/%	5	6	7	8	9
年金现值系数	4.329	4.212	4.100	3.993	3.890

要求：计算当代公司投资该生产线的净现值，并分析该方案是否可行。

答案要点 计算净现值应该先求出现金净流量和资本成本：

长期债券的资本成本 = [12% × (1 − 34%)] / (1 − 1%) = 8%

投资项目的年折旧额 = 100/5 = 20（万元）

每年现金净流量 = (60 − 20 − 20) × (1 − 34%) + 20 = 33.2（万元）

净现值 = 33.2 × $PVIFA_{8\%,5}$ − 100 = 32.567 6（万元）

该方案的净现值大于0，说明该方案是可行的。

案例二：

现有A、B两个投资方案备选，预计现金净流量如表4-6-3所示。

表4-6-3 A、B两个投资方案预计现金净流量表

T	0	1	2	3	4	5
A方案现金净流量/元	−20 000	8 000	7 000	6 000	5 000	4 000
B方案现金净流量/元	−10 000	−10 000	6 600	6 600	6 600	6 600
复利现值系数	1.000	0.909	0.826	0.751	0.683	0.621
年金现值系数	1.000	0.909	1.736	2.487	3.170	3.791

要求：(1) 分别计算A、B两个方案的净现值，并据此选择最佳方案。

(2) 分别计算A、B两个方案的现值指数并据此选择最佳方案。（结果保留两位小数）

答案要点 (1) A方案的净现值 = 8 000 × 0.909 + 7 000 × 0.826 + 6 000 × 0.751 + 5 000 × 0.683 + 4 000 × 0.621 − 20 000 = 3 459（元）

B方案的净现值 = 6 600 × 0.826 + 6 600 × 0.751 + 6 600 × 0.683 + 6 600 × 0.621 − 10 000 − 10 000 × 0.909 = −75.4（元）

A方案的净现值大于0，B方案的净现值小于0，应该选择A方案。

(2) A方案的现值指数 = (8 000 × 0.909 + 7 000 × 0.826 + 6 000 × 0.751 + 5 000 × 0.683 + 4 000 × 0.621) / 20 000 = 1.17

B方案的现值指数 = (6 600 × 0.826 + 6 600 × 0.751 + 6 600 × 0.683 + 6 600 × 0.621) /

(10 000 + 10 000 × 0.909) = 0.996

A方案的现值指数大于1，B方案的现值指数小于1，所以应该选择A方案。

案例三：

海特公司是一个体育用品制造商。2015年海特公司对家庭健身器材市场进行调查。市场调查结果显示，健身设备A有广阔的市场前景。经预测分析，生产和销售设备A的有关资料如下：

生产设备A，需要新增固定资产投资额为630万元，固定资产投资无建设期。预计设备A的产品生命周期为6年，6年后固定资产的预计净残值为30万元。6年中，生产销售设备A，每年可为公司新增销售收入500万元，新增付现成本300万元。

海特公司的资本成本为10%，企业所得税税率为40%。固定资产采用直线法计提折旧。

计算有关的系数如表4-6-4所示。

表4-6-4 6年期的复利现值系数和年金现值系数表

利率/%	10	14	15	16	17
复利现值系数	0.564	0.456	0.432	0.410	0.390
年金现值系数	4.355	3.889	3.784	3.685	3.589

要求：计算生产设备A的投资方案的净现值，并确定该投资方案是否可行？（计算结果精确到小数点后两位）

答案要点 A设备年折旧=(固定资产投资额-预计净残值)/折旧年限=(630-30)/6=100（万元）

净现值=[(销售收入-付现成本-折旧)×(1-所得税税率)+折旧]×年金现值系数+预计净残值×复利现值系数-固定资产初始投资额=[(500-300-100)×(1-40%)+100]×$PVIFA_{10\%,6}$+30×$PVIF_{10\%,6}$-630=83.72（万元）

通过以上计算，我们得出该设备的净现值大于0，所以该方案可行。

案例四：

假设某公司计划购置一个铜矿，需要投资600 000元。该公司购置铜矿以后，需要购置运输设备将矿石运送到冶炼厂。公司在购置运输设备时有两种方案：投资方案甲是投资400 000元购买卡车，而投资方案乙是投资4 400 000元安装一条矿石运送线。如果该公司采用投资方案甲，卡车的燃料费、人工费和其他费用将会高于运送线的经营费用；假设该投资项目的使用期为1年，1年以后，铜矿的矿石将会耗竭。同时，假设投资方案甲的预期税后净利为1 280 000元，投资方案乙的预期税后净利为6 000 000元。假设投资方案甲和投资方案乙的资本成本均为10%且比较稳定。

要求：分别计算两个项目的净现值和内部报酬率。

答案要点 两个方案的净现值：

$NPV_甲$ = -1 000 000 + 1 280 000 × $PVIF_{10\%,1}$ = 163 636（元）

$NPV_乙$ = -5 000 000 + 6 000 000 × $PVIF_{10\%,1}$ = 454 545（元）

两个方案的内部报酬率：

投资方案甲的内部报酬率（$IRR_甲$）为：

$1\,280\,000/(1+r) - 1\,000\,000 = 0$

$1\,280\,000/(1+r) = 1\,000\,000$

$1 + r = 1.28$

$IRR_甲 = 1.28 - 1 = 28\%$

投资方案乙的内部报酬率（$IRR_乙$）为：

$6\,000\,000/(1+r) - 5\,000\,000 = 0$

$6\,000\,000/(1+r) = 5\,000\,000$

$1 + r = 1.20$

$IRR_乙 = 1.2 - 1 = 20\%$

案例五：

企业原来的资金结构及资本成本如下：普通股总额为 2 000 万元，资本成本 15%；长期债券 3 000 万元，资本成本为 8%。该公司准备向银行借款 1 000 万元购买一项固定资产，已知借款利率为 5%，每年复利一次。不考虑银行借款的筹资费用。预计该资产投产后每年可为企业增加息前税后利润为 100 万元。该设备可使用 5 年，按直线法计提折旧，期满无残值。由于企业的财务风险加大，公司普通股市价降为 10 元，当年每股股利为 0.8 元，预计普通股股利以后每年增长 2%。已知，企业要求的必要报酬率为 6%，公司的所得税税率为 25%。（$PVA_{6\%,5} = 4.2124$）

根据上述资料，回答下列问题：

（1）该公司新增银行借款后的综合资本成本。

（2）该投资项目的净现值。

（3）假设企业另一投资项目的内部报酬率为 10%，该项目的内部报酬率为 8%，则企业应该怎样选择？

答案要点　（1）新增银行借款的资本成本 = 银行借款总额 × 借款利率 ×（1 - 所得税税率）/银行借款总额 = [1 000 × 0.5 ×（1 - 25%）]/1 000 = 3.75%

普通股的资本成本 =（每股股利/普通股市价）+ 普通股增长率

$\qquad\qquad\quad = (0.8/10) + 2\% = 10\%$

企业共有资金总额 = 普通股总额 + 长期债券 + 银行借款 = 2 000 + 3 000 + 1 000 = 6 000（万元）

综合资本成本 = 2 000 × 10%/6 000 + 3 000 × 8%/6 000 + 1 000 × 3.75%/6 000 = 7.96%

（2）现金净流量 = 100 + 1 000/5 = 300（万元）

净现值 = 现金净流量 × 年金现值系数 - 初始投资 = 300 × 4.2124 - 1 000 = 263.72（万元）

（3）尽管本项目的内部报酬率 8% 大于企业要求的必要报酬率 6%，是可行的。但是在多个项目中，应该选择内部报酬率最大的投资方案，所以企业应该选择另外一个投资项目。

第七章 股利分配决策

 大纲重点、难点提示

1. 股利分配
公司契约中的股东、公司税后利润分配程序、股利发放程序。
2. 股利政策
剩余股利政策、固定股利政策、变动股利政策、低正常股利加额外股利政策。
3. 股利政策影响因素
4. 股利支付方式
现金股利、股票股利、股票分割、股票回购。

 大纲习题解答

一、多项选择题

1. 在分配方案中，包括（   ）的重要信息。
   A. 股利金额　　B. 股权登记日　　C. 除息日　　D. 股利发放日
   E. 股票交割

2. 股份有限公司常用的并为广大投资者所认可的股利分配政策主要有（   ）。
   A. 剩余股利政策　　　　　　B. 固定股利
   C. 稳定增长的股利政策　　　D. 固定股利支付率股利政策
   E. 低正常股利加额外股利政策

3. 影响股利分配政策的公司因素主要有（   ）。
   A. 公司的投资机会　　　　　B. 公司的资本成本
   C. 公司的现金流量　　　　　D. 公司所处的生命周期
   E. 股权结构的影响

4. 在股利分配方面，需要考虑股东的因素有（   ）。
   A. 防止公司的控制权被稀释　B. 避税因素
   C. 稳定收入考虑　　　　　　D. 风险因素
   E. 股票的持有量

5. 下列项目中不可用于转增资本的有（   ）。
   A. 公益金　　B. 未分配利润　　C. 法定盈余公积　　D. 任意盈余公积
   E. 资本公积

6. 股利分配的方式一般包括（   ）。
   A. 现金股利　　B. 股票股利　　C. 股票分割　　D. 股票回购
   E. 权益股利

7. 营业外收入包括（　　）。
    A. 固定资产盘盈净收入　　　　　B. 出售固定资产净收益
    C. 无法支付的应付款　　　　　　D. 投资股票分得的股利收入
    E. 投资债券取得的利息收入
8. 我国股份制企业可采用的股利分配方式包括（　　）。
    A. 纯现金股利　　B. 纯股票股利　　C. 财产股利　　D. 负债股利
    E. 部分股票部分现金

参考答案 　1. ABCD　2. ABCDE　3. ABCDE　4. ABCD　5. BCD　6. ABCD
　7. ABC　8. ABE

二、名词解释

1. 最优股利政策：指可以在当期股利和未来增长之间取得平衡，使公司股票价格最大化的股利政策。

2. 剩余股利政策：指在保证公司最佳资本结构的前提下，税后利润首先用来满足公司投资的需求，有剩余时才用于股利分配的股利政策。

3. "一鸟在手"理论：由于大部分股东都是风险回避者，他们宁愿要相对可靠的股利收益，也不愿要未来不确定的资本利得，这种理论叫"一鸟在手"理论。

4. 税收差别理论：在通常情况下，股利收益的所得税税率高于资本利得的所得税税率，这样，资本利得对于股东更为有利。

5. 代理成本说：公司发放现金股利需要在资本市场上筹集资金，所以高股利支付率可以迫使公司接受资本市场的监督，从而在一定程度上降低代理成本。

三、简答题

1. 简述企业股利支付方式。

答案要点　股利支付方式有现金股利、股票股利、股票分割、股票回购。

(1) 现金股利是以现金的形式发放给股东的股利。现金股利是最常见的股利形式，需要公司有大量的现金。

(2) 股票股利是指公司将应分给股东的股利以股票的形式发放。与现金股利不同，股票股利不会导致公司现金的真正流出。从会计的角度看，股票股利只是资金在股东权益账户之间的转移，公司无须付出现金。股票股利只不过是将资金从未分配利润或盈余公积金账户转移到普通股账户上，它并未改变股东权益总额，也不会改变每位股东的持股比例。股票股利对于股东而言，并没有改变公司股东的持股比例，只是增加了股东所拥有的股票数量。但由于发放股票股利后公司的股票价格下降，因此，股东在股利分配前后持股总价值不变。股票股利的缺陷在于：由于股票股利增加了公司的股本规模，因此股票股利的发放将为公司后续现金股利的发放带来较大的财务负担。

(3) 股票分割是指将面额较高的股票分割为面额较低的股票的行为。股票分割可以将原来的一股股票分割为若干股新的股票。就会计而言，股票分割对公司的权益资本账户不产生任何影响，但会使公司股票面值降低、股票数量增加。由于股票分割会导致公司股本规模扩大,因此,如果公司的市盈率不变,股票分割后股票的价格也将会下降。

(4) 股票回购是指公司出资购回公司本身所发行的流通在外的股票。如果公司有现金,既可以采取现金股利的方式发放给股东,也可以采用股票回购的方式回报股东。在公司进行股票回购时,由于市场上流通的股票数量将减少,在公司总利润不变的情况下,公司流通在外的股票的每股收益将会有所提高,从而导致股价上涨,股东可以从股票价格的上涨中获得资本利得。所以,股票回购实际上可以看作现金股利的一种替代方式。

2. 简述股利政策的影响因素。

答案要点 (1) 公司的投资机会是影响公司股利政策的一个非常重要的因素。在公司有良好的投资机会时,公司就应当考虑少发放现金股利,增加留存利润,用于再投资,这样可以加速公司的发展,增加公司未来的盈利能力。在公司没有良好的投资机会时,可以多发放现金股利。

(2) 公司的资本成本是公司选择筹资方式的基本依据。留用利润是公司内部筹资的一种重要方式,它同发行新股票或举借债务相比,具有成本低的优点。因此,在制定股利政策时,应充分考虑资本成本的影响。

(3) 公司的现金流量。公司在经营活动中,必须有充足的现金,否则就会发生支付困难。公司在发放现金股利时,必须考虑到现金流量以及资产的流动性,过多地发放现金股利会减少公司的现金持有量,影响未来的支付能力。

(4) 公司所处的生命周期。公司理所当然地应该采用最符合其当前所处生命周期阶段的股利政策。一般来说,处于快速成长期的公司有着较多的投资机会,通常不会发放很多股利。这是因为公司需要大量的现金流量来扩大公司规模,公司不愿意用其大量盈余来向股东发放股利。而在公司的成熟期,公司一般会发放较多股利。

(5) 行业因素影响。不同行业的股利支付比率存在系统性差异。其原因在于:投资机会在行业内是相似的,而在不同行业之间则存在差异。

(6) 股权结构的影响。股利政策必须经过股东大会决议通过才能实施,而不同的股东对现金股利和资本利得的偏好不同,因此股权结构对公司股利政策具有重要的影响。如果公司股东中依赖于公司股利维持生活的股东或可以享受股利收入减免税的机构股东较多,则他们倾向于公司多发放现金股利,反对公司保留过多的留存利润;如果公司股东中边际收入税率很高的高收入阶层较多,则高收入阶层的股东为了避税,往往反对公司发放过多的现金股利;如果公司股权集中,对公司有一定控制权的大股东出于对公司控制权可能被稀释的担心,往往倾向于公司少发放现金股利,多留存利润。

(7) 其他因素的影响。其他因素包括法律因素和契约性约束等。法律因素是指有关法律、法规对公司股利分配的限制,如我国的《公司法》《证券法》规定:不能用筹集的经营资本发放股利,公司必须在保证公司偿债能力的基础上才能发放股利等。契约性约束是指当公司以长期借款、债券契约、优先股协议以及租赁合约的形式向公司外部筹资时，常常应对方的要求，接受一些关于股利支付的限制。

3. 简述四种最主要的股利分配政策。

▶ **答案要点** （1）剩余股利政策就是在保证公司最佳资本结构的前提下，税后利润首先用来满足公司投资的需求，有剩余时才用于股利分配的股利政策。当公司有较好的投资机会时，可以少分配甚至不分配股利，而将税后利润用于公司再投资。这是一种投资优先的股利政策。

（2）固定股利或稳定增长的股利政策是指每年发放固定的股利或者每年增加固定数量的股利。在实务中，很多公司都将每年发放的每股股利额固定在某一特定水平上，然后在一段时间内维持不变，只有当公司认为未来盈利的增加足以使它能够将股利维持到一个更高的水平时，公司才会提高每股股利的发放额。

（3）固定股利支付率股利政策是指每年从净利润中按固定的股利支付率发放股利。这是一种变动的股利政策，其要点是确定一个股利占盈余的比例，并长期执行。采用这种股利政策的管理人员认为，只有维持固定的股利支付率，才算真正公平地对待每一位股东。这种股利政策使公司的股利支付与公司的盈利状况密切相关，盈利状况好，则每股股利额就增加；盈利状况不好，则每股股利额就下降。这种股利政策不会给公司造成很大的财务负担，但是，其股利变动较大，容易使股票价格产生较大波动，不利于树立良好的公司形象。

（4）低正常股利加额外股利政策是指每期都支付稳定的但相对较低的股利额，当公司盈利较多时，再根据实际情况发放额外股利。这种股利政策具有较大的灵活性，在公司盈利较少或投资需要较多资金时，这种股利政策可以只支付较低的正常股利，这样既不会给公司造成较大的财务压力，又能保证股东定期得到一笔固定的股利收入；在公司盈利较多并且不需要较多投资资金时，可以向股东发放额外的股利。这种股利政策一般适用于季节性经营公司或受经济周期影响较大的公司。

4. 简述股票分割及其动机。

▶ **答案要点** 股票分割是指将面额较高的股票分割为面额较低的股票行为。股票分割对公司的权益资本账户不产生任何影响，但会使公司股票面值降低、股票数量增加。

实行股票分割的动机：第一，增强股票的流动性；第二，为发行新股做准备。

5. 简述股票回购及其动机。

▶ **答案要点** 股票回购是指公司出资购回公司本身所发行的流通在外的股票。

股票回购的动机：①分配公司的超额现金；②改善公司的资本结构；③提高公司的股票价格。

6. 简述发放股票股利的动机和缺陷。

▶ **答案要点** 发放股票股利可以基于如下动机：

（1）降低股票价格，吸引更多的股东进行投资。一般认为股票价格应该维持在某

第四部分　财务管理

一合理的范围之内。如果公司管理人员认为本公司股票价格太高，影响股票的流动性，就可以采用股票股利的方式将股票价格降下来。

（2）将更多的现金留存下来，用于再投资，以利于公司长期、稳定的发展。通常，处于成长中的公司因为面临较多的投机机会，会采取股票股利的方式以保留现金。

股票股利的缺陷在于：由于股票股利增加了公司的股本规模，因此股票股利的发放将为公司后续现金股利的发放带来较大的财务负担。

第八章 企业并购财务管理

✓ 大纲重点、难点提示

1. 企业并购的概念及分类
2. 企业并购的原因：财务动机、非财务动机
3. 企业并购的财务管理原则
4. 目标公司的选择：发现目标公司、审查目标公司、评价目标公司
5. 并购支付方式：现金支付、证券支付
6. 影响支付方式的因素

✓ 大纲习题解答

一、单项选择题

1. 为了扩大经营范围或经营规模的并购是指（　　）。
   A. 纵向并购　　B. 横向并购　　C. 混合并购　　D. 善意收购
2. 企业并购的主要目的应该是（　　）。
   A. 扩大生产规模　　　　　　B. 提高企业生产经营水平
   C. 实现利润最大化　　　　　D. 实现企业价值最大化
3. A 公司与 B 公司合并，A、B 公司均消失，另成立新的 C 公司，这种并购是（　　）。
   A. 吸收合并　　B. 创设合并　　C. 资产收购　　D. 股票收购
4. 一家公司直接或间接地购买目标公司的部分或全部股票，以实现对目标公司的控制，这种收购是（　　）。
   A. 善意收购　　B. 非善意收购　　C. 资产收购　　D. 股票收购
5. 从事同一行业的企业所进行的并购属于（　　）。
   A. 纵向并购　　B. 横向并购　　C. 混合并购　　D. 善意收购
6. 企业合并后，一个企业存在，另一个企业消失，这种并购是（　　）。
   A. 吸收合并　　B. 创设合并　　C. 资产收购　　D. 股票收购

📝 **参考答案** 1. C　2. D　3. B　4. D　5. B　6. A

二、多项选择题

1. 按照并购双方所处业务性质划分，企业的并购方式有（　　）。
   A. 纵向并购　　B. 横向并购　　C. 混合并购　　D. 善意收购
   E. 非善意收购

2. 按照并购程序来划分，企业的并购方式有（　　）。
   A. 纵向并购　　　B. 横向并购　　　C. 混合并购　　　D. 善意收购
   E. 非善意收购

3. 企业并购的原因主要有（　　）。
   A. 财务动机　　　B. 非财务动机　　C. 市场动机　　　D. 管理动机
   E. 政策动机

4. 企业并购是一种投资，也是有风险的，主要的并购风险有（　　）。
   A. 经营风险　　　B. 投资风险　　　C. 市场风险　　　D. 财务风险
   E. 政策风险

5. 并购支付的方式有（　　）。
   A. 现金支付　　　B. 证券支付　　　C. 股份支付　　　D. 财产支付
   E. 资产转换

6. 企业并购的财务动机主要有（　　）。
   A. 实现多元化投资　　　　　　　B. 改善企业财务状况
   C. 取得税负利益　　　　　　　　D. 提高企业发展速度
   E. 实现协同效果

7. 一般来讲，目标公司出售动机主要包括（　　）。
   A. 目标公司经营不善，股东欲出售股权
   B. 目标公司股东为实现新的投资机会，需要转换到新的行业
   C. 并非经营不善，而是目标公司大股东急需大量资金投入，故出售部分股权
   D. 股东不满意目标公司管理，故常以并购的方式来撤换整个管理集团
   E. 目标公司管理人员出于自身地位与前途的考虑，而愿意被大企业并购，以便在该大企业中谋求一个高薪且稳定的职位

8. 企业并购的目的多种多样。概括起来说，主要有（　　）。
   A. 扩大生产规模
   B. 提高产品在国内外市场的竞争力，扩大市场份额
   C. 减少重复投资，提高投资效益
   D. 提高企业生产经营水平，实现企业价值最大化
   E. 增大企业知名度，增加商誉价值，实现利润最大化

参考答案： 1. ABC　2. DE　3. AB　4. ABC　5. AB　6. ABC　7. ABCDE
8. ABCDE

三、名词解释

1. 企业并购：指在现代企业制度下，一家企业通过取得其他企业的部分或全部产权，从而实现对该企业控制的一种投资行为。其中取得控股权的公司称为并购公司或控股公司，被控制的公司称为目标公司或子公司。

2. 横向并购：指从事同一行业的企业所进行的结合。例如，两家航空公司的并购，

便属于横向并购。横向并购可以清除重复设施，提供系列产品，有效地实现节约。

3. 纵向并购：指从事于同类产品的不同产销阶段生产经营的企业所进行的并购。如对原材料生产厂家的并购，对产品使用用户的并购等。纵向并购可以加强公司对销售和采购的控制，并带来生产经营过程的节约。

4. 混合并购：指与企业原材料供应、产品生产、产品销售均没有直接关系的企业之间的并购。混合并购通常是为了扩大经营范围或经营规模。

5. 创设合并：指两个或两个以上的企业合并，原有企业都不继续存在，另外再创立一家新的企业。

6. 非善意收购：指当友好协商遭拒绝时，并购方不顾被并购方的意愿而采取非协商性购买的手段，强行并购对方公司。

7. 并购的经营风险：指由于并购完成后，并购方不熟悉目标公司的产业经营手法，不能组织一个强有力的管理层去接管，从而导致经营失败。从风险角度讲，经营风险应该通过并购方的努力减少到最低，甚至完全回避。

8. 整合力：指并购方所拥有的重组与调整包括被并购企业在内的所有生产经营要素的能力。

9. 收购：指一个公司通过持有一个或若干个其他公司适当比率的股权而对这些公司实施经营业务上的控股或影响的行为。控股方称为母公司或控股公司，被控股方称为子公司或联属公司。

四、简答题

1. 简述企业并购的主要目的以及所明确的原则。

答案要点 企业并购的目的多种多样。概括起来，主要有：

（1）扩大生产规模。
（2）提高产品在国内外市场的竞争力，扩大市场份额。
（3）减少重复投资，提高投资效益。
（4）提高企业生产经营水平。
（5）增大企业知名度，增加商誉价值。
（6）实现利润最大化。
（7）实现企业价值最大化等。

企业并购的主要目的应该是实现企业价值最大化，其他目的相对而言是次要的，处于从属的地位。这个原则是并购中非常重要的原则，它要求在并购活动及并购后的整合过程中，当各种目的发生冲突时，应当优先考虑并购的主要目的。

2. 企业并购的财务管理原则是什么？

答案要点 企业并购的财务管理原则就是在并购活动中应当遵循的行为准则，主要包括以下几个方面：

（1）并购的主要目的明确原则。

企业并购的主要目的应该是实现企业价值最大化，其他目的相对而言是次要的，处于从属的地位。这个原则是并购中非常重要的原则，它要求在并购活动及并购后的整合过程中，当各种目的发生冲突时，应当优先考虑并购的主要目的。

(2) 并购的产业政策导向原则。

企业并购是企业开展多元化经营的有效途径。因此，充分把握国家产业政策的中长期导向，是实施并购的又一重要原则。

(3) 并购要素的整合有效原则。

实施并购战略中的一个重要问题就是并购哪些行业的哪些企业，并购多少个企业才算是"适度"。

整合有效原则，就是指并购方为实现长远发展战略，运用所拥有的整合能力有效地整合所并购的企业及其资产等。因此，盲目地扩大企业规模，非理性并购其他企业，往往无助于提高企业自下而上的发展能力，不利于企业发展战略的实现。

(4) 实施方案的科学论证原则。

一项重大的并购活动也是一项复杂的系统工程，不仅需要周密的行动战略，而且需要科学、可行、最优的行动战术。因此，并购程序及其所涉及的调查方案、并购目标确定方案、估价方法、并购方式等，都要加以科学地论证。

3. 公司在并购时应如何选择支付方式？

答案要点 企业并购的支付方式有现金支付和证券支付两种。

(1) 现金支付。由并购方公司支付一定数量的现金，以取得目标公司的部分或全部所有权。其主要特点是，目标公司的股东得到了一定数额的现金，但失去了对公司的所有权。现金支付分为现金购买资产式和现金购买股票式，现金购买资产式是指并购方使用现金购买目标公司全部或绝大部分资产以实现并购，现金购买股票式是指并购方公司用现金购买目标公司全部或一部分股票，以实现控制目标公司资产的目标。

现金支付是迅速而清楚的支付方式，其优点是：①估价简单易懂，用估价模型计算的目标公司价格，就是它的现金支付价格，不必再做进一步调整。②目标公司的股东可以立即收到现金，不必承担因证券价格波动所带来的风险。

但对并购方来说，并购中的现金支出是一项重大的即时现金负担，很可能影响其偿债能力，带来较大财务风险。

(2) 证券支付。并购方将本身发行的证券作价款付给目标公司的股东。其特点是：不需支付大量现金，因而不会影响并购公司的现金状况。如果并购方采取换股付款，则必须考虑自身股票目前市价的未来潜力，并购方若是质优上市公司，其股票反比现金受卖方欢迎，并且对卖方而言还有税收上的好处。

4. 简述影响支付方式的主要因素。

答案要点 影响支付方式的因素有很多，现简要说明如下：

(1) 拥有现金状况。如果在并购时，并购方公司有充足的甚至过剩的闲置资金，则可以考虑在收购时采用现金支付。

(2) 资本结构状况。如果并购方公司需要向企业外部贷款，以筹得足够的现金来完成它的现金并购计划,那么,公司首先应考虑的是这笔额外的债务对公司资本结构的影响,因为它会使资产负债表上的负债额增大,从而改变公司的负债比例,并且还应考虑到,如果并购成功,两个公司合并后财务状况的变化。

(3) 筹资成本。公司在考虑支付方式时,也应考虑各种筹资方式成本的高低,选择经济可行的筹资方式。

(4) 收益稀释。如果并购方公司不能筹集足够的现金来并购目标公司,则可以通过发行新股来换取对方的资产或股票,但发行新股意味着公司股本增加,参加利润分配的股本数增加,如果不仔细考虑并做出妥善安排,原来股东的收益就会被摊薄,而并购方的目标之一应该是设法提高新老股东的每股税后净利。

(5) 控制权的稀释。采用发行新股的方式以筹得足够的并购资金,还应考虑到将会稀释老股东拥有该企业权益的比例。如果发行的新股数量足够大,甚至可能使老股东失去其控制权。

5. 简述企业并购的财务动机。

答案要点 企业并购的财务动机主要表现为以下三个方面:①实现多元投资组合,提高企业价值;②改善企业财务状况;③取得税负利益。

第九章 国际财务管理

大纲重点、难点提示

1. 国际财务管理的基本理论

国际财务管理的概念、国际财务管理的发展、国际财务管理的特点。

2. 外汇风险管理：外汇的概念、外汇汇率、外汇风险的种类、外汇风险管理的程序、外汇风险管理的方法

3. 国际企业筹资管理

①国际企业的资金来源。

②国际企业筹资方式：发行国际股票、发行国际债券、国际银行信贷、国际贸易信贷、国际租赁。

③国际企业筹资中应注意的问题。

4. 国际投资管理

①国际投资的种类。

②国际投资的程序。

③国际投资方式：国际合资投资、国际合作投资、国际独资投资、国际债券投资。

大纲习题解答

一、单项选择题

1. 国际财务管理中的投资主要是由企业（法人）筹集资金到国外去投资以谋求利润的行为，因此属于（　　）。

　　A. 国际直接投资　B. 国际间接投资　C. 公共投资　　D. 私人投资

2. 在直接标价法下，如果一定数额的外国货币比以前换得较多的本国货币，则说明（　　）。

　　A. 外汇汇率升高，本国货币币值下降

　　B. 外汇汇率下降，本国货币币值下降

　　C. 外汇汇率升高，本国货币币值上升

　　D. 外汇汇率下降，本国货币币值上升

3. 在间接标价法下，当一定单位的本国货币可以兑换较多的外国货币时，则说明（　　）。

　　A. 外汇汇率升高，本国货币币值下降

　　B. 外汇汇率下降，本国货币币值下降

　　C. 外汇汇率升高，本国货币币值上升

　　D. 外汇汇率下降，本国货币币值上升

4. 因进行跨国交易而取得外币债权或承担外币债务时，由于交易发生日的汇率与结算日的汇率不一致，可能使收入或支出发生变动的风险是（   ）。
   A. 经济风险　　　B. 折算风险　　　C. 交易风险　　　D. 财务风险

5. 由于汇率变动对企业的产销数量、价格、成本等产生影响，从而使企业的收入或支出发生变动的风险是（   ）。
   A. 经济风险　　　B. 折算风险　　　C. 交易风险　　　D. 财务风险

参考答案　　1. D　2. A　3. C　4. C　5. A

二、多项选择题

1. 企业进行国际投资时，所采用的具体形式目前主要有（   ）。
   A. 国际合资投资　B. 国际合作投资　C. 国际独资投资　D. 国际债券投资
   E. 国际联盟投资

2. 国际财务管理的特点是（   ）。
   A. 复杂性　　　　B. 可选择性　　　C. 风险性　　　　D. 系统性
   E. 政治因素

3. 影响国际财务管理的环境因素有（   ）。
   A. 汇率变化　　　　　　　　　B. 外汇的管制程度
   C. 通货膨胀　　　　　　　　　D. 资金市场的完善程度
   E. 通货紧缩

4. 外汇汇率标价的方法有（   ）。
   A. 直接标价法　B. 间接标价法　C. 市场标价法　D. 合同标价法
   E. 随行就市法

5. 避免外汇风险的方法有（   ）。
   A. 利用远期外汇交易　　　　　B. 利用外汇期权交易
   C. 适当调整外汇受限额　　　　D. 发行国际股票
   E. 利用国际贸易信贷

6. 外汇风险的种类有（   ）。
   A. 经济风险　　　B. 折算风险　　　C. 交易风险　　　D. 财务风险
   E. 金融风险

参考答案　　1. ABCD　2. ABC　3. ABCD　4. AB　5. ABC　6. ABC

三、名词解释

1. 经济风险：指由于汇率变动对企业的产销数量、价格、成本等产生的影响，从而使企业的收入或支出发生变动的风险。

2. 交易风险：指企业因进行跨国交易而取得外币债权或承担外币债务时，由于交易发生日的汇率与结算日的汇率不一致，可能使收入或支出发生变动的风险。

3. 间接标价法：又称收进报价法，是以一定数额的本国货币为标准，折算成若干单位的外国货币的标价方法。

4. **直接标价法**：又称应付标价法，是以一定单位（一、百、万等）的外国货币为标准，折算为一定数额的本国货币的方法。

5. **折算风险**：又称会计风险、会计翻译风险或转换风险，是指企业把不同的外币余额，按一定的汇率折算为本国货币的过程中，由于交易发生日的汇率与折算日的汇率不一致，使会计账簿上的有关项目发生变动的风险。

6. **外汇汇率**：又称汇率、外汇行市、汇价，是指一国货币单位兑换另一国货币单位的比率或比价，是外汇买卖的折算标准。

四、简答题

1. 简述避免外汇风险的主要方法。

答案要点 国际上避免外汇风险的方法较多，这里介绍几种最常见的方法。

（1）利用远期外汇交易。

远期外汇又称期汇、期货外汇，是指按期汇合同买卖的外汇。为了避免交易风险，国际企业可以与办理远期外汇交易的外汇银行签订一份合同，约定将来某一时间按合同规定的远期汇率买卖外汇。利用远期外汇交易，不仅能保证国际企业在办理进出口业务时避免外汇损失，而且对证券投资、国外存款、直接投资等以外币表示的资产以及向国外资本市场借入资金等以外币表示的负债都有保值避险的作用。

（2）利用外汇期权交易。

外汇期权是一种很好的避险形式，它有如下几项优点：

①对期权合同的购入方来说，外汇期权类似于保险。

②对期权合同的购买方来说，使用外币期权可以使保值成本成为确定因素。

（3）适当调整外汇受险额。

国际企业可采用适当的方法来调整外汇受险额，以达到避免外汇风险的目的。

（4）平衡资产与负债数额。

平衡资产与负债数额是指采用特定的方法使企业资产负债表上的受汇率变动影响的资产与负债数额相等，使汇率变动的影响同时出现在资产、负债两个方面，数额相等而方向相反，使它们能自动地相互抵销。这样就可以使汇率变动所形成的风险尽可能地缩减到最低程度。

（5）采用多元化经营。

经济风险是一项十分复杂的风险，而经济风险的控制是一种重要的管理艺术，因为它涉及生产、销售、财务等各个领域，相互联系、相互影响。通过多元化经营，使有关各方面产生的不利影响相互抵消，是控制经济风险最有效的方法。

2. 简述国际企业的资金。

答案要点 与单一的国内企业相比，国际企业有更多的资金来源，最主要的资金来源可概括为以下四个方面：

（1）公司集团内部的资金来源。

国际企业的经营规模大、业务多，常常形成国际性的资金融通体系。一些世界著名的跨国公司都有几十个子公司，有的甚至可达上百个分支机构。这样，国际企业内部的各经营实体在日常经营活动中都可能产生或获得大量的资金，从而构成了内部资金的广泛来源。这些来源主要包括：①母公司或子公司本身的未分配利润和折旧基金。②公司集团内部相互提供的资金。

(2) 母公司本土国的资金来源。

国际企业的母公司可以利用它与本土国经济发展的密切联系，从母公司本土国的金融机构和有关政府组织获取资金。

(3) 子公司东道国的资金来源。

国际企业也可以从子公司的东道国来筹集资金。一般来说，多数子公司都在当地借款，在很多国家，金融机构对当地企业贷款的方式同样适用于外资企业。在当地借款，既可弥补投资不足，又可预防和减少风险。

(4) 国际资金来源。

国际企业除公司集团内部、母公司本土国、子公司东道国以外的任何第三国或第三方资本市场提供的资金，都可称为国际资金。国际资金主要包括以下三个方面：

①向第三方银行借款或在第三方资本市场上出售证券。

②在国际金融市场上出售证券。

③从国际金融机构获取贷款。

3. 什么是国际财务管理？国际财务管理有哪些特点？

答案要点 国际财务管理是现代财务管理的一个新领域，它是按照国际惯例和国际经济法的有关条款，根据国际企业财务收支的特点，组织国际企业的财务活动，处理国际企业财务关系的一项经济管理工作。与国内财务管理相比，国际财务管理具有如下特点：

(1) 国际企业的理财环境具有复杂性。国际企业的理财活动涉及多国，而各国的政治、经济、法律和文化环境都有很多差异。影响国际财务管理的环境因素相当复杂，国际财务管理人员在进行财务决策之前，必须对理财环境进行认真的调查、预测、比较和分析，以便提高财务决策的正确性和及时性。

(2) 国际企业的资金筹集具有更多的可选择性，无论是国际企业的资金来源还是筹资方式，都呈现多样化的特点，这使得国际企业在筹资时有更多的可选择性。

(3) 国际企业的资金投入具有较高的风险性，从事国际投资活动就是预测风险、避免风险的过程。

4. 国际企业在进行财务管理时应该特别注意哪些问题？

答案要点 国际企业在进行财务管理时，不仅要考虑本国的各方面环境因素，而且要密切注意国际形势和其他国家的具体情况。应特别注意以下问题：

(1) 汇率的变化。

(2) 外汇的管制程度。

(3) 通货膨胀和利息率的高低。

(4) 税负的轻重。

(5) 资本抽回的限制程度。

(6) 资金市场的完善程度。

(7) 政治上的稳定程度。

从以上分析可以看出，影响国际财务管理的环境因素相当复杂，国际财务管理人员在进行财务决策之前，必须对理财环境进行认真的调查、预测、比较和分析，以便提高财务决策的正确性和及时性。

5. 简述外汇风险的种类。

答案要点 外汇风险是多种多样的，可概括为以下三类：

(1) 交易风险，是指企业因进行跨国交易而取得外币债权或承担外币债务时，由于交易发生日的汇率与结算日的汇率不一致，可能使收入或支出发生变动的风险。

(2) 折算风险，又称会计风险、会计翻译风险或转换风险，是指企业把不同的外币余额，按一定的汇率折算为本国货币的过程中，由于交易发生日的汇率与折算日的汇率不一致，使会计账簿上的有关项目发生变动的风险。

(3) 经济风险，是指由于汇率变动对企业的产销数量、价格、成本等产生的影响，从而使企业的收入或支出发生变动的风险。